古代アメリカ文明

マヤ・アステカ・ナスカ・インカの実像

青山和夫 編

講談社現代新書

2729

目次

序章　古代アメリカ文明
——メソアメリカとアンデス

青山和夫

「世界四大文明」史観の脱構築

日本の読者にとっては、「世界四大文明」（メソポタミア、エジプト、インダス、黄河）は耳慣れている言葉であろうが、じつは学説ではない。考古学者の江上波夫《えがみなみお》が普及させた教科書用語である。それは、江上が関わった山川出版社の高校教科書『再訂世界史』に一九五二年に登場した特異な文明観であり、欧米には存在しない。なお「四大文明」という呼称は、二〇世紀初頭には日本と中国に存在していた。

ユーラシア史家の杉山正明《すぎやままさあき》によれば、江上はマヤやアンデスなど世界には他に文明が栄えたことを認めていた。一方で「四大文明」と言ったのは、「口調がいいからで、本当はいろいろあるさ」と杉山に大笑いしたという。ところが「四大文明」は一人歩きして長年にわたってマスメディアや教科書に取り上げられ、旧大陸（ユーラシア大陸とアフリカ大陸）中心的な世界史観を形成してきた。

本書で取り扱う古代アメリカ文明は、メソアメリカ文明とアンデス文明からなり、先スペイン期（一六世紀以前）に盛衰したさまざまな社会の総称である（図序－1）。古代アメリカ文明はAncient American Civilizationsの訳であり、ここでいう「古代」は日本列島の縄文時代から室町時代に相当する。日本史の古代とは異なるので、気をつけていただきたい。

メソアメリカとアンデスは、旧大陸社会と交流することなく、アメリカ大陸でそれぞれ独自に興隆した一次文明であった。一次文明とは、メソポタミア文明や中国文明と同様に、もともといかなる文明もないところから独自に生まれたオリジナルな文明を指す。じつは一次文明は世界に四つしか誕生しなかった。つまり、メソアメリカ文明とアンデス文明は世界で四つだけの「世界四大一次文明」の二つを構成した。

図序-1　メソアメリカ文明とアンデス文明

メソアメリカとアンデスという一次文明の研究は、旧大陸や西洋文明と接触後の社会の研究だけからは得られない新たな文明史観や視点を提供して、西洋中心史観や旧大陸のいわゆる「四大文明」中心的な世界史の脱構築につながる。アメリカ大陸の二大一次文明に関する研究は、日本でもかなりの蓄積がある。しかし残念ながら、今なお学術研究と一般社会のもつ知識の隔たりは大きい。

古代アメリカの二大一次文明

コロンブスは、一四九二年にアメリカ大陸を発見しなかった。アメリカ大陸を発見したのは、それよりも五〇〇年ほど前にカナダ北東部に到着したバイキングのレイフ・エリクソン一行でもない。どちらもヨーロッパ中心的な偏った歴史観である。

アメリカ大陸の真の発見者は、人類進化のうえでは最も新しいタイプである新人ホモ・サピエンスのうちアジア系の狩猟採集民であった。彼らは、今から一万五〇〇〇年ほど前の氷河期に、アジア大陸から無人のアメリカ大陸にやってきた。それは、七〇〇万年の長い人類史において「ごく最近の出来事」であった。

アフリカ大陸に起源を持つ猿人、原人、旧人がアメリカ大陸に到達することはなかった。アメリカ大陸は、世界五大陸のうち新人が最後に発見した大陸である。つまり、ヨーロッパ人が「発見」したから「新大陸」なのではない。「新大陸」という呼称は、先住民となる新人が最後に発見した大陸という人類史的な意味において適切といえよう。

コロンブス以前のアメリカ大陸には、多様な先住民が暮らし、一八〇〇以上の言語が話されていた。しかしながら芸術や科学において高度な水準を達成した社会、すなわち文明が出現したのは、マヤやアステカが栄えたメキシコと中央アメリカ北部のメソアメリカとナスカやインカで知られる南米のアンデスという二地域だけであった。

私たち日本人と同じアジア系の狩猟採集民の末裔である先住民が、メソアメリカとアンデスという、古代アメリカの二大文明を築いた。

なおメソアメリカの「メソ」は「中間、中央」を意味し、メソアメリカはアメリカ大陸の中央部を指す。現在のメキシコと中央アメリカのグアテマラ、ホンジュラス、ベリーズやエルサルバドルが含まれる。

世界の大部分の文明社会は、一次文明との交流のなかでその刺激を受けて成立した二次文明やその周辺で興った文明である。例えば、メソポタミア文明との交流によって二次文明のエジプト文明、インダス文明、ギリシア文明やローマ帝国が成立した。一方で、中国文明との交流のなかで二次文明である古代日本の社会が発展した。

旧大陸の諸文明では地域間で物品や情報の交流があり、相互に影響しながら展開した。人類史における古代アメリカの二大一次文明の特異性は明らかといえよう。メソアメリカ文明とアンデス文明は、長い年月をかけて個別に発展を遂げたという点において人類の文明の起源と形成を知るうえでたいへん重要な位置を占めるのである。

「コロンブスの交換」の内実

さて、コロンブスのカッコつきの「発見」は、世界史のきわめて大きな転換点であった。コロンブスは、アメリカ大陸侵略と先住民虐殺・虐待の先駆となった。その後ヨーロッパ列強は、アメリカ大陸だけでなく、アフリカ、アジアやオセアニアの侵略・植民地化を推し進め、経済的搾取、政治的支配や深刻な文化変容をもたらした。

ヨーロッパ人の大航海と植民地支配によって、旧大陸とアメリカ大陸の間で人間（植民者や奴隷など）、食物、動植物、物質文化や思想だけでなく、病原体のウイルスや細菌などがグローバルに行き交うようになった。それはヨーロッパ人の都合を優先した、きわめて不均衡かつ不平等な交流であった。教科書には「コロンブスの交換」と紹介されるが、決して平等な「交換」ではなかった。その結果、世界の社会、文化、農業、生態系が大きく変わった。

コロンブスのいわゆる「発見」は、先住民には人類史上稀にみる悲劇の始まりを意味した。先住民の都市や町は、スペイン人によって破壊され、富や土地が略奪された。スペイン人が家畜を連れて植民すると、新たな感染症（天然痘、はしか、水疱瘡、チフス、ジフテリア、ペスト、おたふく風邪、百日咳、マラリア、新種のインフルエンザなど）が持ち込まれた。

感染症は免疫力のない先住民の間で大流行した。数多くの先住民が戦死ではなく、「目に見えない敵」によって病死した。さらにスペイン人による大量虐殺、過酷な強制労働や虐待などによって先住民人口は激減し、一七世紀には一〇分の一以下になった。その後、人口は回復していったが、先住民は植民地社会の最底辺に置かれ、服従と搾取を強いられつづけた。

古代アメリカ文明がもたらした食文化革命

対照的に古代アメリカ文明は、栽培植物という生活基盤から世界の歴史を変えたという点で、今日の私たちの社会や世界観にまで多大な影響を与えている。私たちは、古代アメリカ文明の大きな恩恵を受けて生活してきた。コロンブスによるアメリカ大陸のカッコつきの「発見」が、世界の食文化革命を引き起こしたからである。

アメリカ大陸の先住民は、前八〇〇〇年頃から一〇〇種類以上の野生植物を栽培化・改良した。これは数千年にわたる先住民の努力の賜物であり、世界各地の社会の発展に大きく貢献した。アメリカ大陸原産の栽培植物は、世界の栽培種のじつに六割を占める。

ヨーロッパ人が略奪し尽くした先住民の「贈り物」が、結果的に旧大陸に住む大勢の人の命を救った。トウモロコシは、メソアメリカの人びとの主食でありつづけている。トウモロコシやアンデス高地原産のジャガイモは、旧大陸原産の小麦やイネを栽培できない、痩せた土地でも高い収穫量をもたらした。南米で栽培化されたキャッサバ（マニオク）は熱帯アフリカの主要産物になっており、何度かブームになったタピオカの原料でもある。

ジャガイモは寒冷な気候にも耐え、土中に育つので鳥の害もなく、小麦より何倍も収穫量が多い。ビタミンC、ビタミンB_2、ビタミンB_6やナイアシンといったビタミンやカリウムなどのミネラル類に富み、栄養価も高い。飢饉と戦争が頻発していたヨーロッパの人びとを救い、人口増加をもたらしたのがジャガイモであり、明治時代の北海道開拓にも大きく貢献した。ジャガイモは、トウモロコシ、小麦、米に次いで栽培面積が世界第四位を占める。

イタリア料理の必需品トマトやズッキーニ、インド、タイ、韓国や四川料理に欠かせないトウガラシ、さらにカボチャ、サツマイモやバニラも先住民が栽培化した。果物類ではパイナップル、パパイア、カカオやアボカド、豆類ではインゲンマメや落花生もそうである。アメリカ大陸原産の栽培植物なくして、私たちの豊かな食生活は成り立たない。

アメリカ大陸原産のタバコやゴムは、世界的な商品作物になった。秋の代名詞コスモス、クリスマスに人気のポインセチア、ダリア、サルビア、マリーゴールドなど、アメリカ大陸原産の花や観葉植物も多い。このように古代アメリカ文明は、現代の私たちの日々の暮らしと深く関わっているのである。

毎日の生活に欠かせないトウモロコシ

私たちの生活と深く関わっている例として、トウモロコシを見てみよう。トウモロコシは、小麦、米とともに世界三大穀物を構成し、世界の穀物生産の一位を占める。それはメソアメリカだけでなく、東南アフリカ諸国の主食になっており、世界各地で広く食されている。トウモロコシの強みは、水田のような手間がかからないことである。平地だけでなく傾斜地でも栽培でき、森を焼いて種を蒔くだけで高い生産性が望める。栄養面では炭水化物だけでなく、リノール酸、食物繊維、ビタミンB_1、ビタミンB_2、ビタミンEなどのビタミン群、カルシウムやマグネシウムなどをバランスよく豊富に含んでいる。

トウモロコシと言うと、「焼きトウモロコシやポップコーンを時々食べて、コーンスープをたまに飲むだけ」と勘違いされている方がいるかもしれない。トウモロコシはそのまま食べるだけではない。コーンスターチ（デンプン）は、ビール、発泡酒、ちくわやかまぼこなどの練り製品、冷凍食品、揚げ物、麵類、食肉製品、粉末食品、アイスクリーム、プリンや杏仁豆腐などの冷菓、菓子、清涼飲料、乳性飲料、スポーツドリンク、佃煮、漬物、パン、ジャムや製薬にも活用される。

私たちは、毎日トウモロコシの栄養を直接的・間接的に摂取している。コーンオイルは、サラダドレッシング、マヨネーズや天ぷら油、マーガリンの材料として欠かせない。特に注目すべきは、トウモロコシがウシ、ブタ、ニワトリなど家畜の飼料として世界各国で利用される点である。その結果、家畜頭数が飛躍的に増加し、肉、卵、牛乳、乳製品の供給量が増えた。タンパク質の摂取量が増え、私たちの栄養状態や体格が大きく改善されたのである。

それだけではない。コーンスターチは製紙、段ボール接着剤、事務のり、洗濯のり、乾電池、繊維、印刷材料、鋳物砂粘結剤《いものずな》、建材ボード剤にも使用される。またトウモロコシは、地球温暖化防止対策の再生可能燃料バイオエタノールの原料としても重要である。古代アメリカ先住民の「贈り物」トウモロコシは、私たちの毎日の生活に欠かせない。

「生贄」の強調、人類滅亡の予言――歪められた古代アメリカ文明観

このように私たちは、古代アメリカ文明の大きな恩恵を受けている。それにもかかわらず、古代アメリカ文明は、「謎・神秘の古代文明」というイメージが先行して、実像が紹介されることは少ない。商業主義的な利益を優先するマスメディアが、謎、不思議、神秘をおもしろおかしく強調して、歪められた謎と神秘の古代アメリカ文明観を捏造《ねつぞう》・再生産しつづけている。

歪められた謎・神秘の古代アメリカ文明観は、枚挙にいとまがない。例えば、生贄を過度に強調する「血生臭い文明」というイメージがある。スペイン人は植民地化を正当化するために、生贄の数を捏造して誇張した。アステカ王国の主都テノチティトランの大神殿で「四日間に八万四〇〇〇人を生贄にした」と記したスペイン人文書もあるが、物理的に実行不可能である（第二章）。

二〇一二年に「マヤ人は人類滅亡を予言した」というデマが流行ったが、マヤ人はそのような予言をしなかった（第一章）。「失われたアトランティス大陸の避難民が中南米で古代文明を築いた」という伝説がある。しかしアトランティスはプラトンが想像した架空の大陸であり、存在しなかった。また、いわゆる「ムー大陸」も架空に過ぎない。

商業主義の非良心的なマスメディアは、「超古代文明」の「オーパーツ（場違いな人工物）」に触れつづける。彼らは「宇宙人がナスカの地上絵を描いた」、「宇宙飛行士を描いた石板がマヤ文明の遺跡にある」といった「宇宙人起源説」や「宇宙人と接触することによって先住民が英知を得た」という興味本位の嘘まで流している。

当然ながら、アンデス先住民がナスカの地上絵を描いた（第三章）。またマヤ文明の石板は、メキシコの世界遺産パレンケ遺跡で七世紀に君臨したパカル（「盾」の意味）という名前の大王の死生観を表現したものである。

いわゆる「マヤの水晶ドクロ（クリスタルスカル）」も「オーパーツ」とされる。先スペイン期にはない回転式の道具で加工されたのがその根拠という。しかし実際のところ、これは一九世紀にドイツで製造された工芸品であり、「オーパーツ」ではない。二〇世紀前半にロンドンでこれを購入した自称「発見者」が、「マヤ文明の遺跡で見つけた」と大嘘をついただけである。

歴史教科書は偏った「勝者の歴史」

歴史はしばしば勝者によって書かれ、書き換えられるといわれる。スペイン人という「勝者」の侵略・植民地化によって「敗者」となった古代アメリカの二大一次文明は歴史の表舞台から消され、後世に及ぼす影響が過小評価されてきた。

一九世紀に欧米の探検家たちが、すでに廃墟と化していたメソアメリカやアンデスの諸遺跡を再発見した。三〇〇年にわたる植民地支配によって、多くの先住民は社会の最底辺に置かれていた。大部分の探検家は、貧困に苦しむ先住民の先祖が巨大な神殿ピラミッドや都市を築いたとは想像さえできなかった。

「宇宙人や外部の文明が、先住民に文明をもたらした」という誤解の根底にあるのは、「先住民は独自に文明を創造できない」という権力格差や人種偏見に根差した先入観である。

いわゆる「超古代文明」や「都市伝説」は、先住民の豊かな歴史・文化伝統に対する侮辱であることが認識されなければならない。

私たち研究者が探求するのは、オカルト的な謎ではない。あくまで学問的な謎である。しかし学術研究の成果は、なかなか一般社会に浸透しない。世の中にはマヤやインカの名前を聞いたことがある人は多いが、その実像はまだあまり知られていない。アメリカ大陸の多様性に富んだ諸文明は一括して語られ、「インカ・マヤ・アステカ」、「インカ・マヤ」や「マヤ・アステカ」というように同一視あるいは混同される場合が多い。

この「マヤ・アステカ・インカ」シンドロームというべき傾向を助長しているのが、中学歴史と高校世界史教科書である。中学歴史教科書では、今なお時代遅れの「四大文明」・ユーラシア大陸中心的な歴史が語られつづけているのが大きな問題といえよう。

高校世界史教科書では、古代アメリカの歴史の記述はユーラシア大陸と比べて質量ともに不十分である。メソアメリカとアンデスは明確に区別されず、「中南米の先住民文明」というきわめて短い同一の節で扱われている（山川出版社『詳説世界史』、二〇二三年）。「マヤ・アステカ・インカ」シンドロームは、さながら古代の日本列島、中国文明、アンコール・ワットに代表されるクメール文明を一括して語るような文明への精緻なまなざしを欠く粗雑な記述といえる。

アステカやインカは、後章の「大交易・大交流の時代」で「勝者」に征服された文明として再び登場する。アメリカ大陸の二大一次文明は、ヨーロッパの侵略戦争に敗北した「敗者の歴史」なので、あたかも重要ではないかのようである。生徒は偏った教科書をもとに勉強するわけだから、西洋史や東洋史と比べて知識に差が出るのは当然といえよう。

謎と神秘の古代アメリカの「都市伝説」は、マスメディアやSNSにあふれている。それは、社会的な要求の交差点として多くの日本人が好んできたことも事実である。問題なのは、嘘や偽物であるのを知っていながら、テレビ番組やオカルト雑誌といった「商品」の制作に利用するという姿勢といえよう。困ったことに、偽情報を発信するメディア関係者とそれを消費する大人は、どちらも中学高校で偏った「勝者の歴史」を学んだ元生徒である。

古代アメリカ文明の実像がまだあまり知られていないのには、中学高校教科書以外にも理由がある。その一つが、メソアメリカ文明が栄えたメキシコと中央アメリカ及びアンデスが位置する南アメリカが、多くの日本人にとってまだ馴染みの薄い遠い地域であるためといえる。アンデス考古学の鶴見《つるみ》英成《えいせい》（放送大学）は、古代アメリカ文明が大航海時代まで日本列島の歴史に直接には関係ないことも一因と述べる。

地理的な遠さのためだけではない。メソアメリカとアンデスを一緒に扱った出版物、特に一般読者向けの本が少ないことも原因であろう。最近の例外は、例えば関・青山『岩波アメリカ大陸古代文明事典』（二〇〇五年）、増田・青山『世界歴史の旅　古代アメリカ文明　アステカ・マヤ・インカ』（二〇一〇年）や杉山・嘉幡・渡部『古代メソアメリカ・アンデス文明への誘い』（二〇一一年）くらいしかない。本書はこの不足を補うべく、古代アメリカの二大一次文明を一緒に解説する日本初の新書である。

本書の目的と構成

本書の目的は、古代アメリカのメソアメリカ文明とアンデス文明を一緒に解説する日本初の新書として、学問的な謎を解いて最新の研究の成果や魅力を読者にわかりやすく伝えることである。私たちは、学術研究と一般社会のもつ知識の隔たりを少しでも小さくできればと強く願いながら本書を執筆した。

ただし本書は、アメリカ大陸の多様な先スペイン期社会を網羅するのではない。メソアメリカを代表するマヤとアステカ、アンデスで最も名前が知られているナスカとインカの実像に迫る。それぞれ日本を代表する専門家が、自らの研究成果や現地の経験を織り交ぜながら、高校生にもわかるように平易な表現を心がけた。なお前掲の増田・青山（二〇一〇年）のメインタイトルは本書と同じであるが、前掲書はメソアメリカとアンデスの主要遺跡

図序-2　マヤ文明のティカル遺跡
（撮影：青山和夫）

の旅行案内書であり、本書とは目的と構成が異なる。

本書は、公共祭祀建築（神殿ピラミッドや基壇など）、公共広場、図像、メソアメリカ文明の場合は文字にも注目して、それらが社会を動かす仕組みとして果たした役割を見ていく。メソアメリカとアンデスでは、支配層と民衆のせめぎ合いが社会を動かす仕組みを更新させていった。このせめぎ合いの中心となる場が、公共祭祀建築や公共広場であった。公共祭祀建築とそれに伴う図像は「見る」人びとを突き動かし、より巨大な公共祭祀建築を建造して社会を動かす仕組みを編み出した。

メソアメリカでは、文字が使われた。マヤ文明（前一二〇〇年頃～一六世紀）は、先スペイン期アメリカ大陸で文字（四万～五万）、算術、暦、天文学を最も発達させた。それは、スペイン人が侵略する直前に発展したメソアメリカのアステカ王国（後一四二八～一五二一年）や南米のインカ国家（一四〇〇年頃～一五三二年）より二五〇〇年ほど前に興った（図序－２）。

第一章では、公共広場と公共祭祀建築からマヤ文明の起源と形成を見ていく。それは、ユカタン半島を中心にメソアメリカの南東部で展開した、主要利器が石器の都市・文字文明であった。マヤ文明最古（前一一〇〇年頃）かつ最大の公共祭祀建築が見つかったメキシコのアグアダ・フェニックス遺跡の最新の調査成果についても紹介しよう。古典期（後二〇〇〜一〇〇〇年）には、公共祭祀建築と神々の図像に加えて、一握りの支配層が読み書きしたマヤ文字とそれに伴う権力者の図像が、「語り」を物質化し「見せる」ことによって、社会を動かす新たな仕組みを提供した。

第二章では、考古学と絵文書と呼ばれる歴史文書からアステカ王国の実像に迫る。アステカ人はメキシコ盆地の主都テノチティトラン（現在のメキシコ市）、テツココ（テスココ）、トラコパンの三都市同盟を中心にメソアメリカ最大の王国を築いた。公用語はナワトル語である。テノチティトランは、マヤ地域から一〇〇〇キロメートル以上も離れている。アステカ文字はマヤ文字ほど精緻ではなかったが、宗教や暦、天文から租税まで記録された。

一方でアンデスは、インカのような巨大な社会が最終的に成立したにもかかわらず、文字を必要としない無文字文明であった。アンデス文明のキプ（キープ）では、縄の結び目の位置、数や色によって、人口、兵力、作物や家畜などを記録した。

アンデスでは前三五〇〇年頃から神殿が建設され、後に地上絵で有名なナスカなどの社会が開花した。第三章では、前四〇〇年頃に製作が始まったナスカの地上絵について詳しく解説する。地上絵が描かれたナスカ台地は、ペルー南海岸に立地する。地上絵だけでなく、神殿、居住遺跡や土器などの遺物の研究を通じて、ナスカ社会の通時的な変遷を論じる。そしてリモートセンシング（遠隔探査）技術や人工知能（ＡＩ）を用いた地上絵の現地調査の最新の成果を紹介して、地上絵はなぜ制作されたのかに迫る。

侵略戦争で「勝者」となったスペイン人は、インカを一枚岩的なローマ帝国に由来する都市的古代社会イメージで「理解」し、一方的に「インカ帝国」と解釈した。

第四章では、この誤解がインカを実像から遠ざけていることを詳説する。考古資料、スペイン人の歴史文書、一六世紀の先住民の語りがケチュア語で綴られた「ワロチリ文書」や民族誌から、無文字社会のインカの実像に迫る。インカ王はあらゆる者の頂点に君臨する「帝国」の絶対的な支配者ではなく、宇宙の揺るぎなき支配者・権力者である山の神々を怖れ敬い、その超大な力との関係を維持しながら統治した。

マチュピチュ遺跡は、日本で最も有名なユネスコ世界遺産の一つであろう（図序－３）。それはインカの主都クスコの北西にあり、パチャクティ王と王族の王領であった。

古代アメリカの二大一次文明の研究は、両文明の特徴をより明らかにするだけでなく、人類の文明とは何かをより深く考えるうえでも重要である。例えば、比較的乾燥したメソポタミアやエジプトの低地では、「文明が生まれる条件」として大河が強調される。ところが高地と低地のきわめて多様な自然環境で文明が発達したメソアメリカとアンデスでは、大河がない場所が多い。大河どころか、河川がほとんどない場所でも文明が栄えた。したがって、「文明は大河の流域で生まれた」という中学歴史教科書の記述は、時代遅れの間違った考え方である。

旧大陸のいわゆる「四大文明」では、青銅器・鉄器や文字が文明の指標として用いられる。しかし、メソアメリカとアンデスでは基本的に石器が主要利器であり、鉄器は用いられなかった。また上述のように、文字は、無文字文明であったアンデス文明には当てはまらない。

古代アメリカは文字、技術や自然環境をはじめとして、西洋中心史観や旧大陸中心史観を相対化するデータが生み出されてきた地域である。本書一冊で、マヤ、アステカ、ナスカ、インカの四つの実像について知ることができる。本書を通して、まだ日本であまりよく

図序-3　インカのマチュピチュ遺跡
（撮影：青山和夫）

知られていないメソアメリカ文明とアンデス文明について少しでも興味関心を深めていただければ、執筆者一同にとって大きな喜びである。

なお、新書という性格上、本文では詳しい注を入れていない。だが執筆に際しては、申し上げるまでもなく、多くの先行研究・史資料を参照している。巻末に参考文献一覧を掲載しているので、興味のある方は、こちらにも目を通していただけると幸いである。

第一章　マヤ文明

――マヤ文字・神殿ピラミッド・公共広場

青山和夫

1　ネットワーク型文明――マヤ文字と図像を読む

1―1　最も洗練された石器の都市・文字文明

非大河灌漑文明

本章では、まずマヤ文明の特徴について述べる。次にマヤ文字、図像、公共広場と公共祭祀建築について解説する。最後にそれらが社会を動かす仕組みとして果たした役割について見ていこう。

マヤ文明は、ユカタン半島を中心にメソアメリカの南東部で前一一〇〇年頃から一六世紀にスペイン人が侵略するまで発展しつづけた（図1―1）。それは現在のメキシコ南東部からベリーズ、グアテマラ、ホンジュラス西部にかけて展開した。マヤ人は旧大陸の社会と交流することなく、先スペイン期（一六世紀以前）に都市・文字文明を独自に築きあげた。

公共祭祀建築が建造された時期は、先古典期前期の前一一〇〇年頃に始まり、先古典期

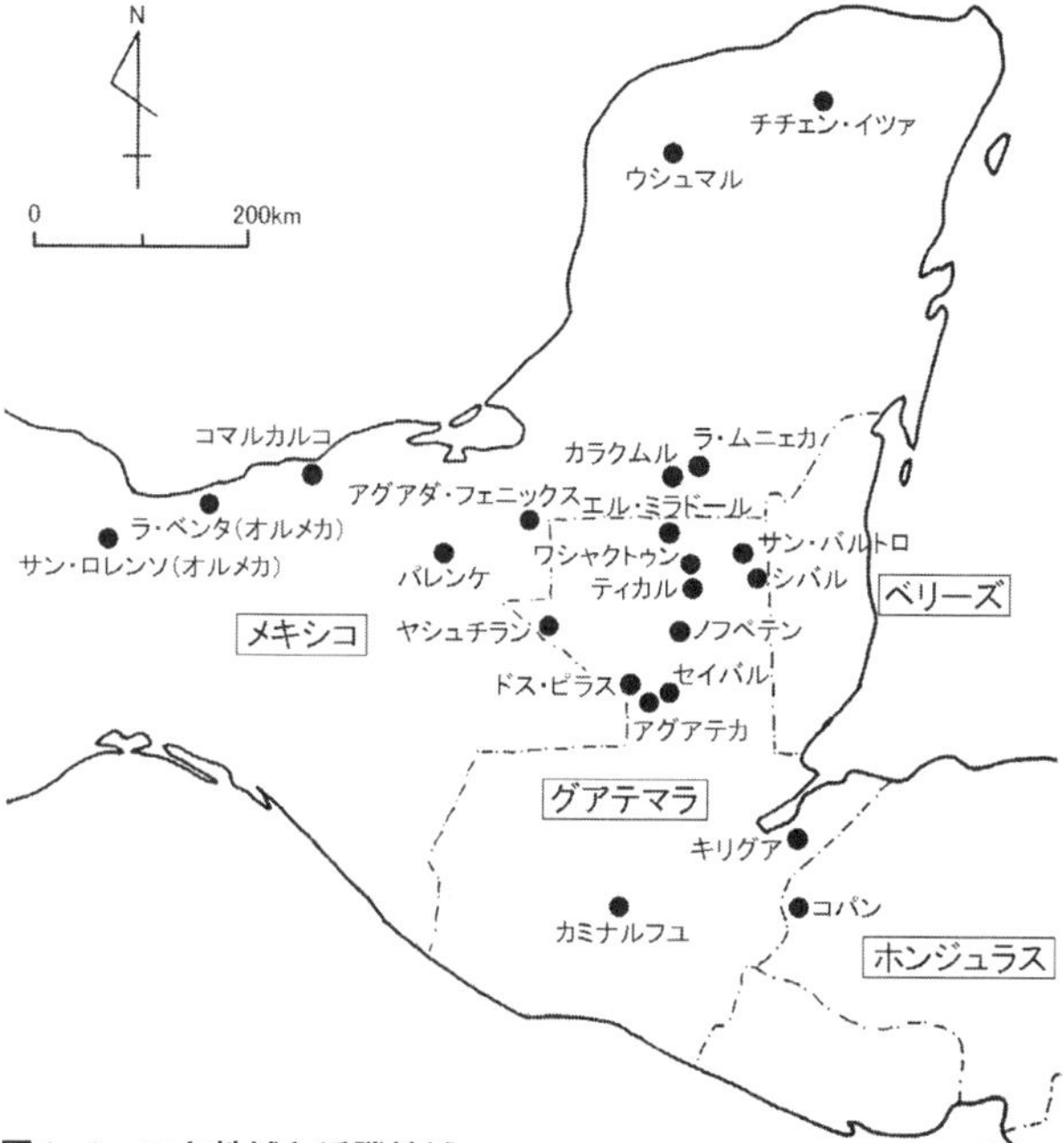

図1-1　マヤ地域と近隣地域（筆者作成）

の中期（前一〇〇〇〜前三五〇年）、後期（前三五〇〜前一〇〇年）と終末期（前一〇〇〜後二〇〇年）、古典期の前期（二〇〇〜六〇〇年）、後期（六〇〇〜八一〇年）と終末期（八一〇〜一〇〇〇年）、後古典期の前期（一〇〇〇〜一二〇〇年）と後期（一二〇〇年〜一六世紀）である。時期的には、日本列島の縄文時代晩期から室町時代に相当する。

マヤ文明は、政治的に統一されないネットワーク型文明であった。先古典期後期は王権の胎動期であり、後古典期まで諸王が君臨した。だがマヤ文明には、統一王朝が形成されることはなかった。これは統一王朝＝文明という見方への反証といえよう。

マヤ文明は、ユカタン半島の多様な自然環境で展開した。冷涼で湿潤なマヤ高地では針葉樹林が広がり、火山や山脈が連なる。それらの間を川が流れ、盆地が点在する。高温多湿のマヤ低地南部では熱帯雨林が茂り、大河が流れる。

比較的乾燥したマヤ低地北部は熱帯サバンナであり、北西部はステップになる。河川や湖沼は少なく、大河はない。石灰岩の岩盤が陥没して地下水が露出した天然の泉セノーテが数多く分布し、貴重な飲み水を提供する。大河はマヤ文明発祥の必要条件ではなかった。

マヤ文明は、メソポタミア文明やエジプト文明とは異なり、半乾燥地域の大河流域で大規模な灌漑治水事業を発達させなかった。つまりマヤは、非大河灌漑文明であった。人びとは主に中小河川、湖沼や湧水などを利用した灌漑農業、段々畑、家庭菜園などの集約農業と焼畑農業を組み合わせて多様な農業を展開した。文明の誕生に必要なのは、大河川ではなく食料である。

「鉄器文明＝先進文明」は成り立たない

マヤ文明の都市では、石器を主要利器とする新石器段階の技術と人力エネルギーによって高さが七二メートルに達する巨大な石造の神殿ピラミッドが林立した。

マヤ文明は、世界の他の文明と同様に農耕を生業の基盤としながらも、旧大陸の諸文明とは異なり、鉄器、荷車、人や重い物を運ぶ大型の家畜を結果的に必要としなかった。マヤ人は、一六世紀まで石器を主要利器として使いつづけた（図1－2）。金や銅製品など大部分の金属製品は、装飾品や儀式器であった。マヤでは、アステカやアンデスと同様に、鉄はいっさい使用されなかった。

図1-2　グアテマラのアグアテカ遺跡の王宮から出土した翡翠製磨製石斧
（撮影：青山和夫）

マヤ文明は、機械に頼らない「手作りの文明」であった。家畜は七面鳥とイヌだけであり、牧畜はなかった。リャマやアルパカのようなラクダ科動物もいなかった点は、アンデス文明と異なる。車輪付きの動物土偶が示すように、マヤ文明では、車輪の原理は知られていた。しかし大型家畜がいなかったために、荷車や犂《すき》は発達しなかった。特に雨季の悪路やぬかるみでは、人力で荷車を移動させるのは困難であっただろう。

現代日本人は効率を重視し、人工知能（AI）や便利な機械を活用してできるだけ人間の力を使わずに短時間で効率的に仕事をして最大の利益を上げようとする。マヤ人は主要利器の石器を使いこなして不自由なく作業し、ウシやウマなどの大型家畜なしに建築物資を人力で運んだ。大勢の人を動員して、手間暇を惜しみなく注いで都市や公共祭祀建築を建設したのである。

一方でマヤ文明では、文字、暦、天文学が先スペイン期アメリカ大陸で最も発達した。マヤ人は、古代インドに由来するアラビア数字が一〇～一一世紀頃に西ヨーロッパに伝わる一〇〇〇年以上も前にゼロの文字を独自に発明した。マヤ文字の発達は、同じくアメリカ大陸の先住民文明でありながら、インカやナスカに代表されるアンデスの無文字文明と対照的である。

したがって、デンマークの考古学者クリスチャン・トムセンが一九世紀に唱えた石器時代、青銅器時代、鉄器時代という旧大陸の三時代区分法は、マヤやアステカなどのメソアメリカ文明やアンデス文明に適用できない。鉄器を用いずに主要利器が石器であったことは、マヤ文明が旧大陸の鉄器文明よりも「遅れていた」ことを意味しない。「鉄器文明＝先進文明」という図式は、必ずしも成り立たないのである。

ハイテク社会に生きる現代人が、石器と人力だけで巨大な公共祭祀建築や都市を築くことはできない。それゆえ私は、マヤ文明を人類史上で最も洗練された「石器の都市・文字文明」と位置づけている。マヤ文明は、人類の可能性とは何かを考えるうえでも重要である。私がマヤ文明を研究するようになったのは、青年海外協力隊の考古学隊員として一九八六年にホンジュラスに派遣されてからである。「マヤ人は、主に石器だけでどのように都市や文字文明を発達させたのだろうか」。これこそ、私を魅了しつづける学問的な謎である。

1-2　マヤ文字は何を語るか

開放型の文字体系の典型

マヤ文字とは何か。それは、単なる象形文字や絵文字ではない。漢字のように意味を表す表語文字と仮名文字のように音節を表す音節文字からなる（図1-3）。マヤ文字は、漢字仮名交じりの日本語とよく似ている。アルファベットのような音素に対応した文字体系はない。

マヤ文字の解読は、一九八〇年代以降に著しい発展を遂げてきた。未完成であるが、音節文字表が作成されている。一九の子音と五つの母音があるので、百音表になる。マヤ文字は、正確な音節文字の解読と注意深い意味の解釈に基づいて解読されなければならない。

マヤ文字の言語については、二つの学説が提唱されている。マヤ低地諸語のユカタン語

図1-3　マヤ文字の表語文字（左）と音節文字（右）（青山2012：図1-20）

群とチョル語群という二言語説とチョル語群に属する古い形のチョルティ語で書かれたという一言語説である。ヨーロッパの宮廷でフランス語が共通語として話され、宗教儀礼でラテン語が使用されたように、マヤ文字は支配層だけが使う宮廷言語であった可能性が高い。

　マヤ文字は、話し言葉を体系的に表す文字といえる。例えば、メキシコの世界遺産パレンケ遺跡で七世紀に君臨した大王キニッチ・ハナフブ・パカル王（六一五～六八三年統治）の略称パカルは「盾」を意味する。マヤの単語は、一般的に子音で終わり最後の母音を発音しない。音節文字では、「パカラ」と書いて「パカル」と読む。全部で四万から五万のマヤ文字がある。それぞれの文字は、七〇〇ほどの文字素（ヘンやカンムリといった漢字の部首に相当）を組み合わせて書く。

　ユーラシア大陸の西では象形文字がアルファベットに、東では甲骨文字が漢字になった。文化人類学者の川田順造《かわだじゅんぞう》によれば、表音性に進んだアルファベットは英語の場合だと二六文字という閉鎖系の文字体系なのに対して、表意性を保った漢字は意味を担った部首の組み合わせによって追加可能な、いくらでも作れる開放型の文字体系である。マヤ文字はまさに開放型の文字体系の典型といえよう。一方で日本列島の人びとは、漢字から仮名文字という閉鎖系の文字体系を創造したのである。

政治的道具のマヤ文字

古典期（二〇〇～一〇〇〇年）のマヤ支配層は、先スペイン期の南北アメリカ大陸で文字体系を最も発達させた。文字の読み書きは、日本の平安時代と同様に、王族・貴族の男女の特権であった。書道と同様に、マヤ文字を美しく書くことが極められた。マヤ文字には、石斧などで彫られた文字と筆やペンで描かれた文字の二種類がある。芸術作品のように複雑で洗練されたマヤ文字は、広く伝達するための道具ではなかった。それは支配層の間で競い合い、被支配層との差異を正当化し強化する政治的道具であった。

図1-4　グアテマラのセイバル遺跡の「石碑10」に刻まれた碑文（849年）（撮影：青山和夫）

マヤ文字の碑文（図1－4）には、支配層が重要と考えた「彼らの歴史」が記録されている。碑文には、政治的宣伝が含まれている場合もある。したがって、可能な限り考古学調査でマヤ文明史を検証しなければならない。マヤ文字の解読によって完全に客観的な歴史を再構成することは不可能である。しかし、無文字文明のアンデス研究では詳細に把握できない、「彼ら自身の歴史観や世界観」を読み取ることができる。

碑文は、少なくとも一万以上ある。碑文は左上から読み始め、二行を対にして左から右、上から下へと読む。碑文の内容は主に王族や貴族の歴史であり、暦や天文学の情報も記された。古典期の王は、石碑などの石造記念碑に自らの写実的な図像、事績や王朝史などに関する碑文を詳細に記録させて権威を強化した。私たちが実施したグアテマラのアグアテカ遺跡の調査によれば、古典期のマヤ支配層を構成した書記を兼ねる工芸家は、戦争、天文観測、暦の計算、他の行政・宗教的な業務といった複数の社会的役割を担っていた。

王族や書記を兼ねる支配層工芸家が、王や他の男女の支配層の名前や称号、生誕、結婚、即位、家系、王朝間の訪問、戦争、捕獲、公共祭祀建築の落成、球技、儀礼的な踊り、暦の更新記念日を祝う儀礼、放血儀礼（自らの血を神々に捧げる自己犠牲）、焼香の儀式、崩御、埋葬、物資の貢納などを碑文に記した。興味深いことに、公共祭祀建築、石碑、翡翠《ひすい》製装飾品、石製容器、土器、貝製トランペットなどに固有の名前や所持者の名前がつけられた。

メソアメリカでは、絵文書という本も製作された（第二章）。マヤ絵文書は樹皮製の紙に

図1-5　マドリード絵文書
（スペイン・マドリード市、アメリカ博物館、撮影：青山和夫）

漆喰《しっくい》を塗り、マヤ文字や図像を豊かな色彩で美しく描いた、アコーディオンのような折りたたみ式の本である（図1－5）。マヤ人は、叩《たた》き石《いし》を用いてイチジク科の木の樹皮から紙を製造した。文書は紙の表と裏の両面に描かれ、左右二ページの見開きになる。

スペイン人は一六世紀にマヤ地域を侵略し、大部分の絵文書を「悪魔の仕業」として焼き捨てた。そのために現存する先スペイン期のマヤ絵文書は四冊しかない。それらは、後古典期（一〇〇〇年～一六世紀）のマヤ支配層が古典期の絵文書を書き写した写本である。内容は神々と宗教儀礼、暦、占星術、予言と天文観測などにわたる。

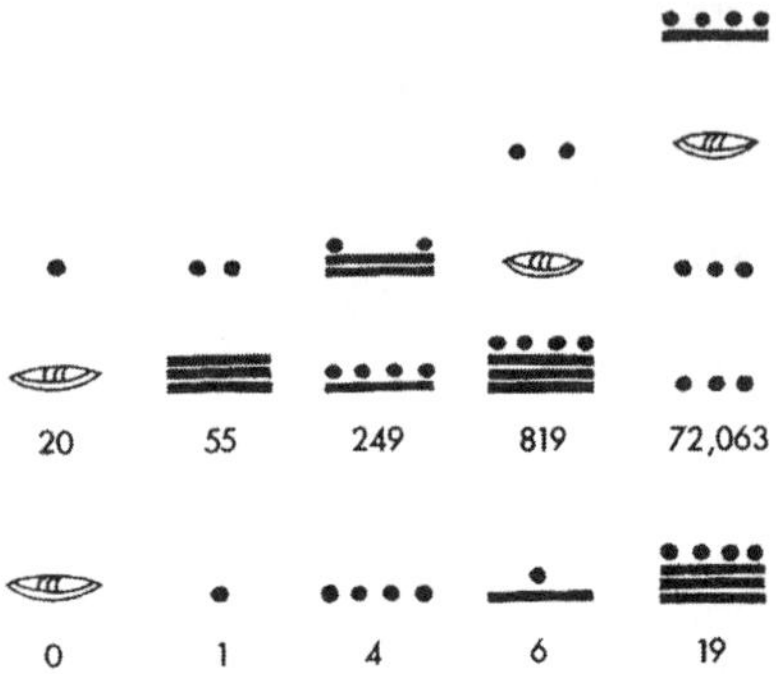

図1-6　マヤの数字
（Coe and Houston 2022:Fig.6.16）

マヤ暦はすべて循環暦

マヤの数字は、一に相当する点、五に相当する棒、そして貝などの形のゼロを表す文字を二〇進法で組み合わせた。マヤ人や他のメソアメリカの人びとは、手足両方の指で数を数えて二〇進法を使った（図1－6）。対照的にアンデス文明のキプ（キープ）では縄の結び目の位置、数や色によって、手の指だけを数える一〇進法で数字を表現した。

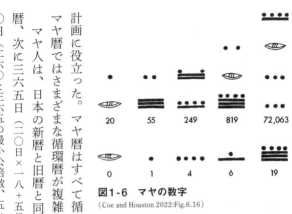

天文学や暦は、都市計画や公共祭祀建築の配置・意匠に重要な役割を果たし、農耕や宗教儀礼の年間計画に役立った。マヤ暦はすべて循環暦である。西暦の直線的な時間の概念とは異なり、マヤ暦ではさまざまな循環暦が複雑に組み合わされて、らせん状に時間が進行する。

マヤ人は、日本の新暦と旧暦と同様に、すべての日付を二六〇日（二〇日×一三）の神聖暦、次に三六五日（二〇日×一八＋五日）の太陽暦で必ず併記した。約五二年の一万八九八〇日（二六〇と三六五の最小公倍数、五×五二×七三）で一巡して、同じ日付が約五二年ごとに果てしなく循環する。マヤ暦の「一世紀」に相当するが、日本の還暦に近い。

長期暦は循環暦の一つであり、一八七万二〇〇〇日（三六〇×二〇×二〇×一三日＝五一二五・二六年）で一巡する（図1－7）。

二〇一二年に、「マヤ人は人類滅亡を予言した」というデマが世界中に広がった。当然ながら、そのような「予言」を記した碑文は存在しない。実際のところ、長期暦の暦元の一つが前三一一四年の八月一一日であり、二〇一二年一二月二一日に一巡したに過ぎない。長期暦の周期の新たな時代が始まったのである。私たちは、五一二五年余りに一度の長期暦の「元日」を経験できた超ラッキーな人類といえよう。

マヤ文明を代表する遺跡では、二〇一二年一二月二一日に祝祭イベントが開催され、観

図1-7　グアテマラのティカル遺跡の「石碑29」の長期暦（292年）
（Stuart 2011:177）

光客を飛躍的に伸ばすビックチャンスとなった。例えば、グアテマラの世界遺産ティカル遺跡の式典では、同国の大統領がコスタリカの大統領らを招いて「新たな時代」を盛大に祝った。メキシコの世界遺産チチェン・イツァ遺跡にも多くの観光客が訪れて、お祭り騒ぎを楽しんだ。

1―3　神々と人間の仲介者としての王――マヤ文字の碑文

最古のマヤ文字と神聖王の称号

現存するマヤ文字の碑文の多くは古典期に属するが、それ以前の碑文も発見されている。現在のところ最古のマヤ文字の碑文は、グアテマラのサン・バルトロ遺跡の前三世紀の壁画に記されている。それは、「壁画の神殿」と呼ばれる公共祭祀建築の壁に描かれ、一部の支配層の間で専有された。つまり、古典期の石碑のように公共広場に誇示されたわけではない。先古典期の文字は、民衆に「語り／見せる」効果を発揮しなかったのである。

「壁画の神殿」の壁画には、アハウ（支配者・王）の文字、王の事績を記した碑文やトウモロコシの神の図像などが描かれた。書体の完成度が高いので、今後の発掘調査でより原初的な古いマヤ文字が見つかることは間違いないと、私は考えている。

四世紀末までに有力な王朝が紋章文字を記すようになった（図1－8）。紋章文字では、左のヘンと上のカンムリは同じである。王国や支配する領域全体の地名の主字（最も大きな文字）だけが異なる。ヘンは「クフル（神聖な）」、カンムリは「アハウ（王）」と解読されている。つまり、ある王国のクフル・アハウと記された。古典期マヤ文明の諸王は単なるアハウ（支配者・王）ではなく、文字通り神聖王になったのである。紋章文字は、王の名前の後に書かれていることが多い。

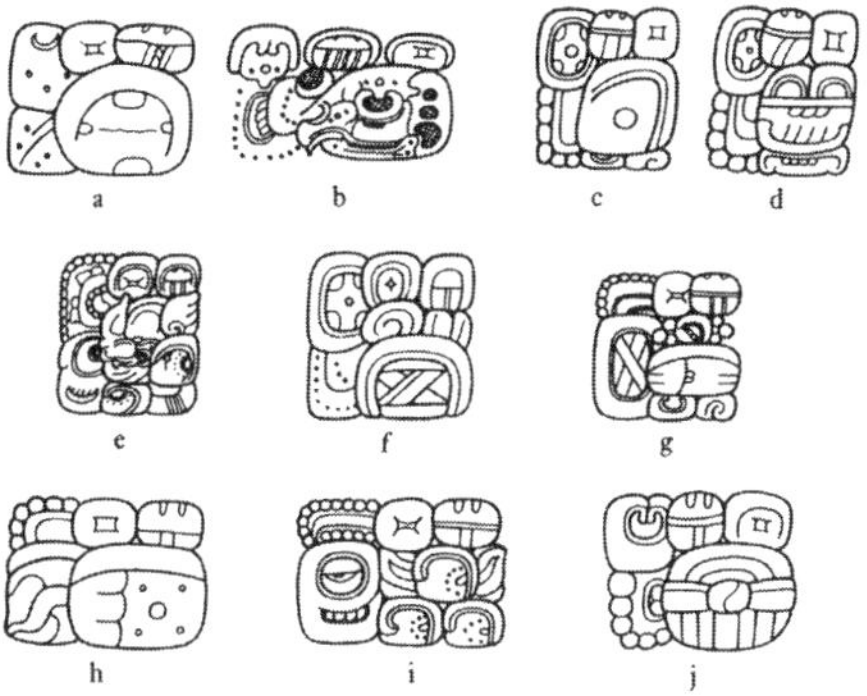

図1-8　紋章文字
ab パレンケ、cd ヤシュチラン、e コパン、f ナランホ、g マチャキラ、h ピエドラス・ネグラス、i セイバル、j ティカル　（Coe and Houston 2022:Fig.6.22）

ティカル遺跡の紋章文字の主字「ムトゥル」は、二九二年に建立された「石碑二九」に刻まれている。しかし、ティカル王朝の「クフル・アハウ（神聖王）」と記されるようになるのは四世紀になってからである。例えば、一四代目のチャク・トック・イチャーク一世王は、治世中（三六〇～三七八年）の三七六年に最古の紋章文字を「石碑三九」に記させた。

紋章文字の使用は、初期には有力な王朝に限られていたが、時代が下がるにつれて広く用いられるようになった。ティカル、パレンケやヤシュチランのような有力王朝では紋章文字が二つあるが、大部分の王朝では一つだけである。

図1-9　ホンジュラスの世界遺産コパン遺跡の「石碑A」の13代目ワシャクラフーン・ウバーフ・カウィール王（731年）（撮影：青山和夫）

象徴的な存在としてのマヤの諸王

古典期マヤ文明の諸王は、どのような存在だったのだろうか。諸王は政治指導者であるとともに国家儀礼では最高位の神官であり、戦時には軍事指揮官でもあった（図1－9）。専業の神官は存在せず、王や貴族が祭祀において神官の役割を果たした。王の図像はきわめて写実的であり、宗教儀礼などの際の盛装や偉大な戦士として描かれた。

神聖王であったマヤの王は、神々と人間の重要な仲介者であった。王は、神々と特別な関係を持つことによって、自らの権威・権力を正当化した。さらにその超自然的な能力や偉大な戦士としての功績によって、王権はさらに強化された。神格化された先祖からの家系を強調することは、王権を正当化するうえで重要であった。日本の天皇が、一九四五年まで現人神として崇拝されたのと同様である。

先古典期終末期からさまざまな王権のシンボルが創造され、古典期にさらに洗練されていった。王権の守護神であったサック・フーナルは、先古典期終末期と古典期の王権のシンボルであった。それは翡翠やアラバスター製の儀礼用王冠として頭飾りの一部に使用され、石碑などの石造記念碑に表象されている。

数多くの石彫には、王家の守護神カウィールを表象する王笏《おうしゃく》を手に持つ王の図像が見られる。筵《むしろ》や最強の猛獣ジャガーの毛皮も王権の象徴であった。王だけが、ジャガーの毛皮の上に座ることができた。石彫や彩色土器には、王がジャガーの毛皮を敷いた玉座に座す図像がある。

碑文、石彫や壁画の図像には、放血儀礼を行う王や王妃などが記録されている。それは、自らの血を神々や先祖に捧げる自己犠牲である。黒曜石製石刃やアカエイの尾骨などで男性は自らの男根や耳を切りつけ、女性は舌などから出血した。王や王族は、時には痛みを伴う儀礼を通して神々の恩恵や支持を得て農民の安泰を保障した。マヤの諸王は、絶対的な権力者というよりもむしろ、宮廷の礼儀作法に縛られた象徴的な存在という側面もあった。

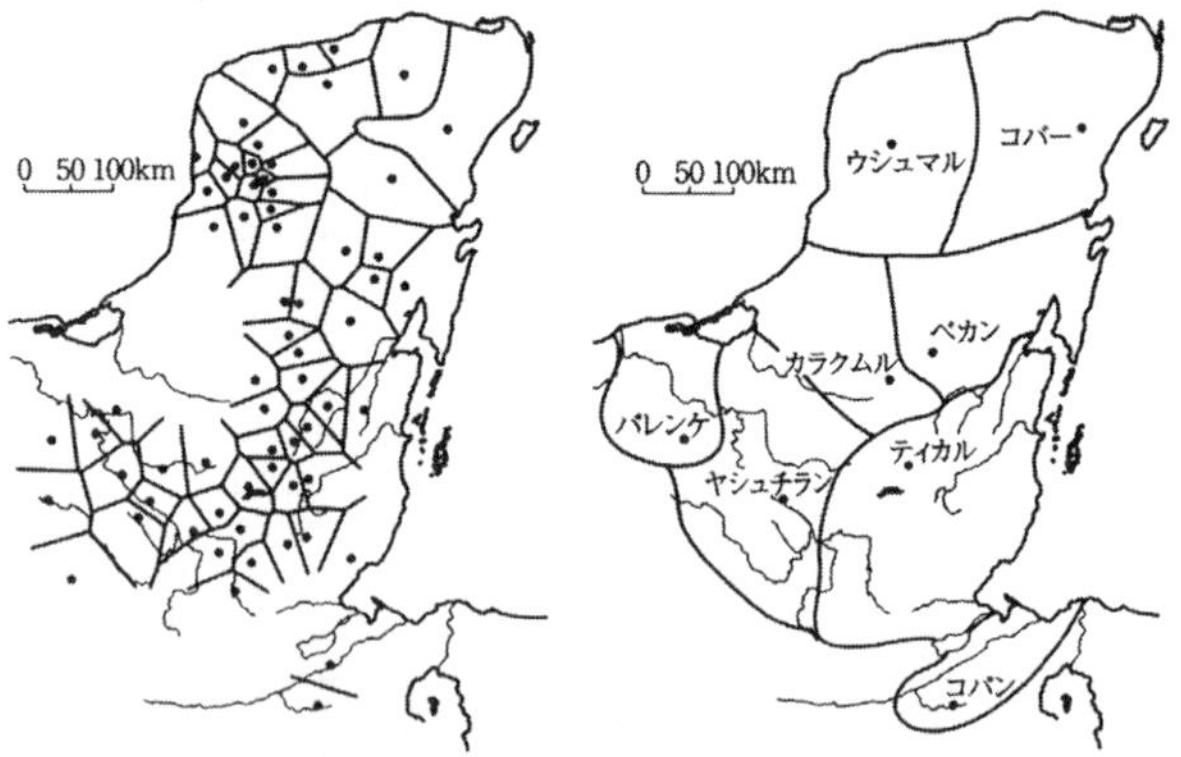

図1-10　古典期マヤ低地の広域王国群（右）、小王国群（左）
（青山2013：図28〜30から作成）

王権を強化するための威信財

先に述べたように、マヤ文明は政治的に統一されないネットワーク型文明であった。複数の広域王国が形成された時期と、六〇〜七〇ほどの小王国が林立した時期がくりかえされた（図1－10）。すなわち、代表的な諸都市が同時期に繁栄していたわけではない。

都市の人口規模は、人口が五〇〇〇人程度の小都市から五万人を超える大都市まで多様であった。大都市と小都市では、統治行政機構の中央集権度は異なった。王がほとんどの住民と直接対面できた小都市と比べて、大都市では血縁関係や個人的な人間関係を超越した、より中央集権的な統治行政機構が欠かせなかった。

　諸王は、少量の威信財の遠距離交換を統御して地位を高め、王権を強化した。海の貝、グアテマラ高地産の翡翠、高地だけに生息するケツァル鳥の羽根といった装身具の材料などの少量の威信財の贈与交換は、王朝間の交流において重要な役割を果たした。

　威信財は経済的というよりも、むしろ社会的・象徴的に重要である。王は、遠方の威信財を地元の貴族や従者に再分配して、忠誠や後援を得た。王は多くの労働力を動員して、洗練された王宮、巨大な神殿ピラミッドなどの公共祭祀建築や舗装堤道を建設させた。その建設には、王の政治経済力が反映された。

　王位は世襲制であった。父から息子への世襲が多いが、兄弟間でも相続された。男性の継承者がいない場合には、稀に女王が継承した。マヤ文字の解読によれば、例えば、パレンケ王朝の一五名の王のうち、少なくとも一名は女王であった。七代目王には、世継ぎの王子がいなかった。そのためにイシュ・ヨフル・イクナル女王が、五八三年に八代目王として即位し、六〇四年に亡くなるまで二〇年余り統治した。

　王朝の間では、戦争が行われた。戦争の目的は、敵を大虐殺することではなかった。高位の捕虜を捕獲して、政治的従属、貢納や富、王朝の領域や交易ルートのアクセスなどの政治的・経済的利益を得ることに主眼が置かれた。高位の捕虜の捕獲の実績が、支配層のアイデンティティ形成で重要な役割を果たし、権力の強化に繋がった。戦争の勝敗は王朝の盛衰に大きく影響して、王朝間の主従関係・力関係を構築・再構築した。

マヤ文字の解読によれば、ティカルやカラクムルなど一部の古典期の強大な王朝の大王は、最上位のカロームテという称号を誇った。つまり、すべての王朝が対等の関係にあったのではない。強大な王朝は他の王朝に内政干渉し、さまざまな影響を及ぼした。

マヤ低地北部では、チチェン・イツァが古典期終末期に最大の広域王国の主都として栄えた。それはスケールや時代背景はまったく異なるものの、徳川幕府が天下統一しても外様藩が藩内では自治を保つとか、各国が独立国の建前を保ちながらもアメリカが内政干渉するという状況と比較できよう。

マヤ王朝間の上下関係は、支配層内でのことにとどまった。マヤ文明では、大型の家畜や荷車がなかった。カヌーが使用可能な一部の地域を除けば、重くかさばるトウモロコシのような食料や生活必需品の輸送や人の移動は、すべて徒歩に頼った。各王朝は中心都市と周辺の住民を統治し、その経済基盤は基本的に比較的小さな領域に限られていた。

次に公共祭祀建築と公共広場について具体的に見ていこう。

2　神殿ピラミッドとマヤ人の世界観

2－1　神殿ピラミッドという公共祭祀建築

まつりごとを行う舞台

なぜ、エジプトとマヤにピラミッドがあるのだろうか。「ピラミッド」という呼称は、欧米の考古学者がエジプトのピラミッドになぞらえ、つけたものだが、社会的な機能や意味が異なり関連はまったくない。マヤのピラミッドは、王などがまつりごとを行う舞台・公共祭祀建築であった（図1－11）。古典期には、神殿と王宮の両方を兼ねるピラミッドも存在した。

鉄筋コンクリートのない時代に石を積み上げて高い建造物を建造すれば、誰が建設しようと結果的にピラミッドの形にならざるを得ない。世界の異なった場所で異なった時代に、人間は形が似た建造物を造ったのである。ただマヤ文明の神殿ピラミッドは、エジプトと

図1-11　グアテマラの世界遺産ティカル遺跡の「神殿1」
（撮影：青山和夫）

は形態が異なる。頂上部にキャップストーンがなく、尖っていない。ピラミッド状基壇の上には、神殿が配置された。ピラミッド状基壇の側面は九段など複数の段をなし、一つ以上の側面に階段を有した。

複数の神殿ピラミッドや王宮を戴く、大きな丘のような建築複合体をなす場合がある。それは、ギリシア考古学の借用で「アクロポリス」と呼ばれる。ただしギリシア文明のパルテノン神殿は、アクロポリスという自然の丘の上に建造された。対照的にマヤ文明のアクロポリスの多くは、同じ場所に公共祭祀建築を増改築した「人工の丘」であった。

古典期の神殿ピラミッドは、王権を象徴する政治的道具であった。王は宗教儀礼を行い、神殿ピラミッド内部に翡翠製品、貝製品、多彩色土器のような供物を埋納した。一部の神殿ピラミッドの外壁は、神々の顔や王の図像を彫刻した多彩色の漆喰彫刻や石彫で装飾され、王権の象徴ともなる宗教観念の表現として重要であった。

古典期の多くの神殿ピラミッドは、王や王妃を葬り祀る巨大なモニュメント、つまり王陵としても機能した。王は先代の王を神格化して、神殿ピラミッド内の石室墓に翡翠製装飾品、海産貝製装飾品、洗練された彩色土器や王族が放血儀礼に用いたアカエイの尾骨など豪華な副葬品とともに埋葬した。しかし、日本列島の古墳とは異なり、一般的に武器や武具は副葬されなかった。マヤの諸王は英雄戦士ではなく、宗教儀礼を執行する神聖王として葬られたのである。

神聖な世界の中心としての公共広場

神殿ピラミッドは孤立して建造されることはきわめて稀であった。都市中心部の公共広場の周囲には神殿ピラミッド、王宮や球技場などが神聖な世界の中心として配置された。碑文が刻まれた石碑や石造祭壇などの石造記念碑は公共広場だけでなく、神殿ピラミッドの前や上にも建てられた。碑文を刻んだ石板や漆喰彫刻が、神殿外壁に組み込まれた（図1－12）。

マヤ低地では、石造建造物や石碑などの石造記念碑の石材は、石灰岩が主流であった。大半の都市は、石灰岩の岩盤の上や路頭の近くに建設されたからである。そのために、建築石材の石灰岩は無限に近い。例外もある。ホンジュラスのコパン遺跡では凝灰岩が、グアテマラのキリグア遺跡では砂岩、流紋岩、大理石など地元産の建築石材が用いられた。マヤ高地のカミナルフユでは、アドベ（日干しレンガ）や土の神殿ピラミッドが建造された。

図1-12　メキシコの世界遺産パレンケ遺跡の「太陽の神殿」の漆喰彫刻（撮影：青山和夫）

図1-13　メキシコのコマルカルコ遺跡の焼成レンガの神殿ピラミッドと漆喰彫刻

（撮影：青山和夫）

メキシコのコマルカルコ遺跡は、マヤ低地西端に立地する。この近辺では、適切な建設石材が産出しない。マヤ低地ではきわめて珍しく、コマルカルコでは五〇〇年頃から粘土を焼成したレンガを積み上げ、牡蠣の貝殻から生産された漆喰が建造物に塗られた。マヤ文字の碑文が漆喰のうえに浮き彫りにされ、パレンケのような漆喰彫刻が発達した（図1―13）。

形についていえば、平面が方形や長方形の神殿ピラミッドが多い。平面が円形や楕円形のものは、古典期終末期のマヤ低地南部のセイバル遺跡やマヤ低地北部のウシュマル遺跡等で建てられたが、きわめて稀である。

ピラミッド状基壇の上には、半恒久的な石造神殿あるいは非恒久的な神殿が建てられた。石造壁と藁葺き屋根を組み合わせる場合もあった。非恒久的な神殿は、マヤ高地のカミナルフユ遺跡などでアドベや編み枝に泥を塗った壁の上に藁葺き屋根が葺かれた。

持ち送り式アーチと神殿ピラミッドの建造法

マヤ低地の特徴の一つが、石造の持ち送り式アーチであった（図1―14）。持ち送り式アーチとは、石造建造物、石室墓や門などの逆V字形の天井のアーチである。真（ローマ式）の半円形アーチではなく、石が壁に持ち送り式に嵌め込まれた擬似アーチなので天井は高

図1-14　パレンケ遺跡の持ち送り式アーチ
（撮影：青山和夫）

く狭い。マヤ低地で多用されたので、マヤ・アーチとも呼ばれる。真のアーチは一部が崩れると全体が崩壊する。持ち送り式アーチは安定しており、部分的な崩壊にとどまる。

　メキシコの世界遺産カラクムル遺跡は、先古典期後期から古典期終末期のマヤ低地南部で最大の都市遺跡の一つである。最大の神殿ピラミッド「建造物二」は、高さが五五メートル、底辺の長さは一四〇メートルに及ぶ（図1－15）。この巨大な神殿ピラミッドのトンネル式発掘調査によって、長期間にわたる増改築の様子が明らかにされた。「建造物二」内部から、マヤ文明ではたいへん珍しい真のアーチが見つかった。真のアーチは、カラクムル遺跡の北東三三キロメートルに立地する小都市ラ・ムニェカ遺跡の「建造物一二」内部の支配層の石室墓でも活用された。すなわち、少なくとも一部のマヤ人は

図1-15　メキシコの世界遺産カラクムル遺跡の「建造物2」
（撮影：青山和夫）

真のアーチの原理を知っていたが、頻繁には建造しなかったといえよう。

神殿ピラミッドや基壇の建造では、部屋状補強壁の工法が活用された。この工法では建造物内部を複数の壁で分割して、壁によって造り出した空間を土や石で詰める。その結果、建造物が安定して崩壊を防ぐとともに湿気を複数の空間に分散できた。

マヤ人は、神殿ピラミッド内部に未加工の石、土砂、粘土を詰めて、外壁に整形した石を積み上げた。彼らは、ゴミ捨て場のゴミも盛土として利用した。そのために神殿ピラミッドを発掘調査すると、内部から大量の使用済みの土器のかけらや石器、石器の製作屑、食用した動物の骨や貝などが出土する。

図1-16　メキシコの世界遺産ウシュマル遺跡の「魔術師のピラミッド」（撮影：青山和夫）

2-2　神殿ピラミッドと山信仰

世代を超えた神殿更新の理由

　神殿ピラミッドの社会的な機能や意味を見てみよう。古典期の神殿ピラミッドの建設活動は、王権を強化するために各王朝が競った政治的な宣伝活動でもあった。同時に神殿ピラミッドの建造・増改築は、山信仰と深く結びついていた。古典期の神殿ピラミッドは、マヤ文字で「ウィツ（山）」と呼ばれた。

　神殿ピラミッドは、文字通り山信仰と関連する宗教施設であり、神聖王の先祖と神々が宿る神聖な山を象徴した（図1－16）。世界各地の山岳信仰と同様に、マヤ人は自然の山を崇拝した。マヤ低地は比較的平坦なので、人工の神聖な山を建造したのである。

　山信仰は、洞窟信仰と深い関係があった。暗い洞窟は山の空洞や内部を象徴し、過去から現在までマヤ人にとって宗教的に重要な場所である。洞窟信仰は豊穣、生命や創造の観念と密接に関連する。ピラミッド状基壇の上の神殿の入り口は、洞窟、超自然界や地下界への入り口を象徴した。神聖王は、神殿に入って宗教儀礼を執行し、神々と交流した。

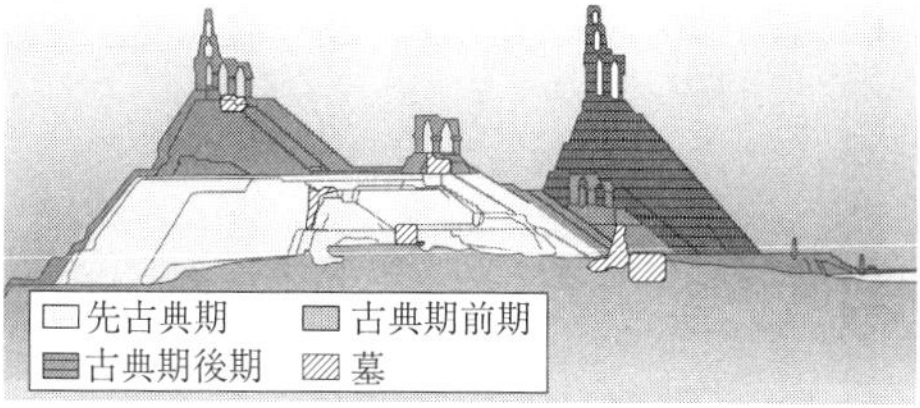

図1-17　ティカル遺跡の「北のアクロポリス」の増改築（Culbert 1993より作成）

　神殿ピラミッドは、パレンケ遺跡のパカル王の王陵「碑文の神殿」のように、王の在位中に一度に建設される場合もあった。だが、あたかも玉ねぎの皮のように、古い時代の神殿ピラミッドの上を包み込んで新たな神殿ピラミッドが増改築されることが一般的である（図1－17）。

　なぜ世代を超えて神殿更新（増改築）されたのだろうか。それは建築材や労働力を節約して神殿ピラミッドを効率よく増改築できるという実用的な理由からだけではない。神殿ピラミッドは、神聖王の先祖崇拝のモニュメントでもあった。それは王朝の連続性や世界観を可視化・演出する装置であり、王の権威の源泉として機能した。諸王は、神殿更新でより高くより大きな神聖な山を築いて王権を強化し、都市の労働力を統御したのである。

日本考古学の松木武彦《まつぎたけひこ》（国立歴史民俗博物館）によれば、日本列島の前方後円墳が巨大化した要因の一つが、墳丘が被葬者を高く差し上げるための舞台として機能していたことであった。巨大前方後円墳は一人の大王のために短期間で建造されたのに対して、大部分のマヤ文明の神殿ピラミッドは世代を超えて諸王のために増改築されつづけた。古典期の神殿ピラミッド巨大化の要因の一つが、神殿更新で先代の王たちを高く差し上げつづけた結果といえよう。

「太陽光の大蛇」の降臨——天文学・暦を駆使した演出

古典期マヤの神聖王は、生ける太陽神でもあった。諸都市では、神殿ピラミッドなど重要な公共祭祀建築が天文観測や暦に基づいて配置された。神殿ピラミッドや暦・天文学の知識は、王権を正当化・強化する政治的道具として活用された。

チチェン・イツァ遺跡は、新世界七不思議の一つであり、日本人観光客が最も訪問するマヤ遺跡である。

最大の「エル・カスティーヨ（ククルカンのピラミッド）」（図1－18）の北側の階段に当たる

図1-18　メキシコの世界遺産チチェン・イツァ遺跡の「エル・カスティーヨ」（撮影：青山和夫）

太陽の光と陰が、風と豊穣の神ククルカン（羽毛の生えた蛇神）を降臨させる。ピラミッド全体が、磁北から一七度ほど傾けて建造された。それは春分と秋分の前後の数週間にわたって、日没の一時間ほど前に長さ三四メートルほどの「太陽光の大蛇」が空から降臨するように設計された。また、春分と秋分の直後の満月前後の夜明け前にも、「月光の大蛇」が現れる。

パレンケ遺跡においても、諸王は王権を正当化する政治的道具として太陽を積極的に活用した（図1－19）。冬至の一二月二一日には、「碑文の神殿」の後ろを太陽が地下界に入っていくかのように沈むのが、「宮殿」の四重の塔から観察される。冬至の午後には一年で一回だけ、太陽が「十字の神

図1-19　パレンケ遺跡（撮影：青山和夫）

殿」の正面と内部をスポットライトのように照らし出す。父の一一代目キニッチ・ハナフブ・パカル王から息子の一二代目キニッチ・カン・バフラム王（六八四～七〇二年統治）へ王権が移った歴史的事実を、象徴的に演出したのである。

パレンケ遺跡の「太陽の神殿」は太陽の特定の位置を示し、キニッチ・カン・バフラム王の王権を強化するためにも活用された。春分、秋分、夏至と太陽が天頂を通過する日に、朝日が「太陽の神殿」の奥の部屋の隅まで対角線上に届く。とりわけ夏至の朝に「太陽の神殿」の中央に王が立てば、神殿ピラミッドの下の公共広場に集う人びとは、強い朝日に照らし出される神々しい王の姿を目の当たりにしたに違いない。また人びとは、夏至の夕

図1-20　カラクムル遺跡の「建造物1」（撮影：青山和夫）

方に「太陽の神殿」の真上に太陽が沈むのを目撃したであろう。

人工の神聖な山と洞窟・天然の泉セノーテ

神殿ピラミッドは、地平線上に見える神聖な丘（山）あるいは近隣都市の大きなピラミッド、つまり人工の神聖な山の方向に向けて建設される場合があった。メキシコのカラクムル遺跡で二番目に大きな神殿ピラミッド「建造物一」は、高さ五〇メートル、底辺九五×八五メートルを誇った（図1－20）。「建造物一」の東西の中心軸線上に、二月一二日と一〇月三〇日に太陽が昇る。この二つの日付の間隔は、二六〇日暦と同じ二六〇日である。

「建造物一」の南北の中心軸線上をまっすぐ南方に四〇キロメートルほど進むと、グアテマラのエル・ミラドール遺跡で先古典期後期・終末期に建造・増改築された「ダンタ・ピラミッド」（マヤ文明で最も高い七二メートル）に至る。天気が良い日には、カラクムルから「ダンタ・ピラミッド」を目視することができる。カラクムル全盛期の古典期にはエル・ミラドールは衰退していたが、人工の神聖な山は神聖でありつづけたのである。

マヤ地域では、天然の泉セノーテが数多く分布する。洞窟やセノーテが、都市計画や神殿ピラミッドの位置を決めるうえで重要な役割を果たした。大地と水が交わる洞窟やセノーテは、豊穣を象徴した。セノーテや洞窟のうえに、神殿ピラミッドが建てられることもあった。

グアテマラのドス・ピラス遺跡では、計二二の洞窟が発見されている。最大の神殿ピラミッド「エル・ドゥエンデ」は、古典期後期に洞窟の真上に建造された。神聖な洞窟のうえに、人工の神聖な山が建てられたといえよう。

王宮であった「コウモリの宮殿」の中心軸は、洞窟の入り口によって決定され、小さな住居基壇に至るまで洞窟と関連づけて配置された。神聖な洞窟が、都市計画において重要な役割を果たしたのである。

メキシコ国立自治大学とメキシコ国立人類学歴史学研究所の調査チームが、電気探査法を使って二〇一五年に大発見を成し遂げた。チチェン・イツァ遺跡最大の「エル・カステイーヨ（ククルカンのピラミッド）」の地下を三次元探査したところ、その真下にセノーテを見つけたのである。つまり、「エル・カスティーヨ」はセノーテの真上に建造されたことがわかった。セノーテは、南北二〇メートル、東西一六メートルもある。「エル・カスティーヨ」はセノーテの真上、チチェン・イツァ最大の「聖なるセノーテ」と二番目に大きなセノーテの間に建造された。

セノーテの神聖性が神殿ピラミッドの重要性を増し、王権を正当化・強化した。王は、都市という大地の中心に大きな神殿ピラミッドを建造して、天上界、地上界、地下界を連結したのである。

マヤの世界観では、大地は生き物であり、海に浮かぶ巨大なワニの背中またはカメの甲羅としてとらえられた。大地は、人間が動物や植物と共生する水平世界である。さらに天上界は一三層、地下界は九層に分かれて、三次元的な垂直世界をなした。天上界には一三の神が司り、一三はマヤ人の「ラッキーナンバー」であった。九は夜の九王、つまり地下界の王の数である。地下界は、非常に恐ろしい場所と考えられた。

3 「語り」と「見せる」――公共空間のなかのマヤ文明

3―1 マヤ文明の起源を探る――アグアダ・フェニックス遺跡へ

太陽の運行や暦に関連した公共祭祀建築

公共広場と公共祭祀建築から、マヤ文明の起源と形成について見ていこう。古典期に先立つ先古典期マヤ文明（前一二〇〇〜後二〇〇年）については、まだよくわかっていないことが多い。とりわけ先古典期中期（前一〇〇〇〜前三五〇年）は、マヤ文明の起源と形成過程を解明する鍵となる。ところが、その社会全般に関するデータが不足していた。

先述のように、神殿更新がくりかえされ、神殿ピラミッドが同じ場所に増改築される場合が多い。そのために一番下層にある先古典期の遺構（建造物跡など、遺された構造物）の大規模な発掘調査がほとんど実施されていない。それには多大な資金と時間を要するからである。マヤ考古学では、二×二メートルという小規模な試掘調査が頻繁に実施される。発掘面積が小さいので、詳細な出土状況や遺構の性格がよくわからないのが問題である。

これまでの調査により、マヤの諸都市で最古の公共祭祀建築群が知られている。それは、公共広場の東側の細長い基壇、西側の基壇や神殿ピラミッドからなる。この公共祭祀建築群は、グアテマラのワシャクトゥン遺跡の「グループE」で最初に確認されたのでEグループと呼ばれる（図1－21）。諸都市では、太陽が運行する東と西の軸が重要であった。

図1-21　グアテマラのワシャクトゥン遺跡のEグループ（撮影：青山和夫）

ワシャクトゥンでは、公共広場の西側に神殿ピラミッド、東側に三つの小神殿を頂く細長い基壇が配置された。その一九二四年以来の調査で、Eグループが太陽の動きや暦と関連した公共祭祀建築群であることが明らかにされた。生ける太陽神でもあった古典期の諸王は、王権を正当化・強化する政治的道具としてEグループを活用した。

その後の調査によって、他の多くのマヤ都市でEグループが見つかっている。例えば、ティカル遺跡の「ムンド・ペルディード地区」のEグループは、公共広場の東西の低い基壇として前七〇〇～前六〇〇年頃に建造されはじめ、古典期後期まで増改築がくりかえされた。西側の神殿ピラミッドは増改築されつづけて、高さが三五メートルになった。

グアテマラのシバル遺跡のEグループは、前八〇〇～前七〇〇年頃に建造されはじめた。それが増改築されて、公共広場の西側に高さ一七メートルの神殿ピラミッド、東側に長さ一二九メートルの細長い基壇が完成した。私たちがセイバル遺跡を調査するまで、シバル遺跡のEグループが最古と考えられていた。

セイバル遺跡の調査

私自身の調査から、マヤ文明の起源に迫っていこう。調査団長の猪俣健《いのまたたけし》(アリゾナ大学)と共同調査団長の私は、アメリカ、グアテマラ、スイス、フランス、カナダやロシアの研究者と国際調査団を編成して、二〇〇五年からグアテマラのセイバル遺跡を調査した。

私たちは、都市中心部と周辺部において大規模で層位的な発掘調査に挑んだ。神殿ピラミッド、公共広場、王宮、支配層や被支配層の住居跡などに広い発掘区を設定し、現地表面から一〇メートル以上も下にある自然の地盤の無遺物層まで数年かけて掘り下げた。その結果、マヤ文明の起源とEグループに関する重要なデータが得られた(図1－22)。

ハーバード大学調査団は、一九六〇年代にセイバル遺跡を調査した。彼らは小規模な試掘調査に基づき、先古典期中期に農民が小さな村を形成して徐々に共同体が発展し、先古典期後期まで公共祭祀建築は建造されなかったと考えた。

ところが私たちは、前九五〇年頃というEグループを検出した。それは、石灰岩の岩盤を平らに削り取った公共広場、その東西に岩盤を整形して土や石を盛った公共祭祀建築の低い基壇からなる。Eグループは、熱帯雨林の中を流れる大河パシオン川を望む比高一〇〇メートルの丘陵上に建設され、「神聖な文化的景観」が創造された。

図1-22　セイバル遺跡のEグループの発掘調査
（撮影：青山和夫）

Eグループの公共広場の東側の「シャアン建造物」は、高さが一メートル、長さが六三メートル、幅一六メートルという低く細長い土製基壇であった。その西に五〇メートルほどにある「アハウ建造物」は、高さが二メートル、底辺の長さが四メートルほどの小さな土製基壇であり、正面（東側）には階段が設けられた。

私たちの調査によって、マヤ文明の起源が従来の学

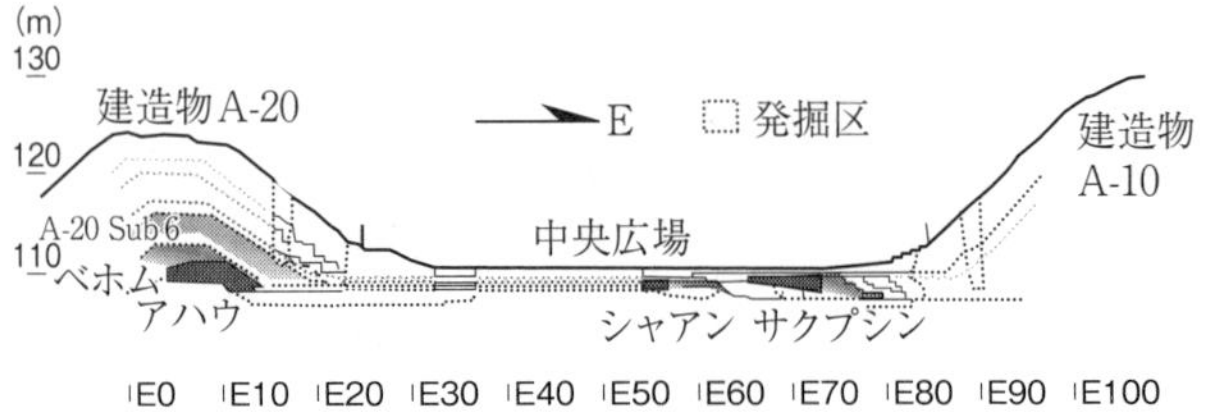

図1-23　セイバル遺跡のEグループの増改築
（Inomata et al. 2013より作成）

説よりも二〇〇年ほど早く前一〇世紀にさかのぼることがわかった。そして、成果を二〇一三年にアメリカの学術誌『サイエンス』に発表した。

この新知見が高校世界史教科書に反映され、マヤ文明の繁栄が二〇一二年の「四世紀ころから九世紀に」ではなく、二〇一三年に「前一〇〇〇年頃から一六世紀に」に修正された（山川出版社『詳説世界史』）。研究成果を学校教育に還元することは、きわめて重要である。

先古典期中期前半（前九五〇～前七〇〇年）には、翡翠製磨製石斧の供物がEグループの公共広場の東西の中心軸線上に埋納されつづけた。図像研究によれば、翡翠製磨製石斧はトウモロコシを象徴した。公共祭祀建築の土製基壇は増改築がくりかえされ、前九世紀以降に石造の神殿ピラミッドを形成していった（図1－23）。セイバルのEグループは増改築をくりかえし、一〇世紀まで約二〇〇〇年にわたって活用された。

ライダー導入で広範囲の測量に成功

マヤ低地南部の遺跡を調査するうえで、熱帯雨林の密林は大きな障害となる。草木が生い茂り、獣道しかなく、数メートル先しか見えない。マラリア、デング熱やジカ熱をもたらす蚊の大群や気温四〇度を超える猛暑は、いつも私を苦しめる。日本から持ち込む最新の野外用蚊取り器は、残念ながらあまり役に立たない。熱帯雨林の茂みには、コブラ科のサンゴヘビ、ガラガラヘビ、英語でジャンピング・バイパーと呼ばれる「跳ぶ毒蛇」も潜んでいる。

熱帯雨林では足元だけでなく、頭上も気をつけねばならない。セイバル遺跡で調査をしていたある日、珍しく強風が吹き荒れていた。私が複数の発掘区を見回っている時に、遠くから発掘作業員たちが「カズオ！」と大声で叫んだ。私が数歩前に歩くと、背後に大木の枝がどさっと落ちた。みんな私が死ぬと思ったそうである。

マヤ文明の遺跡の全容を解明するためには、リモートセンシング（遠隔探査）を導入して、その後に地上の踏査と発掘を実施することが必要不可欠である。ライダー（航空レーザー測量）は、密林に覆われた広範な地域の三次元構造を面的にとらえるリモートセンシングとして大きな潜在力を有する。航空機から発射されたレーザー光は、樹木の隙間から地面に到達し、その往復時間から地表面の考古遺構や地形を迅速かつ客観的に測量できる。

私たちは、二〇一五年にグアテマラ考古学にライダーを初めて導入した。その結果、熱帯雨林に覆われたセイバル遺跡と周辺部の考古遺構や地形を四〇〇平方キロメートルにわたって四日間で測量することに成功した。高解像度のライダーデータの高さの誤差は五センチメートル、水平誤差は二〇センチメートル、計測密度は一平方メートル当たり二〇地点ほどである。

この広範な面積を地上で踏査・測量すれば、数十年はかかるだろう。実際のところ、当該地域で地上の踏査と測量を完了するのは不可能といえる。なぜか。それは調査に入ることができない麻薬・武器密売人など犯罪者の広大な私有地も点在するからである。当然のことながら、命の危険を冒してまで考古学調査を行う必要はない。

セイバル遺跡の巨大基壇を発見

ライダーの最も大きな成果の一つが、遺跡中心部の「グループA」でセイバル最大の巨大基壇を確認したことである。これまで大規模な人工の土盛りがあることはわかっていた。ハーバード大学が一九六〇年代に測量した遺跡平面図では、あたかも自然地形であるかのように不規則な形に描かれていた。

ライダーによって、巨大基壇が南北六〇〇メートル、東西三四〇メートルの長方形であり、高さが一五メートルに及ぶことが判明した。この人工の巨大基壇の上に、Eグループ、他の神殿ピラミッドや中小の基壇が建てられたのである。

視界が木々や高い草に妨げられる熱帯雨林では、このような巨大な建造物を地上で認識するのはきわめて難しい。くりかえし強調するが、ライダーは、遺跡を厚く覆う熱帯雨林のような密林に分布する考古遺構や地形を迅速かつ客観的に測量できる。つまり小さく低い遺構の探査だけでなく、人間の目では地上で認識し難い巨大な遺構の探査にも有効なのである。

発掘調査によって、巨大基壇の約八割が先古典期に建造・増改築されたことがわかった。その盛土の総体積は、約七〇万立方メートルに及ぶ。じつはセイバル遺跡のすべての神殿ピラミッドの体積は、巨大基壇の一割程度に過ぎない。すなわち、セイバル最大の公共祭祀建築は、古典期ではなくその前の先古典期に建造されたのである。初期の公共祭祀建築の建設活動は、従来考えられていたよりもはるかに盛んであった。

マヤ文明最古・最大の公共祭祀建築——アグアダ・フェニックス遺跡

セイバル遺跡を調査していた時、私は「ついにマヤ文明最古の公共祭祀建築を見つけた」と思い込んでいた。だが考古学調査には、時々嬉しいサプライズがある。私が参加するアメリカ、メキシコ、グアテマラ、スイス、フランス、ドイツや日本の国際調査団（団長：猪俣）は、マヤ文明の起源に迫る世紀の発見を成し遂げた。メキシコのタバスコ州でセイバル遺跡よりも古い、マヤ文明最古かつ最大の公共祭祀建築を発見したのである。

調査団は、二〇一七年からライダー、地上の踏査と発掘調査を実施している。私たちは、これまで知られていなかったこの遺跡をアグアダ・フェニックス遺跡と名付けた。そして成果を、二〇二〇年にイギリスの学術誌『ネイチャー』に発表した。

その最大の公共祭祀建築は、南北一四一三メートル、東西三九九メートル、高さ一五メートルの巨大基壇である。ちなみに大山《だいせん》古墳（仁徳天皇《にんとくてんのう》陵）の墳丘全長は五一三メートルを超え、長さの点では世界最大の墳丘墓である。アグアダ・フェニックス遺跡の巨大基壇の長さはその三倍に近い。巨大基壇を中心に幅五〇～一〇〇メートル、最長六三〇〇メートルに及ぶ計九本の道路が建造され、複数の人工貯水池が配置された（図1－24）。

発掘調査と豊富な試料の放射性炭素年代測定により、巨大基壇が前一一〇〇年頃から建造され、前七五〇年頃まで増改築されつづけたことがわかった。読者の多くは、文明は徐々に形成されるという先入観をお持ちかもしれない。だが、産業革命のように急速に発展する時がある。アグアダ・フェニックス遺跡では、それが一部の人びとの間で定住生活と土器使用が始まった前一二〇〇年頃から巨大基壇が建造され始めた前一一〇〇年頃であった。

食料獲得経済から食料生産経済へは数千年にわたって移行したが、この頃にトウモロコシの品種改良の過程で大きな転換点があった可能性が高い。大きな穂軸と穀粒を有する、生産性の高いトウモロコシが生み出され、農耕を基盤とする生業が確立していった。つまりトウモロコシ農耕を基盤とする農耕革命が起こっていたのである。このことは、人骨の同位体分析だけでなく、トウモロコシやトウモロコシの神の図像が顕著になったことからもわかる。

図1-24　ライダーによるアグアダ・フェニックス遺跡の三次元復元図
作図：猪俣健（Inomata et al. 2020より作成）

さて読者の皆様は、マヤ文明最大の公共祭祀建築がこれまで認識されていなかったことを不思議に思われるかもしれない。しかしセイバル遺跡の巨大基壇以上に、アグアダ・フェニックス遺跡の巨大基壇は平面的にあまりにも巨大すぎるので、自然の丘なのか人工の建造物なのかをライダー技術なしに地上で確認するのは困難なのである（図1－25）。

図1-25　アグアダ・フェニックス遺跡の巨大基壇の一部（撮影：青山和夫）

アグアダ・フェニックス遺跡の巨大基壇は、大河サン・ペドロ川の河岸段丘の上に建造された。その体積は三二〇万～四三〇万立方メートルと推定される。それはこれまで最大とされてきたグアテマラのエル・ミラドール遺跡の「ダンタ・ピラミッド」（体積二七〇万立方メートル）や古典期のいかなる神殿ピラミッドをも凌駕する。つまり、このマヤ地域最古の大公共祭祀建築は、マヤ文明史を通して最大の体積を有した建造物なのである。

中央集権的な王のいない社会の水平的な巨大基壇

巨大基壇は、まさに人工的に整形された「神聖な山」であった。そのうえには太陽の運行や暦に関連したEグループ、神殿ピラミッドや公共広場が配置された。注目すべきことに、巨大基壇の東西の側縁には計二〇の基壇が建造された。

周辺には、ブエナ・ビスタ、エル・マカビルやパホナルなど、大きな基壇の側縁に二〇の基壇が建造された先古典期の遺跡も見つかっている。二〇は二〇進法を用いたマヤ暦の根幹をなす数字であり、マヤ文明黎明期に二〇進法がすでに使われていたことが明らかである。

興味深いことに、一〇月一七日と二月二四日には、アグアダ・フェニックス遺跡の巨大基壇の中央に建造されたEグループの東西の中心軸線上に太陽が昇る。後者は一一月から五月までの乾季のちょうど中間に当たる。農閑期に公共祭祀が行われたのだろう。

この二つの日付の間隔は一三〇日である。一三〇は、天上界の数一三の一〇倍、二六〇の半分をなす。すなわち、一三〇日の二倍は、二〇日×一三の二六〇日暦の日数である。近辺には、Eグループの東西の中心軸線上に二六〇日間隔で太陽が昇る先古典期中期初頭のラ・カルメリタ遺跡も見つかっている。二六〇日暦という神聖暦が、すでに用いられていたのである。

アグアダ・フェニックス遺跡の巨大基壇では、何が行われていたのだろうか。Eグループの公共広場では、セイバル遺跡と同様に、東西の中心軸線上にトウモロコシを象徴する翡翠製磨製石斧、翡翠製装飾品や土器を埋納する儀礼が執行された。水平性を強調した巨大基壇は、人びとが参加する公共祭祀場であり、集団の統合・連帯感を演出するモニュメントであった。太陽崇拝、暦や豊穣に関連した公共儀礼が執行されたのだろう。

上述のように、垂直的な古典期マヤ文明の神殿ピラミッドは、諸王の権力を誇示する政治的道具であった。古典期の神殿ピラミッドでは水平性だけでなく、むしろ高さ、つまり垂直性が強調された。ピラミッド状基壇の上の神殿へのアクセスは排他的であり、王など一部の支配層に限られた。

アグアダ・フェニックス遺跡では、古典期のような王をかたどった石彫は見つかっていない。巨大基壇の建造を計画・指揮する指導者はいても、中央集権的な王はまだいない、社会階層がそれほど進んでいない社会であった。指導者は地域間交換に参加して天文学、暦や宗教儀礼に関する特権的な知識を有した。

王権が確立する前のマヤ文明黎明期には、巨大基壇の水平性が際立った。人びとの開放的な交流が可能な水平的な空間が好まれたのである。人びとは強制されることなく自発的に集まり、大公共祭祀建築を造りあげたのではないだろうか。彼らは巨大基壇を共同で建設する必要性やイデオロギーを共有していたのだろう。

すなわち、共同で公共祭祀建築の建設作業に従事することに意味があった。定住生活の始まりという大きな転換点において、人びとが共有したイデオロギーと社会関係を物質化したモニュメントを建設する共同作業及び公共祭祀が、集団のアイデンティティや連帯感を創生してマヤ文明の起源と発展に重要な役割を果たしたのである。

マヤ文明の起源とオルメカ文明

巨大基壇の源流は、どこだろうか。それはマヤ低地の西隣りに位置するメキシコ湾岸低地南部のオルメカ文明に求められる。

メキシコのサン・ロレンソ遺跡は、前一四〇〇～前一一五〇年にオルメカ文明の大きな中心地として繁栄した。それは川とその支流の氾濫原に囲まれた丘陵上に設けられ、アグアダ・フェニックスやセイバルの立地に類似する。

動植物遺体の研究によれば、この頃のメソアメリカでは、トウモロコシなどの栽培植物はまだ生業の基盤をなさず、野生動物の肉や野生植物に大きく依存していた。すなわちサン・ロレンソは非農耕定住集落であったが、社会の階層化が進みつつあった。計一〇体の巨石人頭像はそれぞれ顔が異なり、権力者の顔を表象したものである。

サン・ロレンソでは大規模な労働力を動員して、一キロメートルほどにわたり、高さ七メートルに及ぶ大量の盛土で丘陵の頂上が整形されたことが知られていた。従来の遺跡平面図では、あたかも自然の丘のように不規則な形に描かれていた。

猪俣が、メキシコ国立統計地理情報院による低解像度のライダーデータを分析したところ、実際には長方形の巨大基壇であったことが明らかになった。しかもその東西の側縁には、計二〇の基壇が建造された。サン・ロレンソの丘陵はまさに「神聖な山」であったのだろう。アグアダ・フェニックスの巨大基壇は、オルメカ文明の公共祭祀建築の文化伝統を引き継いだものであった。

メキシコ中央高原のアステカ王国（後一四二八～一五二一年）では、都市をはじめとする人びとが多く集まる空間をアルテペトルと呼んだ。これは、公用語のナワトル語で「水の山」という意味である。サン・ロレンソ、アグアダ・フェニックスやセイバルの丘陵（山）と水という立地は、先古典期に「水の山」を象徴していたのかもしれない。

オルメカ文明は、マヤ文明の起源にどのような影響を与えたのだろうか。一部の研究者は、オルメカ文明がマヤ文明に一方的に影響を与えた母なる文明だと主張する。別の研究者たちは、マヤ文明が独自に発展したと言う。私に言わせれば、どちらも極論である。

サン・ロレンソの巨大基壇には、アグアダ・フェニックスやセイバルの巨大基壇とは異なり、神殿ピラミッドやEグループはない。アグアダ・フェニックス遺跡では、オルメカ文明には見られないペッカリー（ヘソイノシシ）をかたどった石彫が出土している。他方、オルメカ文明に特徴的な巨石人頭像や石造玉座はない。

さらにアグアダ・フェニックス遺跡の土器はセイバル遺跡の土器に酷似しており、オルメカ美術様式の土器はほとんどない。一方、サン・ロレンソやオルメカ文明のラ・ベンタ遺跡に搬入された大部分の黒曜石はメキシコ高地産である。私がハンドヘルド蛍光X線分析計を用いて産地を同定したところ、アグアダ・フェニックス遺跡の黒曜石製石器にはメキシコ高地産は一点もなく、セイバル遺跡と同じく、すべてグアテマラのマヤ高地産であった。

アグアダ・フェニックスは、サン・ロレンソが前一一五〇年頃に衰退し、ラ・ベンタが繁栄（前八〇〇～前四〇〇年）する前に興隆した。つまりアグアダ・フェニックスの人びとはオルメカ文明の文化伝統を取捨選択するとともに、周辺地域との地域間交換を通してマヤ文明を築き上げていったのである。

公共祭祀を行うなかで定住生活は確立された

従来の学説では、経済的観点から祖先崇拝や祭祀が研究され、最初に定住した家族が他の集団よりも経済的・社会的に優位な土地を獲得し、土地所有権を正当化する手段として祖先崇拝を伴う家族儀礼が行われたとされた。その家族儀礼が他の集団にも浸透していく過程で、土地の権利と儀礼の秘術を独占する家族が共同体の支配層になったという。

私たちの調査成果は、先土器時代の採集・狩猟による移動型生活から定住社会に移行する共同体の形成過程を明らかにして、従来の学説を否定する。定住した人たちだけでなく、居住の定住性の度合いが異なる人びとが周囲から集まり、公共祭祀建築・公共広場の更新（増改築）及び共同体の公共祭祀を共同で行う過程で定住生活が確立されていった。定住という新たな生活様式は、すべての社会集団の間で同時に起こらなかったことが重要である。

公共祭祀建築・公共広場の共同建設作業及び公共広場で公共祭祀を慣習的にくりかえす実践によって、社会的結束と同時に社会格差が生まれた。セイバルではその過程で複雑な社会階層が形成されていき、先古典期後期（前三五〇～前一〇〇年）に都市が発展した。

調査の意義は何だろうか。それは、大規模な公共祭祀建築が複雑な社会階層や都市が確立された後ではなく、その前から建設されたことである。初期のEグループは従来考えられてきたような支配層の権力の象徴ではなく、むしろ公共祭祀場であった。その建設や増改築、公共祭祀のくりかえしによって、さまざまなイデオロギーが共有されながら物質化されていったと考えられる。

共同体の異なった集団のせめぎ合い——初期支配層の起源と形成

セイバル遺跡では、先古典期中期前半（前九五〇～前七〇〇年）に翡翠製磨製石斧、当時のメソアメリカで権力者が装着した翡翠製胸飾りや生首を彫刻した海産ウミギクガイ製胸飾りなどの供物が、Eグループの公共広場の東西の中心軸線上に埋納された。この前八世紀のウミギクガイ製胸飾りは、マヤ低地で最古の生首を彫刻した貝製装飾品である。それは、古典期の王が装着した生首を彫刻した胸飾りに酷似する。生首を彫刻した貝製装飾品は、黒曜石・チャート製石槍とともにマヤ文明初期の戦争の証拠をなす。

先古典期中期後半（前七〇〇〜前三五〇年）の公共広場の供物は、マヤ低地の西隣のメキシコ湾岸低地南部やチアパス地方との地域間交換を示唆する翡翠製磨製石斧に取って代わって、マヤ低地の他の中心地との交流を示す土器が主流になっていった。同時に公共広場に生贄墓や初期支配層の墓が設けられ、高度な製作技術がうかがわれる完形の黒曜石製石刃残核や他の黒曜石製石器など新たな供物や副葬品が埋納されるようになる。

セイバルにおける公共祭祀の通時的変化は、公共広場での対面交流が初期支配層の権力やイデオロギーを一方的に表象していたのではなく、初期支配層も含めた共同体における異なった集団のせめぎ合いであったことを示唆する。こうしたせめぎ合いのなかで型にはまった同じ公共祭祀がくりかえされたのではなく、新たな実践も生み出されていったのである。

先古典期中期には、公共広場が公共祭祀の主要な舞台であった。供物や初期支配層の墓は、神殿ピラミッドではなく主に公共広場に埋納されたことが特筆に値する。公共広場でくりかえし慣習的に行われた埋納儀礼を含む公共祭祀という反復的な実践は、集団の社会的記憶を生成し、中心的な役割を果たす権力者の権力が時代とともに強くなっていった。

初期支配層は、地域間交換ネットワークに参加して、グアテマラ高地産の翡翠や黒曜石、海の貝のような重要な物資だけでなく、観念体系や美術・建築様式等の特権的な知識を取捨選択して権力を強化した。公共祭祀を形作り物質化したイデオロギーは、地域間交換や戦争など他の要因と相互に作用してマヤ文明の支配層の形成と王権の誕生に重要な役割を果たしたのである。

都市建設の原動力となった王権のイデオロギー

王権の胎動期である先古典期後期には、マヤ低地のすべての社会階層の間で定住化が進み、都市が形成されていった。

グアテマラのエル・ミラドール遺跡の「ダンタ・ピラミッド」は、高さ七二メートル、底辺六二〇×三一四メートルという際立った垂直性と水平性を誇った。巨大な神殿ピラミッドは、公共祭祀建築の共同建設や公共祭祀をくりかえし行う実践の結果として建造されたといえよう。

「ダンタ・ピラミッド」の建設には、長さ一・五メートル、重さ一四〇〇キログラムに及ぶ巨大なブロック状の石灰岩の切り石が積み上げられた。主神殿の正面階段の両側は、神々の顔の多彩色の漆喰彫刻で装飾されていた。

「ダンタ・ピラミッド」は、先古典期後期・終末期の前二〇〇～後一五〇年頃に建設・増改築された。それは日本列島の弥生時代に相当する時期であった。巨大な公共祭祀建築の建設・維持は、支配層の強制力によってのみなされたのではない。マヤ文明の都市形成の要因の一つとして、巨大な公共祭祀建築の必要性を人びとに納得させる王権のイデオロギーが発達したと考えられる。

王権のイデオロギーは支配層の権威を正当化し、人口の集住と都市建設の大きな原動力になった。王や貴族の指揮下、農民たちが農閑期に「お祭り」のような行事として、楽しみながら建設に携わったのだろう。

王族・貴族と農民の関係は、都市中心部における国家儀礼や神殿ピラミッドなどの大公共祭祀建築の建設作業によって強められた。人口の集中によって、支配層の権威・権力が強化された。同時に経済活動が活発になり、より多くの人びとを都市に引き寄せるという相乗効果があったと考えられよう。

3-2 社会を動かす仕組み——公共広場、公共祭祀建築、図像と文字

公共祭祀の社会的記憶

これまで述べてきたように、マヤ文明の形成において公共広場、公共祭祀建築、図像や文字が社会を動かす仕組みとして重要な役割を果たした。とりわけ公共祭祀建築は「見る」人びとを突き動かし、より巨大な公共祭祀建築を建造して社会を動かす仕組みを編み出した。古典期には公共祭祀建築や神々の図像に加えて、支配層が読み書きしたマヤ文字が「語り」を石碑などに物質化して公共広場に誇示され、社会を動かす新たな仕組みを提供した。

マヤ文明は、多神教であった。神々の意思が尊重される世界のなかで、支配層は社会の方向性を模索した。民衆は支配層の行動や決断に従う場合もあれば、そうでない場合もあった。すなわち支配層と民衆のせめぎ合いが、社会を動かす仕組みを更新させていったと考えられる。このせめぎ合いの中心となる場が公共広場や公共祭祀建築であり、石碑などにマヤ文字や図像で刻まれた過去の儀礼や歴史を口頭で伝承する場であった。

アグアダ・フェニックスやセイバルで建設された初期のEグループは、メソアメリカの

四方位や小宇宙の概念がすでに形成されていたことを示唆する。上述のように、先古典期中期には公共広場が公共祭祀の主要な舞台であり、供物や初期支配層の墓は主に公共広場に埋納された。先古典期に公共広場で慣習的にくりかえされた公共祭祀という反復的な実践は、公共広場の神聖性を強化するとともに集団の社会的記憶を生成した。

巨大な公共祭祀建築が初期に建設されたことは、先古典期マヤ文明だけでなく、アンデス形成期にも当てはまる。両者で水平性を強調した大きな基壇が建造された。文明発達の比較的初期に巨大なモニュメントが建造された点において、マヤ文明、アンデス文明、古典期のメキシコ中央高原で最大の都市テオティワカン（前一〇〇〜後五五〇年）、日本列島の巨大な前方後円墳やエジプトで共通点が見られる。つまり公共祭祀建築の大きさは、社会の規模・複雑さや経済の発展の程度とは必ずしも比例しないのである。

神殿ピラミッドと王墓——テオティワカンとの比較

マヤ文明の社会を動かす仕組みの特徴をよりよく理解するために、メキシコ中央高原の国際都市テオティワカンと比較してみよう。テオティワカンは、碁盤の目状の入念な都市計画と一〇万人という大人口の極度の集住形態が特徴的な大都市であった。「太陽のピラミッド」や「月のピラミッド」をはじめ、全部で約六〇〇の神殿ピラミッドが立ち並ぶ威容

図1-26　パレンケ遺跡のパカル王の墓に副葬された翡翠製モザイク仮面と豪勢な翡翠製装飾品
（メキシコ国立人類学博物館、撮影：青山和夫）

は、アメリカ大陸に類例を見ない。

　セイバル遺跡と周辺部のライダーによっても確認されたように、古典期マヤ文明の都市には、テオティワカンやメソポタミアの都市のような極度な集住形態はなかった。より広い範囲に住居が散在し、大部分のマヤの農民は住居の近くに耕地を有した。

　王墓を内蔵したエジプトや古典期マヤ文明のピラミッドとは異なり、先古典期マヤ文明やテオティワカンのピラミッドには王墓がなかったことが特筆に値する。ピラミッドは特定の個人のためではなく、公共性が強かった。

　テオティワカンの巨大ピラミッド内部の発掘調査では埋葬墓は発見されているが、王墓ではない。対照的に古典期マヤ文明では、神殿ピラミッド内部の壮麗な王墓に先代の王を埋葬することによって大きな力が得られ、王朝は繁栄すると信じられた（図1－26）。

　活火山がそびえるメキシコ中央高原では、火山噴火の文脈のなかから都市やピラミッドが発展した。火山がないマヤ低地とは異なり、メキシコ中央高原では火山噴火（神々の怒り）という自然災害が都市化やピラミッド建設の大きな契機になった。特に後七〇年頃に起きたポポカテペトル火山噴火の数多くの被災者は、テオティワカンに避難・移住した。

テオティワカン最大の「太陽のピラミッド」の頂上にウエウエテオトル（火の老神）を彫刻した石製大香炉が見つかっている。この大ピラミッドは、火山のように煙を吐く「火の神殿」であった。ピラミッドの下には、トンネルのような「洞窟」が人工的に掘られた。

火の老神の大香炉や人工洞窟の配置は、火山信仰と関連していた。人工的に創造された神聖な洞窟の上に、人工の神聖な火山が建てられたといえよう。「太陽のピラミッド」は、噴火による社会混乱から立ち直り、社会を安定させる垂直軸として物質化され、地上界と天上界を繋いで神々と交流する舞台として機能した。

マヤ文明の神殿ピラミッドは火山と関連した「火の神殿」ではなく、火の老神の大香炉が置かれることはなかった。上述のように、古典期マヤ文明の神殿ピラミッドは「ウィッツ（山）」と呼ばれ、王権を強化する神聖な山を象徴した。神殿更新がくりかえされ、その内部に壮麗な王墓や供物が埋納された。しかし興味深いことに、一部のマヤ文明の神殿ピラミッドはセノーテや洞窟の上に建造された。テオティワカンと同様に、地上界と天上界を繋ぐ垂直軸が物質化されたのである。

劇場国家——写実的な権力者の図像と文字

古典期マヤ文明の諸王は神々と特別な関係を持ち、神格化された先祖からの系譜を強調した。諸王はその雄姿の図像や事績に関する碑文を石碑などの石造記念碑に刻ませ、その多くを公共広場に建立して王権を正当化した。

王や貴族が公共広場に集まった大衆を前に、公共広場や神殿ピラミッドで劇場型の国家儀礼を行った。儀礼的踊りや音楽といった王や貴族の劇場的パフォーマンスは、王権を強化するうえで重要であった。マヤ文明には、劇場国家的な側面があったのである。

テオティワカンの支配層は、「語り」よりも公共祭祀建築とその大型化を活用して「見せる」行為、つまり神々と交信する儀礼空間の視認性と大衆性により重点を置いた。古典期マヤ文明と同様な大衆を収容する公共広場は、テオティワカンの神殿ピラミッドにも併設されていたので、劇場型の儀礼を行っていたと考えられる。

古典期のマヤ低地では、王朝や歴代の王を称える碑文や特定の権力者の図像が石碑や神殿ピラミッドに刻まれ、他の支配層や民衆に誇示して「語り／見せる」効果が発揮された。王の図像は、宗教儀礼などの際の盛装や偉大な戦士としてきわめて写実的に描かれた（図1－27）。古典期マヤ文明は、写実的で洗練された図像を刻んだ石彫を多用した文明といえよう。

古典期マヤ文明の図像と比べると、多言語・多民族都市テオティワカンの人物像は没個性的・抽象的である。石彫や壁画の図像は動物、植物や神々が多い。テオティワカンの公共祭祀建築を装飾する神々の石彫や壁画は、民衆に「見せる」ために大きな意味があった。

メキシコ中央高原では、古典期マヤ文明のような王朝史を詳細に記録する文字が発達しなかった。テオティワカンの支配層は、マヤ支配層と直接に交流していた。にもかかわらず、テオティワカンでは、地名、神の名前、暦など一二〇くらいしか文字が確認されていない。旧大陸では、伝統的に文字が文明の指標として重視される。テオティワカンの人びとは複雑な文字体系の恩恵なしに、古典期の南北アメリカ大陸で最大の都市を発展させたのである。

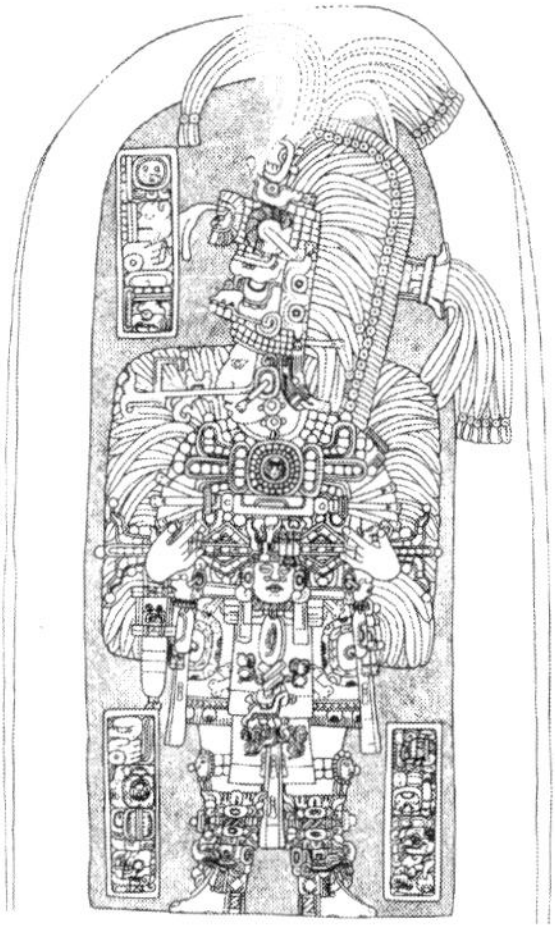

図1-27　ティカル遺跡の「石碑16」の26代目ハサウ・チャン・カウィール王
（Martin and Grube 2008より作成）

権力者の図像に重点が変化

マヤ文明の公共広場、公共祭祀建築、図像や文字が社会を動かす仕組みとしてどのような役割を果たしたのかを通時的にまとめてみよう。アグアダ・フェニックス遺跡では、一部の人びとの間で定住生活と土器使用が始まった前一二〇〇年頃から間もない前一一〇〇年頃にマヤ文明最古かつ最大の公共祭祀建築が建造されはじめ、数百年にわたって増改築された。

水平性を強調したアグアダ・フェニックス遺跡やセイバル遺跡の平面的な巨大基壇は、人びとが参加する公共祭祀場であり、集団の統合を象徴した。つまり王を戴く強力な縦割り社会ではなかった。定住生活の始まりという大きな転換点において、大規模建設という自発的な共同作業が、集団のアイデンティティや連帯感を創生するうえで重要な役割を果たした。

先古典期中期には、公共広場が公共祭祀の主要な舞台であった。共同体の公共祭祀及び神殿・広場更新を共同で行うことによって、社会的結束やアイデンティティが固められ、社会格差が生まれていった。初期支配層は公共広場で慣習的にくりかえされた公共祭祀で中心的な役割を果たしつづけ、社会的記憶の継承や連続性を利用して権力を強めていった。

神殿・広場更新や公共祭祀を共同でくりかえし行う実践を積み重ねた結果、神殿ピラミッドは王権の胎動期である先古典期後期に水平性だけでなく、垂直性においても巨大化した。先古典期後期・終末期には、文字よりもむしろ公共祭祀建築が「見る」人びとを突き動かし、社会を動かす仕組みとして重要な役割を担った。そして、より巨大な公共祭祀建築が建造されつづけた。

先古典期後期の神殿ピラミッドの外壁を装飾した神々の漆喰彫刻は、人びとに「見せる」という効果を発揮した。先古典期マヤ文明やテオティワカンでは、神殿ピラミッドは特定の個人のためではなく、公共性が強かった。支配層は「語り」よりも「見せる」行為、つまり神々と交信する儀礼空間の視認性と大衆性により重点を置いた。

テオティワカンや先古典期マヤ文明の巨大なピラミッド内部から王墓は見つかっていない。一方、マヤ文字、宗教体系や巨大な石造神殿ピラミッドなど、古典期マヤ文明の王権のほとんどすべての要素が、先古典期終末期にすでに形成されていた。マヤ文明は、従来考えられていたよりも早い段階から複雑化しており、先行社会の文化的蓄積と継承が後の諸王国を誕生させたといえよう。

古典期マヤ文明では、先古典期に主に社会の紐帯を促したイデオロギー操作が、より独占的・排他的なイデオロギーに変遷した。個人の王の図像や事績をマヤ文字で記した石碑などの石彫（「語り／見せる」という効果）が公共広場に建てられるようになり、王権や宗教観念の表現手段に重点が移った。

古典期には「見る」人びとを突き動かした公共祭祀建築や神々の図像に加えて、「語り」が王や王朝といった特定の個人・集団の利益を優先させる目的に先鋭化し、権力者の「語り」を物質化した文字が社会を動かす仕組みを提供した。石碑や神殿ピラミッドの外壁には文字だけでなく、王など権力者の図像が刻まれ、他の支配層や民衆に誇示して「見せる」効果が発揮されたのである。

社会の多様性と文明のレジリエンス

後古典期マヤ文明では、古典期のような大神殿ピラミッドは建設されなくなった。後古典期の芸術や公共祭祀建築には、古典期の壮麗さはなかった。だが、政治経済組織は複雑で商業活動がより盛んになった。神々を造形した精巧な土器の香炉が大量生産されて、被支配層にも流通した。いうまでもなく大量生産は、洗練された経済組織を要する専門技術である。

芸術と公共祭祀建築の簡素化は、必ずしも社会全体の衰退を意味しない。マヤ文明は一六世紀まで発展しつづけ、マヤ低地やマヤ高地では小王国が割拠していた。スペイン人侵略者が一六世紀に「発見」したのは、マヤ地域の群雄割拠の社会であった。

スペイン人の征服事業は困難をきわめた。侵略者は、多様なマヤの諸王国を短期間で支配下に置くことはできなかった。スペイン人は、海岸部や高地の拠点にスペイン風の植民都市を建設して、マヤ地域の征服を宣言した。しかし、それは「未完の征服」に過ぎなかった。実際にはスペイン人の支配が直接及ばない場所が多く残されていたからである。

グアテマラの熱帯雨林にある湖の島に建設されたノフペテンは、マヤ文明の最後の都市であった。ノフペテンは、一六九七年にスペイン人が破壊するまで繁栄しつづけた。スペイン人が虐殺した「数えきれないほど先住民の死体は、あたかも湖の島のように見えた」と、民族史料に記されている。大量虐殺は、スペイン人が侵略する前には決して見られなかった残酷で悲惨な光景であった。一四九二年からじつに二〇〇年以上が経過していた。

だが、マヤ文明の末裔である三〇のマヤ諸語を話す先住民は八〇〇万人を超え、ラテンアメリカ社会の一部を構成している。マヤ人の人口は、減るどころか増えつづけている。マヤは現在進行形の生きている文化なのである。

強大な統一国家の場合、頂点が崩れると文明全体が危機に瀕する。生物の多様性が重要なのと同様に、社会の多様性を保つことが、マヤ文明のレジリエンス（回復力）を高めた。これは、画一化する現代社会がマヤ文明を学ぶ今日的意義の一つといえよう。

第二章　アステカ王国

——テノチティトランのモニュメント・絵文書を読む

井上幸孝

1　アステカ王国の実像

1−1　アステカ王国の成立と発展

アステカ王国とは

　アステカ王国は、南米のインカ帝国とほぼ同時期の一五〜一六世紀に、メキシコから中米北部にかけてのメソアメリカに栄えた。数千年続いたメソアメリカ文明の最後の時期に繁栄し、現在のメキシコ合衆国内の広域を支配した。世界史では「一五二一年、スペイン人征服者《コンキスタドール》コルテスによって征服された王国」と言及されることが多いが、その実態は、西洋人が思い描いたような「王国」とは異なっていた。

　本章では便宜上「アステカ王国」という呼称を用いるものの、これは学術的に正確な用語ではない。アステカ王国（またはアステカ帝国）という表現は一八世紀に登場し、一九世紀以降に広く普及した名称である。王国や帝国と聞くと、私たちは唯一の王や皇帝を戴く

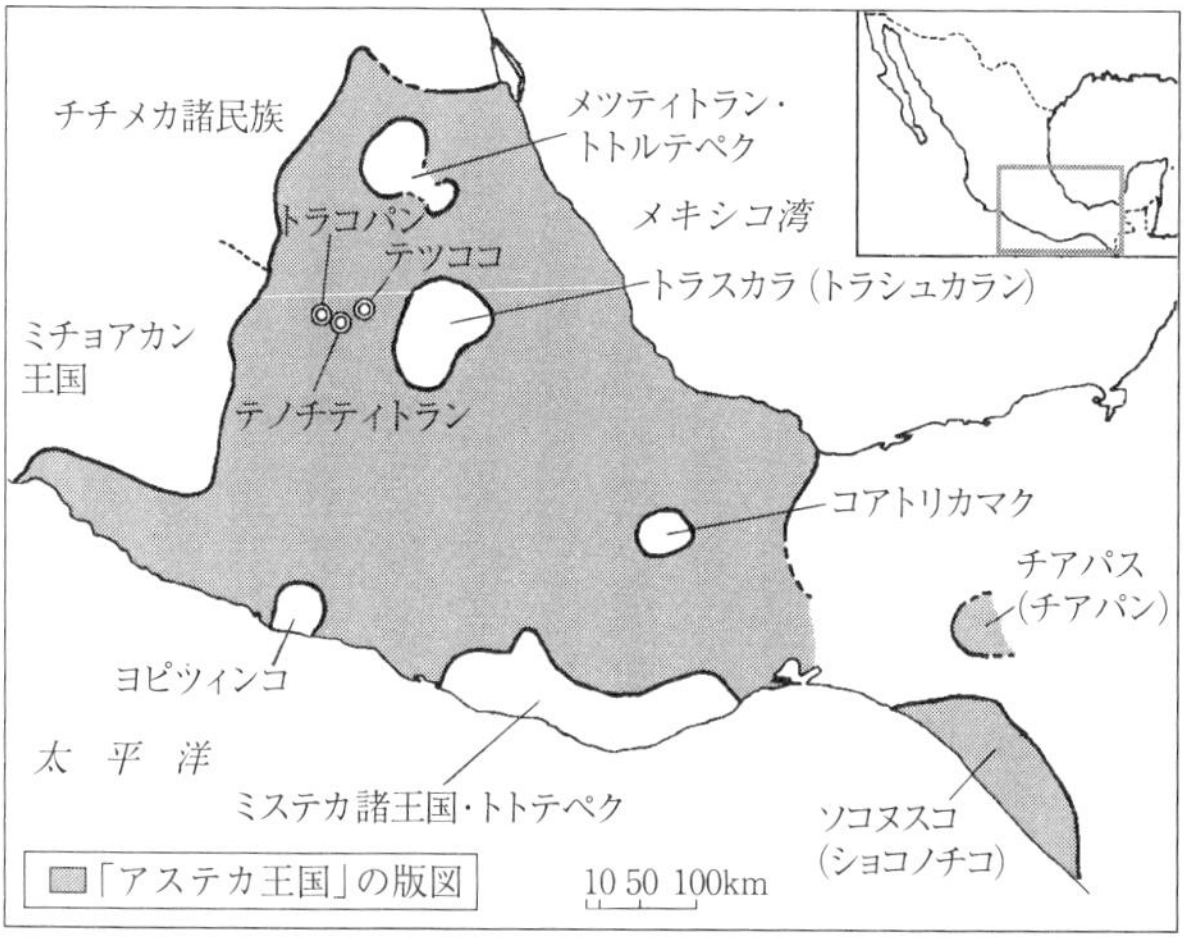

図2-1　アステカ王国の版図（筆者作成）

統一国家のようなものを想像してしまう。しかし、アステカ王国の実態はそうではなく、それぞれに王（トラトアニ）を戴く三つの都市国家（アルテペトル）が連合し、主に貢納を課すことで支配域を広げたというものだった（図2－1）。

また、「アステカ人」というのがきわめて曖昧な呼称であることにも注意が必要である。メキシコ盆地に主に住んでいたのはナワトル語を話すナワ先住民で、都市国家や地域ごとにメシーカ人（テノチカ人）、アコルワ人（テツココ人）、チャルコ人、ショチミルコ人などが暮らしていた。また、アステカ王国の支配が及んだ広範な地域には、オトミー人やマトラツィンカ人、サポテカ人やミステカ人、トトナカ人やワステカ人などさまざまな言語を話す多様な民族が含まれていた。

まずはどのようにしてアステカ王国が成立し、発展していったのかについて、歴史的な経緯をたどることにしよう。

アステカ王国成立前夜のメキシコ盆地

コルテス率いるスペイン人一行の上陸（一五一九年）からさかのぼること約一世紀、一五世紀初頭のメキシコ盆地の覇権を握っていたのは、テパネカ人の都市国家アスカポツァルコだった。アスカポツァルコは、半ば伝説的なテソソモク王の統治下で繁栄を享受したが、一四二六年にこの王が死去すると、その継承者だった嫡子のタヤウを押しのけ、庶子のマシュトラが実力で王位を手にした。マシュトラ王はさらなる勢力拡大を図るものの、やがて彼に反発するメキシコ盆地の諸勢力が結集しアスカポツァルコに対抗することになる（図2－2）。

これに先立って、一四一八年、アスカポツァルコの同盟都市であったテツココ（アコルワ人の都市国家）のイシュトリルショチトル王が殺害されるという事件が起きた。この暗殺はアスカポツァルコのテソソモク王が勢力を拡大する経緯に伴うものであり、メキシコ盆地西部の都市アスカポツァルコは、盆地東部に勢力を広げていたテツココに対して政治的優位を示すこととなった。一部の先住民史料によれば、テツココの王子ネサワルコヨトルは、父イシュトリルショチトル王殺害の場面を間近で目撃したという。ネサワルコヨトルは難を逃れたものの、アスカポツァルコ勢に追われる身となり、時に変装をしたり影武者を立てたりしながら逃亡しつつ、復権の機会を狙った。

図2-2　14～16世紀のメキシコ盆地の主要都市
（筆者作成）

他方、一三二五（または一三四五）年に町を創設し、一三七六（または一三六六）年に王を戴く都市国家の体制を築いたテノチティトラン（メシーカ人の都市国家）は、アスカポツァルコの傭兵として実力をつけていった。一五世紀初頭には、メキシコ盆地の政治においてメシーカ人は無視できない勢力になりつつあった。マシュトラは、アスカポツァルコの王位継承問題でタヤウ側についたテノチティトランの王チマルポポカを殺害した。この殺害にはテノチティトランのメシーカ貴族内部の関与の可能性も指摘されているが、いずれにしても、テノチティトランの王位を継承したイツコアトルは、マシュトラ率いるアスカポツァルコ打倒を目論むこととなる。

三つの都市国家からなる政体

一四二八年、イツコアトル率いるテノチティトランと、ネサワルコヨトル率いるテツココを中心とする連合軍はアスカポツァルコに対する戦争（テパネカ戦争）を仕掛け、最終的にこの都市を滅亡に追い込んだ。テノチティトランとテツココの二都市は、アスカポツァルコと同じくテパネカ人が住む都市国家トラコパンを引き入れ、三都市同盟（ナワトル語ではエシュカン・トラトロヤン「三つの場所による統治」）を形成した。これこそ、私たちが「アステカ王国」と呼ぶ政体である。

このように、「アステカ王国」とは三つの都市国家による支配地域の総称である（図2－3）。そのなかには、いくつもの周辺の都市国家や町村、さらには遠隔の地方までもが含まれた。テノチティトラン、テツココ、トラコパンそれぞれの王に従属する地域もあれば、三都市が合同で征服し支配した場所もあった。支配下の各地域には、在地の王をそのまま

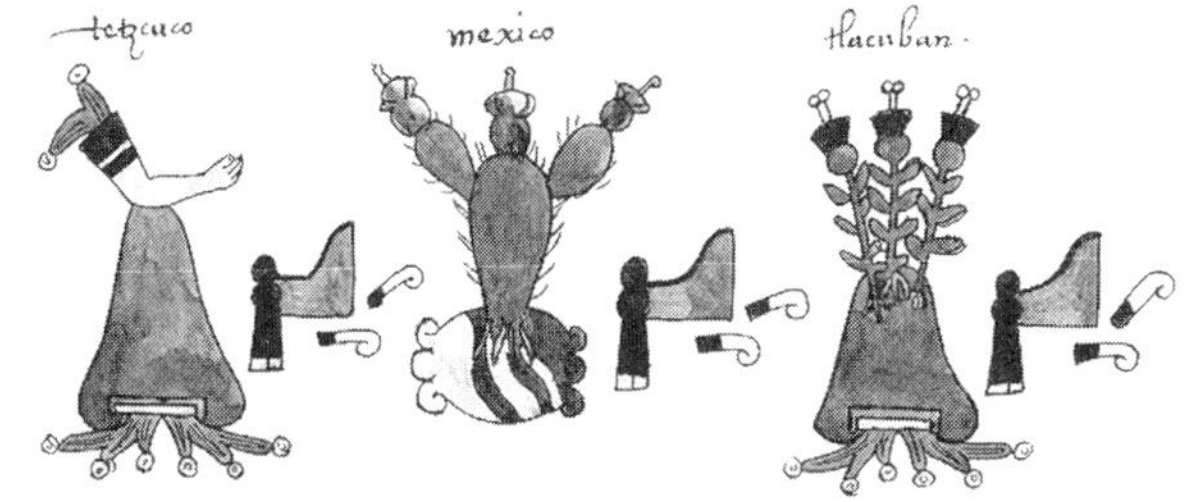

図2-3 『オスーナ絵文書』に記された三都市の名称
左からテツココ、テノチティトラン、トラコパン（出典：*Códice Osuna*. 1947）

維持して貢納品を納めさせていた場所もあれば、激しい抵抗を抑え、徴税吏（カルピシュキ）を送り込んで貢納を徹底させた場所もあった。

実際のところ、三都市の同盟や連合による政治支配は後古典期後期（一二〇〇～一五二一年）のメソアメリカにおいて一般的なものだった。メキシコ盆地のみならず、ミチョアカン（タラスコ王国）やユカタン半島（マヤ諸王国）にも三者の同盟の例があったとされる。テパネカ戦争に敗北したアスカポツァルコもまた、元来は他の二都市（一四世紀の時点ではクルワカンとテツココ）とともに三都市同盟を形成していた。

一六世紀前半にスペイン軍が到来した際、コルテスと共闘してテノチティトランを敗北に追い込んだ先住民の都市がトラスカラをはじめいくつも存在したが、複数の都市が覇権を握って統治を行うというのが常識だった。彼らにとってみれば、コルテス軍という「勝ち馬」に乗って同盟した行為は決して突飛なものではなかった。ヨーロッパ側の視点では「インディオ内の分裂」や「裏切り」と解釈されるが、そもそも「インディオ」は一様でもなければ一枚岩でもなかったのである。

テノチティトランの拡大

テノチティトラン、テツココ、トラコパンによる三都市同盟の確立当時、特に大きな力を有していたのは前二者であった。新興勢力だったテノチティトランの勢いは目覚ましかったが、それと同時に古都テツココは、ネサワルコヨトル王の強いリーダーシップのもとで繁栄した。アスカポツァルコが覇を唱えた頃と大きく違ったのは、この三都市同盟支配は急速にメキシコ盆地外部へ勢力を広げていった点である。

テノチティトランでは、イツコアトル王以降、スペイン人到来までの間に彼を含めて合計六人の王が在位した。そのなかでも、とりわけモテクソマ・イルウィカミナ王（モクテスマ一世、在位一四四〇〜六九年）やアウィツォトル王（在位一四八六〜一五〇二年）の治世には急速に支配地を拡大した（図2－4）。

三都市のパワーバランスは、時の経過とともに変化した。一五世紀末以降、とりわけ一六世紀に入った後は、テノチティトランが圧倒的な力を持つようになっていった。ネサワ

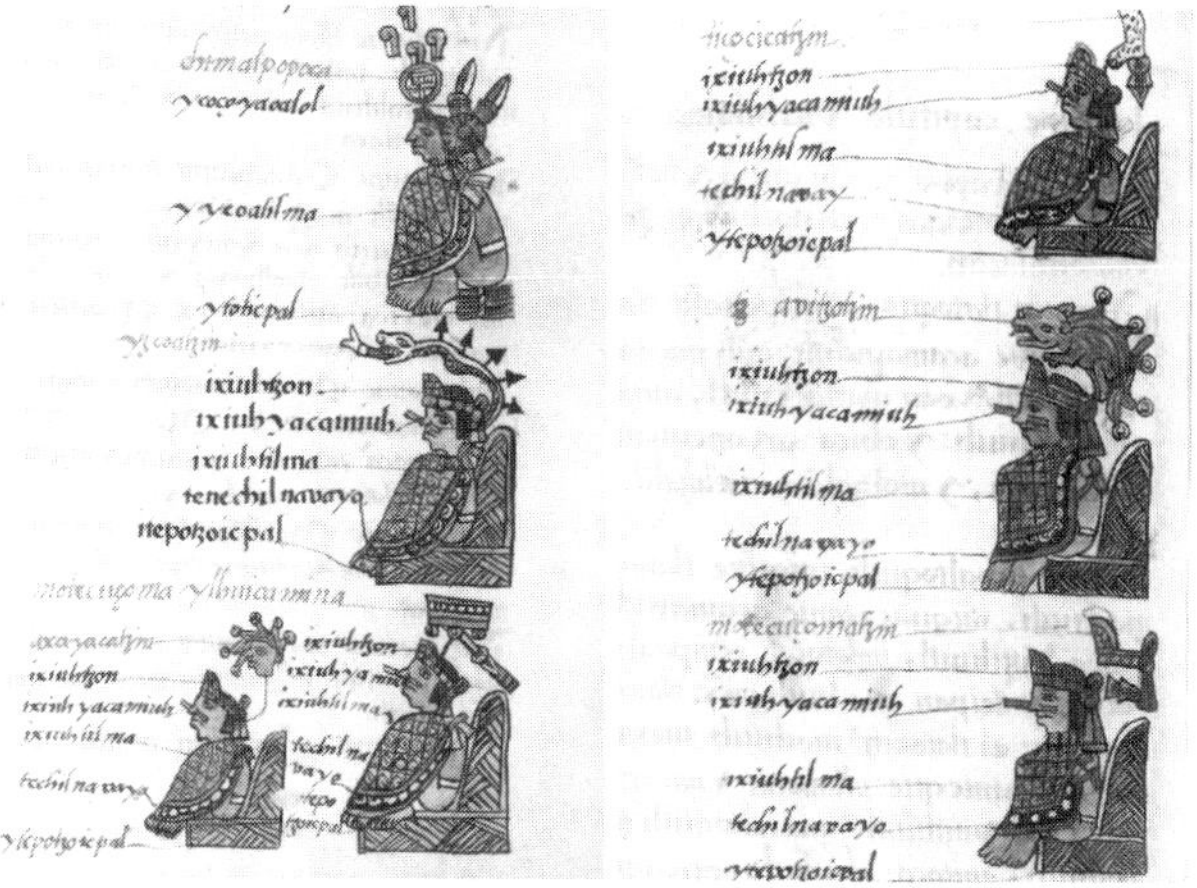

図2-4　第3代〜第9代のメシーカ王

左上からチマルポポカ、イツコアトル、モテクソマ・イルウィカミナ、アシャヤカトル（左下）、右上からティソク、アウィツォトル、モテクソマ・ショコヨトル（出典：Sahagún, 1993）

ルコヨトル王が一四七二年に死去すると、テツココの影響力は徐々に弱まっていった。彼の息子であるネサワルピリ王が死去した一五一五年には後継のカカマ王が即位したが、この人物はメシーカ王家が据えた傀儡王に等しい存在だった。実際、その数年後にスペイン人が到来し、コルテスが面会した際の主役はテノチティトランを治めるメシーカ王のモテクソマ・ショコヨトル（モクテスマ二世）であった。カカマは対等な王というよりは、メシーカ王に付き従う要人のごとくその脇に控えていた。

　このように、同盟の成立時にはテノチティトランとテツココが三都市のなかで有力な立場を占めたが、一六世紀初頭には、テノチティトランが圧倒的な権力を行使するに至っていた。三都市による支配という政治理念は続いていたものの、コルテスらスペイン人がモテクソマを見て「広大な王国の唯一の王」と捉えても不思議のない状況だった。

1―2　客観的なアステカ王国像へ

ルネサンスと同時代

アステカ王国は、西洋との接触以前にアメリカ大陸で独自に発展した二大文明のうちの一つであるメソアメリカ文明圏に栄えた。それゆえ、「古アメリカ」や「アメリカ大陸の古代文明」の一部として認識されてきた。西洋史や世界史では、古代―中世―(近世―)近代という時代区分がしばしば使われるが、アメリカ大陸独自の文明の時代を便宜上、古代と呼ぶ場合、世界史で言うところの古代はもちろんのこと、中世、さらには近世の一部までを含んでいることを認識しておく必要がある。

アステカ王国の存続時期(一四二八頃～一五二一年)に世界の他地域で起こった出来事を少

し思い起こしてみるとよい。オスマン帝国がコンスタンティノープルを占領し、ビザンツ帝国を滅亡させたのは一四五三年だった。グーテンベルクが活版印刷術を確立させたのも同じく一五世紀半ばのことである。ルターが九五ヵ条の論題を発表し、宗教改革の口火を切ったのは一五一七年だった。ルネサンスが盛んだった時期はアステカ王国期と重なっており、例えば、レオナルド・ダ・ヴィンチ（一四五二〜一五一九年）はコルテスと面会したモテクソマ・ショコヨトル（一四六六〜一五二〇年）と同時代人だった。

日本の歴史と並べてみても、アステカ王国を古代とする認識に注意が必要なことがわかる。アステカ王国期は室町時代（戦国時代を含む）の一部に該当し、応仁の乱（一四六七〜七七年）はまさしくアステカ王国繁栄の真っただ中に起きた出来事である。要するに、アステカ王国期の人びとが古代ローマ帝国や古代ギリシアの人びとのようであったかのイメージは、「古代」と呼ばれるがゆえの誤解に基づく印象に過ぎない。彼らはヨーロッパのルネサンス人や日本の戦国武将と同じ時を生きていたのである。

このように、「古代」の王国というイメージに加え、アステカ期の文化や彼らの歴史はなかなか正しく理解されてこなかった側面がある。その主な原因としては、一六世紀以降のスペイン人の見方や解釈が優先され、西洋文化中心の価値観に基づいて彼らの社会や文化が描写され判断されることが多かったことが挙げられる。

しかし、とりわけここ半世紀ほどの研究の進展によって、アステカ社会の実像がこれまでよりもはるかに明らかになってきた。当時の宗教や思想については、二〇世紀を通じてナワトル語文献の利用が進んだこともあり、メソアメリカ先住民独自の宗教体系や世界観がかつてとは比べ物にならないほど明らかにされてきた。また、アステカ王国の政治的・経済的側面の分析にもさまざまな研究者が取り組んできた。その結果、例えば、次の二つのケースのような、典型的ステレオタイプに基づいた従来のアステカ像は修正される必要が生じてきている。

生贄と移住譚

アステカと言うと、合言葉のように「生贄」というキーワードが強調されつづけてきた。また、一部の儀礼において宗教的になされていた「食人（カニバリズム）」があたかも日常的なものであるかのように取り上げられたり、実際には文字や文書を使用していたにもかかわらず「無文字社会」と誤解されたりしてきた。実際には体系化された高度な宗教が存在したにもかかわらず、原始的なアニミズム信仰を行っていたようなイメージや、ひたすらに太陽神に生贄を捧げていたようなイメージは、現在の研究状況では、もはや否定されている。

生贄について少し見ておこう。宗教儀礼としての人身御供がアステカ王国期のみならず、メソアメリカ史上長らく実践されたのは紛れもない事実であり、現代人から見れば「残酷な」儀礼に見える。急速に支配を拡大したメシーカ人は大神殿の落成式などで政治的道具として大規模な生贄儀礼を実施したこともあり、センセーショナルに取り上げられることが多かった（図2－5）。

図2-5 『マッリアベキ絵文書』に描かれた人身御供の場面（出典：Anders y Jansen, 1996）

実際のところ、征服後の史料に記録された生贄の人数には誇張が含まれていたことが現在ではわかっている。にもかかわらず、アステカの生贄を過度に強調しつづけることは、中世ヨーロッパでは「魔女狩り」しか行っていなかったとか、日本の武士は全員が「ハラキリ」をしていたと錯覚させるような誇張をするのに等しいと言える。

アステカ王国史の語られ方も現在の研究状況に沿って訂正されなければならない。かつては、テノチティトランを創設したメシーカ人が北方の故地アストランを出発するところからアステカ王国の歴史が

図2-6　『巡礼絵巻（ボトゥリーニ絵文書）』のアストラン出発場面（出典：Brito Guadarrama, 2023）

語られてきた（図2－6）。具体的には、アストランでの圧政を免れようとした集団が守護神ウィツィロポチトリに導かれて長い旅をし、ついにメキシコ盆地にたどり着き、神託に従ってテノチティトランを創設し、やがて発展していくというサクセス・ストーリーである。

この話はメシーカ人自身が残したもので、二〇世紀中葉から後半には、アストランがどこに実在したのかが活発に議論されたりもした。しかし、現在では、この移住譚すべてをそのまま歴史的事実と捉えるのは難しいとの見方が主流である。後古典期後期のメキシコ盆地の各集団がメシーカ人と同じように神話的要素を含んだ起源物語をそれぞれに有していたことも解き明かされている。また、とりわけここ二〇～三〇年で三都市同盟成立以前のメキシコ盆地の政治的経緯が史料に基づいて復元され、学術的な議論の俎上《そじょう》に載せられる機会が増えた。これによって、メシーカ人が書き残した神話的な旅物語を鵜呑みにして、それを歴史的事実であるかのように捉えるのでは不十分だということが自明になってきている。

こうして、神話的なアストラン出発から筆を起こすアステカ史ではなく、当時のメキシコ盆地の政治情勢を考慮に入れたより客観的なアステカ史の捉え方が可能となってきた。

以上のように、現在のアステカ研究は、一六世紀以降に西洋の人びとが思い描いてきたイメージや、研究上のさまざまな制約により情報が不十分だった頃のイメージを脱却し、はるかに具体的で現実的なものに変わりつつある。つまり、「他者がイメージしたアステカ王国像」は、世界史のなかでの「客観的なアステカ王国像」へと変わりつつあると言えるだろう。

1─3　資料が語るアステカ王国

テノチティトラン大神殿の発掘プロジェクト――考古資料

「アステカ王国」を構成した三つの都市国家のうち、テツココとトラコパンに関する情報は必ずしも多くない。テツココ（現メキシコ州テスココ市）の中心部やトラコパン（現メキシコ市アスカポツァルコ区タクーバ）には市街地が広がっており、まとまった発掘調査はなされ

図2-7　西側（大神殿の正面）から見たテンプロ・マヨール遺跡
（撮影：井上幸孝）

ていない。しかし、テノチティトランについては、以下に説明するようにふんだんな情報がある。無論、これら三都市以外の被支配地域の考古資料も有用な情報を提供してくれる。

テノチティトランが位置したのは、現在の首都メキシコ市の中心部（一九八七年にユネスコ世界遺産に登録された「歴史地区《セントロ・イストリコ》」）である。スペイン植民地時代に副王都として栄えたこのあたりには一六世紀以降の歴史的建造物が立ち並んでいる。しかし、テノチティトラン中心部の大神殿とその付近についてはここ半世紀足らずで考古学調査が飛躍的に進展した。大神殿の一角は一九一〇年代に断片的調査がなされていたものの、この神殿の遺構の本格的な調査が始まったのは一九七八年のことだった。

憲法広場（通称ソカロ）のすぐ北側で、地下ケーブルの工事を行っていた際、掘削を妨げる巨大な石が見つかった。それは、女神コヨルシャウキの石板（後述、図2－12）であった。メキシコの国立人類学歴史学研究所（INAH）は、すぐさま考古学者のエドゥアルド・マトス・モクテスマを団長とするテンプロ・マヨール・プロジェクト（テンプロ・マヨールはスペイン語で「主神殿」の意）を立ち上げ、メキシコ市中心部のかつてのテノチティトラン大神殿とその周辺を調査・発掘するという大がかりな作業が進められた。そして、テンプロ・マヨール遺跡が整備され、テンプロ・マヨール博物館（一九八七年開館）が併設された（図2－7）。

図2-8　大神殿西側から発掘されたトラルテクトリの石板（撮影：井上幸孝）

　世界有数の大都市の中心部で、コロニアル建築も数多く存在する世界遺産のなかに位置するため、発掘できる範囲や作業内容に制約はあるものの、テンプロ・マヨール遺跡とその周辺では、今日まで継続的な調査がなされている。現在は、一九九一年から続く都市考古学プログラムが進められており、アステカの考古学調査史上最大の一枚岩のレリーフであるトラルテクトリの石板（二〇〇六年、図2－8）のようなモニュメントの大発見もなされている。

宗教や思想に関する情報――歴史資料

アステカ王国について研究する際、それよりも前のメソアメリカ諸文明と比べると質量ともに大きく異なる情報が私たちには残されている。マヤ文字が残された石碑などを別にすれば、メソアメリカの諸社会に関する歴史資料、すなわち文字記録は基本的にはほとんど残っていない。それゆえ、先古典期のオルメカ文明、先古典期・古典期の都市であるテオティワカンやモンテ・アルバンなどの歴史を知るためには、考古資料にほぼ全面的に依存せざるを得ない。しかし、スペイン征服直前に栄えたアステカ王国については、ここまで述べてきた考古学的な調査で得られる情報のほかに、征服後に記された膨大な情報が存在する。

まず、アステカ征服に参加した征服者の記録が複数ある。指揮官コルテス（Hernán Cortés）がスペイン王カルロス一世（神聖ローマ帝国皇帝カール五世）に宛てた『報告書簡』やディアス・デル・カスティージョ（Bernal Díaz del Castillo）の『メキシコ征服記（ヌエバ・エスパーニャ征服の真実の歴史）』はその例である。

その他にもキリスト教の布教に従事した修道士が著したり、植民地時代初期の文人や官吏が書いたりした記録文書も数多く残されている。前者の例としては、モトリニーア (Toribio de Motolinía) の『ヌエバ・エスパーニャ布教史』、後者の例としてはソリタ (Alonso de Zorita) の『ヌエバ・エスパーニャ報告書』などがあり、ここまで挙げた四編の記録は日本語に全訳もなされている主要史料である。

また、スペイン王フェリペ二世の治下で作成された「地誌報告書」(各地方の地誌や現地事情を質問項目に沿って調査しまとめた報告書) も多く残されている。さらには、後述するように、先住民の子孫が書き残した文書も数多く、例えば、メシーカ王家の子孫であるアルバラード・テソソモク (Hernando de Alvarado Tezozómoc) がナワトル語やスペイン語で書き残したものは、テノチティトラン正史を伝える重要史料である。

さらに、現代の研究者がアステカ研究を進めるうえで欠かせない史料として、フランシスコ会士サアグン (Bernardino de Sahagún) が編んだ『フィレンツェ文書』がある。ナワトル語で収集した情報とそのスペイン語訳 (この部分は『ヌエバ・エスパーニャ総覧〈ヌエバ・エスパーニャ諸事物概史〉』と呼ばれることが多い) に加え、先住民の挿絵を含めた全三巻十二書にわたる情報は、宗教や歴史から自然誌に至るまで、「アステカの百科全書」という形容にふさわしい情報量である。

以上のように、現代の私たちがアステカ王国について知るうえでの情報源としては、考古資料と歴史資料の双方がある。このことは二つの点において重要である。

一つめは、先古典期や古典期などアステカよりも前の文明や文化では得られない種類の情報、すなわち、宗教や習慣、世界観や思考様式などに関わる情報が多く存在するという点である。もう一つは、アステカ王国期の人びとの宗教や思想など形のないものについての情報が得られることにより、同時代やそれ以前の時代の考古資料の解釈の可能性が広がるという点である。例えば、続古典期（六五〇〜九〇〇年）の都市ショチカルコで見つかった石彫がある。二〇世紀の研究者ロマン・ピニャ・チャンはその内容を解読し、創造神ケツァルコアトルにまつわる神話的な内容が刻まれていることを突き止めた。アステカ時代のケツァルコアトル神に関する史料の情報がなかったならば、このようなことは難しかっただろう。

1−4　王家の威容を「見せる」都市テノチティトラン

湖上都市テノチティトラン

ここ半世紀ほどのテンプロ・マヨールの考古学調査の進展は、じつにさまざまな情報を

図2-9　16世紀初頭のテノチティトラン（ルイス・コバルビアス画）
（撮影：井上幸孝）

私たちにもたらすこととなった。さらに、右で述べたような歴史資料の情報を加味することで、単にテノチティトランの形状や姿が復元できるだけでなく、建造物や彫刻などがどういった意味を持っていたのかがわかってきた。ここでは公共建築とモニュメントに着目することで、その政治的・思想的背景までもが明らかになってきているという点を見ていきたい。

テノチティトランは、メキシコ盆地のテツココ湖の島（メシコ）に位置する湖上都市であった（図2－9）。陸地とは複数の湖上道路で結ばれ、それらは堤防や上水道としても機能していた。一六世紀前半、スペイン人到来時の人口についてはさまざまな推定がなされているが、二〇万～三〇万人ほどという説が現時点では妥当と思われる。

テノチティトラン中心部には、およそ三五〇メートル四方の広さを持つ聖域が存在し、そこには七〇を超える建造物がそびえていた。この聖域のさらに中心となる部分が、

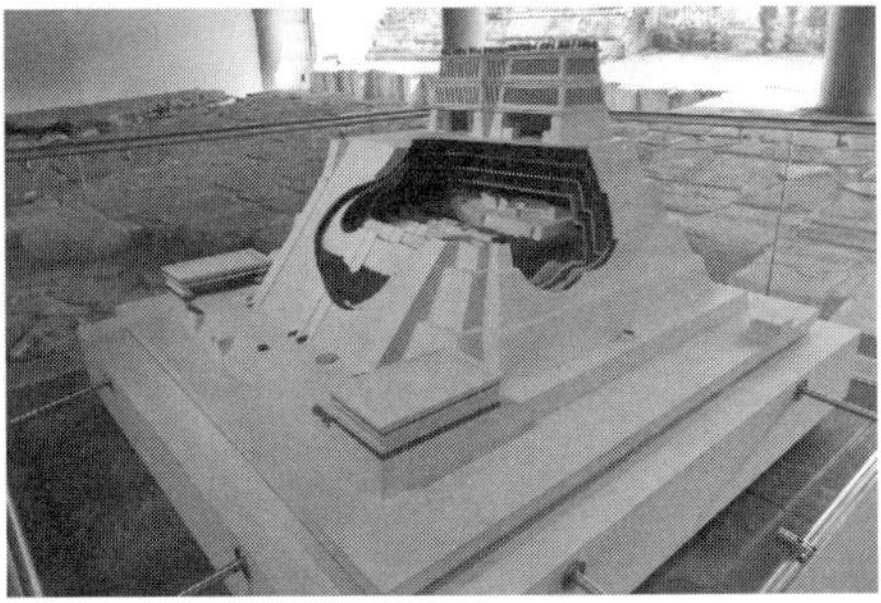

図2-10　テノチティトラン大神殿の模型
（撮影：井上幸孝）

現在のメキシコの首都メキシコ市中心部のテンプロ・マヨール遺跡である。

中心となる大神殿は、後古典期後期のメキシコ中央部に特有の神殿ピラミッドの形状をしており、二つの階段と二つの神殿を備えていた。正面から見て左側（北側）には伝統的な神であるトラロクが祀られ、右側（南側）には、メシーカ人の守護神ウィツィロポチトリが祀られていた。一四世紀前半にメシーカ人が町を創設した際に建てられたものは比較的質素な神殿ピラミッドであったが、一五世紀前半以降の繁栄に伴いくりかえし拡張工事がなされた。これまでの調査では七つの建築段階が確認されている（図2－10）。最終的な大神殿は、底辺が各八二メートルで、高さは約四五メートルという巨大なものとなった。

島の北西部はテノチティトラン創設後まもなくメシーカ人の一部が分離して建てたとされるトラテロルコという別の都市国家になっていたが、残りの部分はテノチティトランの四つの地区に分かれていた。テノチティトラン中心部から見て、北西のクエポパン、南西のモヨトラン、南東のソキアパン、北東のアツァコアルコの四地区が存在し、これらはカルプリという同族集団に由来する人びとが住んでいたとされる。住民は、全体としては王族や神官などを含む世襲貴族（ピリ）とそれ以外の平民（マセワリ）から構成されていたが、戦争の功績などで貴族に準ずる地位に上昇を果たす平民（クアウピリ）や、遠距離交易を行う商人（ポチテカ）のように特別な待遇を受ける者もいた。

「聖なる山」を再現した大神殿

テノチティトラン大神殿は、「聖なる山」のレプリカであった。このような考え方は、メソアメリカでは伝統的なものだった。例えば、メキシコ中央高原で古典期に栄えたテオティワカンでは、「死者の大通り」の北端に月のピラミッドと呼ばれる建造物があるが、そのさらに先には聖なる山であるセロ・ゴルドが位置し、月のピラミッドはこの山を都市のなかにレプリカとして再現したものだったと考えられる。

テノチティトランの場合、大神殿は、東西南北の四方からなる世界の中心として天界と地下界を結ぶ場所だった。そこには、雨神トラロクと戦争神・太陽神ウィツィロポチトリの両方が祀られ、水に象徴される冷たい物質と太陽が象徴する熱い物質が同時に存在している聖なる場所であった。

図2-11 『アスカティトラン絵文書』に描かれたコアテペクとピラミッド上のウィツィロポチトリ（出典：*Codex Azcatitlan*. 1995）

テノチティトラン大神殿は、ナワトル語で「蛇の山」を意味するコアテペク（またはコアテペトル）とも呼ばれた。コアテペクは、アストランを出発したメシーカ人が、遍歴の旅の途中、メキシコ盆地に到達する以前に滞在した地とされる。ただし、その正確な場所は同定されておらず、神話上の場所だった可能性すらある。そこにメシーカ人は数十年滞在し、彼らの守護神ウィツィロポチトリはこのコアテペクで誕生したとされる（図2－11）。彼らの神話的な語りによれば、守護神の誕生のストーリーは次のようなものであった。

大地の女神コアトリクエが掃き清めをしていたところ、空から舞い落ちた羽根を見つけるが、その羽根のせいでコアトリクエは懐妊する。彼女の娘である月の女神コヨルシャウキとその四〇〇人の兄弟たち（二〇進法を用いていたメソアメリカでは、四〇〇は「多数」を意味する）は、母親が不貞を犯して身籠ったのだと考え、母殺しを計画する。こうして、コヨルシャウキらが母コアトリクエに襲いかかろうとしたところ、ウィツィロポチトリが武装した姿で生まれ出た。ウィツィロポチトリは彼らを蹴散らし、コヨルシャウキを殺害して打ち負かした。コヨルシャウキの肢体はばらばらになり、コアテペクの山上から麓へと転がり落ちた。

この神話は、コアテペクのレプリカであるテノチティトラン大神殿において再現された。首や手足が分断されたコヨルシャウキの姿が刻まれた巨大な石のレリーフは、大神殿の下に水平に置かれた（図2－12）。その場所は、大神殿の二つの階段のうち、南側の階段の下、すなわちウィツィロポチトリが祀られた神殿の足元であった。

図2-12　コヨルシャウキの石板
（撮影：井上幸孝）

このように、メシーカ人の正史の一部をなす移住譚のこの挿話は、テノチティトランの公共建築のなかで再現されていた。つまるところ、テノチティトランの建築はただ単に宗教的な施設であるのみならず、彼らのイデオロギーに根差した歴史を「見せる」場でもあった。アステカの公共建築やモニュメントは、その一つ一つが何らかのメッセージを見るものに伝えていたのは確かである。だが、それらの配置や組み合わせがさらに広範な思考や歴史を体現するものでもあり、以下に見るように、テノチティトランという都市国家の偉大さを示すものとなっていた。

アステカのモニュメント――神々の表象・石彫

大神殿をはじめとする公共建築は、それ自体がテノチティトランの繁栄を示すものであった。しかし、それら建造物に加えて、さまざまなモニュメントや儀礼が聖俗一体となってテノチティトランの存在感を誇示し、支配下に置かれた町や近隣の人びと、さらにはトラスカラのような被支配域の人びとにその威容を示す役割を担っていた。

先述のテンプロ・マヨール博物館や、同じメキシコ市内のチャプルテペク公園にある国立人類学博物館（一九六四年開館）のメシーカ展示室には、数多くのアステカ期のモニュメントが収蔵・展示されている（図2－13）。トラロク（雨の神）やシウテクトリ（年の神）、チコメコアトル（豊穣の女神）やチャルチウトリクエ（水の女神）などさまざまな神々の大小の造形物はもちろんのこと、彼らの神話や世界観に関わる石彫などが多く残されている。

まず、神話や世界観を象徴する例の一端を見てみよう。先に言及したコヨルシャウキの石板は、メシーカ人の移住史において重要な神話的エピソードを表現したものだった。じつはこのコヨルシャウキの石彫は作り替えられたことがわかっている。テノチティトランの発展とともに、大神殿は拡張されたが、その際にコヨルシャウキのレリーフも更新された。テンプロ・マヨール遺跡からは、発掘のきっかけとなったコヨルシャウキの石板のほかに、他の建築段階に属するコヨルシャウキの彫刻が見つかっている。

図2-13　国立人類学博物館のメシーカ展示室
(撮影：井上幸孝)

「太陽の石」が伝えるメッセージ

有名な「太陽の石」は、直径およそ三・六メートル、重さ二四トン超の巨大な石彫モニュメントである(図2－14)。「太陽の石」が地中から再発見されたのは古く、スペイン植民地時代の一八世紀のことであった。一七九〇年、都市整備の一環としてメキシコ市の中央広場を舗装し直す際、地中から大地の女神コアトリクエの像と、巨大な円盤状の一枚岩の彫刻である「太陽の石」が出土した。その二年後には、数学者・天文学

図2-14　太陽の石（撮影：井上幸孝）

者のレオン・イ・ガマ（Antonio de León y Gama）がこれらの石についての分析と報告を行い、メキシコ最初の考古学書とも言われる『二つの石の歴史的年代的描写』を出版している。「太陽の石」は長らくメキシコ市大聖堂の敷地内に置かれたが、現在は国立人類学博物館に展示されている。

この石彫の中央には、太陽の神トナティウもしくは大地の主トラルテクトリのものと解釈される顔が刻まれ、その周囲には四つの日付（四＝ジャガー、四＝風、四＝雨、四＝水）が記されている。これらは「五つの太陽の神話」として知られる創世神話に登場する過去に存在した四つの太陽の名称である。この神話によれば、太陽ならびに世界は創造と破壊をくりかえし、アステカ王国期の人びとが生きていたのは、四＝地震（もしくは四＝動き）と呼ばれる五番目の太陽の時代だと考えられていた。先記の四つの日付の彫刻は、全体が組み合わさることで、「四＝地震」の文字の形を形成している。

このモニュメントからわかるのは、ただ神の姿などが石に刻まれ崇拝されたというだけでなく、こうしたモニュメントには神話に関わるメッセージが込められていたことである。そうしたメッセージには、テノチティトランを治め、多くの町村を服従させたり貢納させたりしていたメシーカ王家のイデオロギーも反映された。

支配の正当性を示す儀礼

テノチティトランの公共建築やモニュメントのみならず、そこで行われる儀礼においても「見せる」ことは重視された。ここでは、二つの例を取り上げてみたい。

まず、先述の通り、テノチティトランの大神殿はメシーカ人の栄華とともに改築され、巨大化していった。メソアメリカの神殿ピラミッドは、拡張工事を行う際、元あった建造物の上に覆いかぶさるように新たな建造物が重ねられた。これは、テノチティトラン大神殿も同様であった。

アウィツォトル王統治期の大神殿の拡張工事後の落成式では、支配下や支配の及んでいない近隣の王や首長らが招待され、その目前で大規模な生贄の儀礼が催された。四日間で八万四〇〇〇人とする植民地時代の記録の生贄の人数は、実行不可能な数であるため明らかな誇張である。実際の人数は不明であるものの、従来の儀礼に比して大規模な生贄が実施されたことは確かである。元来、人身犠牲には、太陽に血を捧げ、太陽の動きを継続させる（つまりは太陽が翌日も再び昇り、「明日」という日が来るようにする）という意味があったものの、アステカ王国の大規模儀礼は「国家のページェント」としての側面も持ち合わせていた。

もう一つ、別の儀礼の例を見ておきたい。「新しい火の儀式」と呼ばれる儀礼は、五二年ごとの「年を束ねる儀礼」であった。メソアメリカでは、神聖暦である二六〇日暦と太陽暦の三六五日暦を組み合わせて用いていた。これら二種類の暦の組み合わせが一巡して「還暦」を迎えるには、一万八九八〇日（二六〇日暦が七三周、三六五日暦が五二周に相当）を必要とした。メシーカ人はこの節目をコントロールすることで、その権力を内外に示そうとした。

アステカ王国が存在した期間に、そうした還暦は二度あった。モテクソマ・イルウィカミナが一五世紀半ばにこの儀礼を執り行った際、伝統的だった「一＝兎」年に行うべきところを、この年が災害の年であったことを理由に翌「二＝葦」年に変更している。この際の儀礼の内容の詳細は不明であるが、次にモテクソマ・ショコヨトルが一五〇七年に執り行った「年を束ねる儀礼」については各種史料に残されている（図2－15）。

従来、都市や共同体レベルで行われていたと思われる還暦の儀礼は、この時にはメシーカ王の権威を示す大がかりな儀礼へと変容していた。儀礼は、メシーカ人の守護神ウィッイロポチトリの祭礼月に行われた。各地の火が消され、その後、テツココ湖の南のシトラルテペトル（現メキシコ市南部のイスタパラパ区にある山）で神官によって新たな火が起こされた。新たな聖なる火は、テノチティトランのみならず支配下の諸都市に運ばれた。つまり、メシーカ人は既存の伝統儀礼をリニューアルし、世界の原初を儀礼的に再現することで、自分たちの支配の正当性を政治的・宗教的に示したのである。

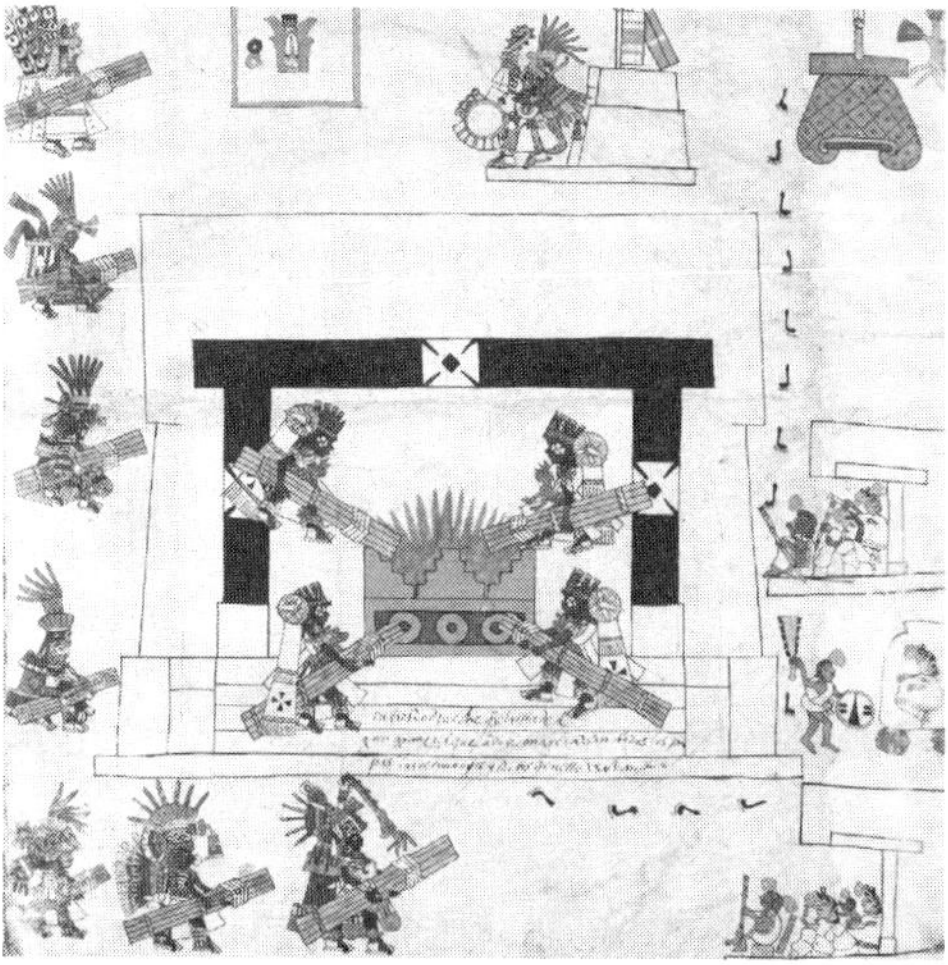

図2-15　『ブルボン絵文書』の「新しい火の儀式」
（出典：Anders, Jansen y Reyes García, 1991）

　このように、テノチティトランは、ただ軍事的・政治的に支配を広げたというわけではなかった。聖俗両面において、物質的にも思想的にもその威容を巧妙に「見せる」ことを企図した。ピラミッドなどの建造物やそれに付随するモニュメントにもそれは反映されたし、神殿落成式の生贄や新しい火を起こす儀礼においても、メシーカ王家は支配下や非支配下の人びとにその権力を示すことを意図していた。

2　絵文書からアルファベット文書へ

2−1　文書という権威の装置

アステカ社会のエリート層と文字・文書

アステカ王国において、イデオロギーを誇示する装置として機能していたものは、公共建造物やモニュメント、あるいは宗教儀礼以外にも存在した。現在、「絵文書（コディセ）」と呼ばれている書物あるいは文書もきわめて重要な役割を果たしていた。

第一章でも紹介されているように、メソアメリカの人びとは「文字を持つ民」だった。この点は、キプ（キープ）を記録手段としていたアンデス文明との大きな違いの一つである。現在までのところ、遅くとも前三〜前二世紀にはすでにメソアメリカで文字が存在していたことが確認されている。一般に絵文字や象形文字と呼ばれることが多いが、実際には表意だけでなく表音の機能も担っていた。なかでもマヤ文字は特に発達した文字体系であった。アステカ文字は、古典期のマヤ文字ほどの精密さを持ち合わせてはいなかったものの、やはり表意・表音両方の機能を有しており、宗教や暦、天文から租税の記録まで広範囲の記録をカバーしていた。

絵文書にはさまざまなジャンルのものが存在した。神聖な暦を記したり、神々の事績を記録した内容のものもあれば、支配地からの定期的な貢納品について記載されたものもあった。歴史を記録した絵文書も存在し、王の即位や死去、戦争などといった政治的出来事のみならず、地震、旱魃、降雪、日蝕、彗星の出現などの自然現象や自然災害についても記録されていた（図2－16）。

絵文書を作成・使用したのは、アステカ社会のエリート層であった。文字や文書は庶民が使えるものではなく、貴族層の専有物であった。貴族の男子が通う学校（カルメカク）では、文書使用の基礎的知識も教えられていた。当時の社会には、トラクイロと呼ばれる絵文書作成の専門職が存在していた。さらに、絵文書を管理し、専門的に読み解く者も存在した。例えば、スペイン人征服者コルテスは、メシーカ王モテクソマ・ショコヨトルの脇に貢納台帳を管理する役人がいたことを書き記している。また、二六〇日暦に関わる絵文

図2-16 『テレリアノ＝レメンシス絵文書』に記録された自然現象
中央の円盤上の太陽は日蝕、右下の「大地」と「動き」の組み合わせは地震を表している
(出典：Quiñones Keber, 1995)

書のように、宗教を専門職とする神官たちが読み解き、使用した絵文書もあった。さらに、現代の公文書館やアーカイヴのような、文書を集めて保管している場所もあった。

具体的な絵文書の使用法については不明な部分も多いが、必要な際にその内容が公衆に披露されたものと思われる。具体的には、絵文書そのものが人びとの目に晒され、読み手（語り部）がその内容を読み解いて語るという「上演」がなされていたと考えられている。つまり、絵文書の作成や読解を行うのは特定の階層の人びとであったが、絵文書の存在自体はより多くの人びとに知られていた。そして、そこには、人間の記憶力だけに頼っていては伝達できない多様な事象が記録されていたことを、集まった人びとは目と耳を通して体験することができた。

こうして語られた事象のなかには、先に見たメシーカ移住史のように、支配者層のイデオロギーを示す内容も含まれていた。メシーカ王家のようなアステカ期の支配者であった者たちは、絵文書もまたその権威を示す装置であることを十分に理解し、それらを使用していたと言えるだろう。

焚書の対象となった「悪魔の書」——先スペイン期の絵文書

スペイン征服前の絵文書として現存するものは、メソアメリカ全体でわずか十数点しかない。メキシコ盆地のものとして、『ブルボン絵文書』と『オバンの暦の書《トナルアマトル》』があると言われることもあるが、これら二点が先スペイン期の作かどうかについては専門家の間でも議論があり、現在では一五二一年より前のものではないと断定する研究者が多い。

このように、現存する先スペイン期の絵文書の点数は極端に少ないが、それには理由がある。征服戦争の戦禍で失われたものが多かったのに加え、スペイン植民地支配が始まって間もない頃、とりわけ一五三〇年代に異教崇拝撲滅のキャンペーンが推進された。修道士のもとで教育を受けた先住民貴族の子息は進んで絵文書を差し出し、修道士たちはそれら「悪魔の書」を焼却処分した（図2－17）。

征服戦争の直後には戦利品として「珍奇な品々」がヨーロッパへ運ばれることもあった（図2－18）。一部の絵文書はこうした運命をたどったことで消失を免れ、スペイン王室などを経由してヨーロッパの王侯貴族らの間で所有されるに至った。それゆえ、先スペイン期の絵文書で現存するものは、ヨーロッパの博物館や図書館（例えば、ヴァティカン図書館）に保管されているものが圧倒的に多い。『ボルジア絵文書』や『ヴァティカンB絵文書』、マヤ文明の『マドリード絵文書』などヨーロッパ的な名称がつけられているのは、その収蔵場所やかつての所有者に由来するためである。

図2-17　異教の神殿を焼き払う修道士たち（出典：Muñoz Camargo, 1981）

図2-18　ヴュルテンベルク公フリードリヒ1世のコレクションだったアステカ期の戦闘用の円楯
（ドイツ、シュトゥットガルト、バーデン＝ヴュルテンベルク州立博物館、撮影：井上幸孝）

継承された技術——植民地時代の絵文書

先スペイン期の絵文書が限られた点数しか残されていない一方、征服後に作成された絵文書は「植民地時代絵文書」と呼ばれ、多数存在する。一九七〇年代の調査で四〇〇点以上が確認されており、それ以降に見つかったものも含めるとこれをはるかにしのぐ数の絵文書が現代に伝えられている。

スペイン征服の結果、アステカ王国やメソアメリカに住む先住民の社会は一夜にして消え去ったわけではなかった。それどころか、スペイン人は、三世紀にわたる植民地支配の期間を通して、圧倒的少数派であった。スペイン人から課された過重労働や旧大陸から持ち込まれた病原体（麻疹、天然痘、インフルエンザなど）によって世界史上未曾有の人口激減を経験したにもかかわらず、先住民は多数派でありつづけた。

そんななか、絵文書作成の技術も一定期間継続した。大部分の植民地時代絵文書は、おおむね征服から一世紀以内に作成されたものである。これらは、トラクイロの技術が数世代にわたって継承された結果、作り出されたものだった。

植民地時代絵文書には、アルファベットの書き込みが見られるものも多い。それらは「注釈付き絵文書」とも呼ばれ、アルファベットの書き込みがスペイン語などの西洋言語によるる場合もあれば、ナワトル語などの先住民言語で語彙や説明が付されている場合もある。

図2-19　ミステカ高地の『ヤンウィトラン絵文書』
ヨーロッパの影響を受けつつもメソアメリカ的プロポーションで描かれた修道士（出典：Hermann Lejarazu y Oudijk, 2015）

絵文書に関して、征服に伴う西洋文化流入の影響はこうした注釈の存在だけに見られるわけではない。植民地時代絵文書のなかには、ヨーロッパの美術や美的感覚の影響を受けたものもしばしば見られる（図2－19）。ただし、その影響の度合いはさまざまで、征服直後に作成されたと考えられるものでも西洋的な人物像が描かれていることもあれば、征服から何十年も後の作であるにもかかわらず、先スペイン期と変わらぬ手法で描かれつづけている場合もある。いずれにせよ、こうした植民地時代絵文書は、征服が一夜にして成し遂げられたわけではなく、徐々に変化が起こっていったことを私たちに示している。

2―2　アルファベット文書の登場――植民地時代の変容

絵文書からアルファベット文書へ

絵文書作成が征服後に一定期間継続した一方、先住民支配者層や貴族層の子孫には、外来の文字を用い、先祖の歴史をアルファベット表記（スペイン語のほかナワトル語などの先住民語）の文書で記す者たちも現れた。征服のわずか数年後からフランシスコ会などの修道会は先住民エリート層の子息の教育に力を注いだ。

その結果、ラテン語やスペイン語に長け、アルファベット文字を駆使する先住民は早い段階から登場した。

トラテロルコのサンタ・クルス学院でフランシスコ会士の教育を受け、植物学の書を著したマルティン・デ・ラ・クルスとフアン・バディアーノはその例である。また、フランシスコ会の修道士サアグンが編んだ大部な『フィレンツェ文書』の作成に協力したアントニオ・バレリアーノのような者もいた。

こうした人びとの存在により、忘却の淵に追いやられかねなかった先スペイン期の情報が、全体からすると部分的ではあるにせよ後世に受け継がれることになった。

図2-20『クアウティトラン年代記』
17世紀初頭に作成された写本とされるが、20世紀に航空機事故で失われた
(出典：*Códice Chimalpopoca. Anales de Cuauhtitlán y Leyenda de los Soles*. 1992)

このような歴史的な経緯においてまず登場したのは、現代の専門家が「転記された絵文書」と呼ぶ種類の文書である。『絵で見るメシーカ人の歴史』、『メシコの歴史』、『クアウティトラン年代記』、『太陽の伝説』など主に修道士らがアルファベットに転記した多くの例が知られている(図2－20)。

「転記された絵文書」とは、絵文書を読み解きながらなされた語りを、スペイン語やアルファベット表記のナワトル語で書き記したものである。アステカの絵文書は文章に相当する内容を記録することはできなかったことから、語り手(読解者)の即興に頼る部分も大きかった。したがって、アルファベット文字でテキストとして固定化されたこれらの文書の叙述では、語りの自由度が高いという絵文書記録の特質はかなりの部分失われてしまっている。

二〇世紀のあるメキシコの研究者はこれを「輝かしきアルファベットの捕囚」と表現し

た。すなわち、テキストが文章として固定化されてしまったことは、本来の絵文書の語りが忠実に伝わらなかったという点で残念である。しかし、そもそも征服・植民地化の経緯で失われてしまったであろう絵文書の内容がそのような形であるにせよ書き残されたことは、かけがえのない遺産を後世の私たちに伝えることにつながった。

先住民クロニカ

さらに、一六世紀後半から一七世紀初頭になると、「先住民クロニカ」(クロニカは年代記・歴史書・自然誌などの総称)と呼ばれる文書がいくつも著されることになった。相関関係はまだ十分に解明されていないものの、先住民クロニカが多く書かれるようになったのは、絵文書作成の伝統が衰退していくのと同時期であり、征服前からの先住民貴族層の既得権が失われていった時期とも重なりあう。

先住民クロニカを書いたのは、主に先住民貴族層の子孫やその血を受け継ぐ混血者である。比較的早い時期に先住民クロニカを著した人物としては、アヤラ(Gabriel de Ayala)、ニサ(Tadeo de Niza、原稿は現存せず)やアシャヤカ(Alonso Axayaca、原稿は現存せず)、さらには一五八〇年頃に地誌報告書を書いた混血のムニョス・カマルゴ(Diego Muñoz Camargo)やポマール(Juan Bautista de Pomar)といった例が知られている。

さらに、一五九〇年代から一七世紀初頭にかけては、カスティージョ（Cristóbal del Castillo）の『メシーカ人ならびに諸部族の到来の歴史』と『征服の歴史』、先述のアルバラード・テソソモクによる『クロニカ・メヒカーナ』と『クロニカ・メシカヨトル』、アルバ・イシュトリルショチトル（Fernando de Alva Ixtlilxóchitl）の『トルテカ人とチチメカ人に関する歴史報告書』、『テスココ王国史』、『ヌエバ・エスパーニャの歴史（チチメカ人の歴史）』などの諸作、チマルパイン（Domingo Francisco de San Antón Muñón Chimalpain Cuauhtlehuanitzin）の『歴史報告書集』や『日記』が書かれた。

先住民クロニカには、スペイン語で書かれたものもあれば、ナワトル語などの先住民言語で書かれたものもある。これらは手稿や写本の形で後世に受け継がれた。植民地時代に出版されることはなかったが、メキシコが独立した一九世紀以降、現在までにこれらのほとんどが出版されている。

メソアメリカにおいて先住民や先住民の血を引く混血者によるアルファベット記録が多く残されているのは、ほんの数名の記録者（ワマン・ポマ、パチャクティ・ヤムキ、インカ・ガルシラソ）しか生まれなかったアンデス地域と大きく異なる点である。おそらくその理由は、スペイン人に支配される以前からエリート層が支配の道具あるいはその権威を示すためのものとして文字や文書を使用していたためと考え得る。

かつてインカ帝国が支配した地域では、一六世紀後半にキプの公的使用が禁止されたにもかかわらず、共同体などでの使用は現代まで長らく続いた。その一方、メソアメリカでは植民地時代中期までには絵文書作成が途絶え、アルファベットで書かれた文書が増加した。

この現象は、一見するとメソアメリカではスペインの影響が早く浸透したように見えるかもしれない。だが、その背景には文字・文書の使用についてメソアメリカとアンデスの間に根本的な文化の違いがあったことを思い出す必要があるだろう。アステカ王国やそれ以前の時代から「文書が持つ権力」をメソアメリカの人びとは強く意識していた。だからこそ、アステカの歴史は征服後にも先住民貴族の子孫らによってくりかえし再生産され、こうしたアルファベット文書が多く生み出されることにつながったと考えられるのではないだろうか。

「見せる」文書でもあった絵文書はその役割を失う方向に向かったものの、文書というモノが有する権力や権威は、外来のアルファベット文字を用いた文書という形で引き継がれ、先祖の歴史を記憶したり当時の先住民集団のアイデンティティを維持したりする装置として生き残ったと言うこともできるのかもしれない。

3　後世に伝えられたアステカ王国

3－1　スペイン支配下の先住民の言説

メシーカ人としてのアイデンティティ

先住民クロニカのうち、ナワトル語で書かれた『クロニカ・メシカヨトル』の記述を簡潔に見ておきたい。この文書を編んだとされるアルバラード・テソソモクは、メシーカ王モテクソマ・ショコヨトルの孫でアシャヤカトルの曾孫に当たる（図2－21）。

父ワニツィンは植民地支配下でメシーカ人の統治を担う役職も務めた。従来の支配者層がスペイン統治機構のなかで住民の統治を行うことは植民地時代初期にしばしばあったが、統治の安定化に伴いスペイン当局は彼らを権力から遠ざけるようになった。実際、このワニツィンは、旧テノチティトランにおいて王家筋の出身としては先住民統治官を務めた最後の人物となった。

こうした状況下で、メシーカ王家のアイデンティティが危機に瀕したことは想像に難くない。実際、『クロニカ・メシカヨトル』には、メシーカ人の栄光の歴史が綴られている。注目すべきは、その内容が先に見た移住譚から書き起こされていることである。

このクロニカによると、確かに彼らの祖先はアストランを出発し、長旅の末にメキシコ盆地に達してテノチティトランを創設したことになっている。しかし、そのストーリー自体の意義づけは劇的に変化している。アストラン出発は「ディオス」（スペイン語で「神」の意味）の思し召しによるもので、移住の結果、「やがてスペイン人が彼らを訪れて彼らの生活をただし、彼らの心、彼らの魂が救われることになる」からだった。本来、移住を導いたはずの守護神ウィツィロポチトリは、キリスト教的観点から「偽りの神」と切り捨てられ、先祖たちを騙していた「悪魔」であったと評価されている。そして、移住史そのものがキリスト教の神の摂理によって起こったものであるという解釈が示されている。

図2-21　アルバラード・テソソモクを描いたとされる人物像
（出典：Alvarado Tezozómoc, 1992）

こうした歴史的意義づけの変化の一方、

メシーカ人としてのアイデンティティが堅固に維持されているのは興味深い。アステカ王国期のメシーカ王家の発展を詳細に記述していることからもこのことは確認されるが、何よりも集団の起源を示すアストランからメキシコ盆地への移住譚から歴史叙述が始まっているのである。つまるところ、このクロニカの記述は、先スペイン期から続くメシーカ人というアイデンティティと、植民地支配によって強制されたキリスト教というアイデンティティを同時に満たすものであったと言えよう。

先祖や自身の擁護

先住民クロニカに見られる記述は、ただ集団のアイデンティティを補強するだけのものではなかった。植民地初期の社会における既得権益の保持や社会的立場の確保を視野に入れながら、先住民貴族層によるスペイン王室への貢献の主張などさまざまな内容の記述がこうしたクロニカには盛り込まれた。次に見る例からは、そうした意図を明確に読み取ることができる。

アルバ・イシュトリルショチトル（以下、アルバ）がスペイン語で書いた一連のクロニカにはそうした側面が多く認められる。彼が書いた「第十三報告書」（『テスココ王国史』の一部）は、彼の四世代前の先祖で、コルテスの征服戦争に協力したエルナンド・イシュトリルショチトルの功績を殊に強調するものである。

スペイン人征服者の到来時のテツココ王はカカマであったが、征服戦争中にカカマは死亡してしまい、コアナコチ（コアナコチツィン）という王子が王位を継承する。しかし、コアナコチは征服戦争中にテツココを見捨ててテノチティトラン側についた。テツココ王家内には、おそらくはテノチティトランの覇権転覆を目論み、そのためにコルテス軍に味方した勢力があった。当初はテココルツィンなどネサワルピリの庶子がこうしたテツココ人勢力の取りまとめ役となったが、最終的には嫡子のイシュトリルショチトルがコアナコチに代わって反テノチティトランのテツココ勢力をまとめ上げた。

法的には、テツココ王位はコアナコチが有しつづけたはずであるが、アルバの「第十三報告書」を注意深く読むと、テツココ王位に関わる表現には細心の注意が払われ、テツココ臣民を見捨てたコアナコチとその不在中の「統治者」イシュトリルショチトルがあたかも対等であるかのような表現がくりかえし巧妙に織り込まれていることがわかる。さらに、一五二一年五月からおよそ三ヵ月続いたテノチティトラン包囲戦では、コルテス率いるスペイン人とイシュトリルショチトル率いるテツココ人が等しく主役であったかのような歴史的叙述がなされている。

「第十三報告書」によれば、テノチティトラン陥落の数年後、コアナコチとイシュトリルショチトルの間でテツココ王国の分割が行われた。両者はほぼ同等の広大な領土を治めることになったとされている。具体的には、コアナコチが首都テツココとそこから太平洋岸までの南側の領土を有し、イシュトリルショチトルはすぐ北のテオティワカンとオトゥンバを拠点としつつ、メキシコ湾岸にいたるまでの地域を領有するという合意がなされたという。

この記述の歴史的事実としての信憑性はともかくとして、先祖の功績を強調し、スペイン支配下という環境で自身や家系の特権を維持しようという記述がなされた典型的な例だと言える。こうした記述のなかには、「捏造」と呼びうる内容も含まれていたかもしれない。しかし、それ以上に、「歴史的事実に基づいた好意的な解釈」がしばしば見受けられることに着目する必要がある。つまり、記録者自身が生きている植民地社会の状況に適合した歴史解釈がこうした史料には盛り込まれていた。

このような観点に立つと、先住民クロニカは征服以前の社会に関する情報の宝庫であると同時に、常にその内容を鵜呑みにできるものではないことがわかる。植民地時代に書かれた先住民クロニカは、一義的には一六世紀や一七世紀を生きた著者の社会的状況を如実に反映する史料なのである。

絵文書とアルファベット文書の連続性

先住民記録のアルファベット化が起こった後、過去の栄光を現在とつなげて提示しようとしたアルバラード・テソソモクやアルバのような先住民貴族の子孫は何人もいた。それでは、かつての絵文書が担っていたような同時代の出来事を記録しつづける行為は、征服後には途絶えてしまったのだろうか。

実際のところ、一七世紀以降も主としてアルファベット表記の先住民語で書かれた編年史は存在しつづけた。先スペイン期の絵文書には「年の書《シウアマトル》」というジャンルが存在し、そこには、しばしば王家の観点からの都市国家の歴史が記録されていた。絵文書作成の存続によって、一六世紀末頃まではそうした「年の書」の作成は続いた。そして、一七世紀以降にそれはアルファベット表記の年代記となって引き継がれた。つまり、先住民暦（「一＝兎」年、「二＝葦」年など）に沿って年ごとの歴史的出来事を記した年代記は、アルファベット表記に姿を変えて継続した（図2－22）。

その典型的な例は、一七世紀後半のサパータ・イ・メンドーサ（Juan Buenaventura Zapata y Mendoza、以下、サパータ）の『高貴なるトラスカラ市の年代史』（以下、『年代史』）である。トラスカラの要人の家系に育ったサパータは、トラスカラ市の議会で要職を務める傍ら、一六五〇年代から『年代史』の編纂を進めた。サパータがアルファベット表記のナワトル

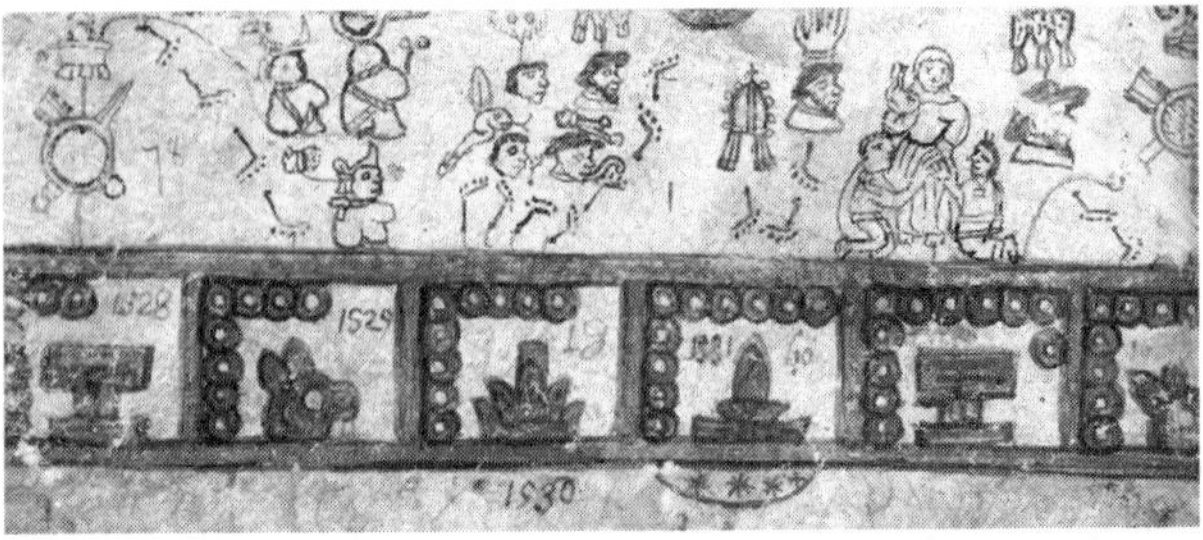

図2-22　絵文書による年代記とアルファベットの年代記

上：『メクシカヌス絵文書』、右：サパータの『年代史』の手稿の表紙。『メクシカヌス絵文書』は1520年代後半に該当する内容の部分で、スペイン人の姿が人物名と共に示されている

（出典：Diel, 2018; Zapata y Mendoza, 1995）

語で書いた『年代史』は、先スペイン期の歴史の叙述に始まり、トラスカラ人の移住の経緯から筆が起こされている。その後、スペイン征服、一六世紀を経て、一七世紀の同時代の記述が展開されていく。そこでは、まさしく彼の生きている期間の自然災害や地元社会の政治的危機などについても記録されている。言い換えれば、外見上は絵文書という形状は消え去ったものの、アルファベット表記の文書として、植民地時代後半になっても「年の書」は作成されつづけたと言える。

3-2　アステカ史とメキシコ国家

「詩人王」の誕生——先住民クロニカによるイメージの生成

先住民貴族の子孫らが植民地時代に独自の解釈を加えた先住民文明、とりわけアステカ王国期の歴史についての記述は、後世に大きな影響を与えることになった。その例として、アルバのクロニカに再び注目してみたい。

図2-23 メキシコ市中心部の三都市同盟庭園のネサワルコヨトルの彫刻
本来は1889年のパリ万国博覧会のために制作されたもの（撮影：井上幸孝）

テツココの最盛期を支えたネサワルコヨトル王（図2－23）について現代人が抱いているイメージの大部分は、じつはアルバのクロニカの記述に由来する。

この王は、一九九〇年代からつい最近まで一〇〇ペソ札の肖像画となっていたため、メキシコに住む人びとにと

図2-24 『イシュトリルショチトル絵文書』に描かれた戦士姿のネサワルコヨトル
（出典：Doesburg, 1996）

って馴染みの歴史的人物である。メキシコ市内のチャプルテペク公園やご当地であるテスココ市などでは、彼の彫刻や壁画も目にすることができる。そうした場所で表現されているネサワルコヨトル像は、アルバが先スペイン期テツココ住民の高度な宗教性を強調した記述に基づいたものである。アルバはネサワルコヨトルが六十数編もの詩歌を知られざる唯一神に捧げるために創作し、テツコツィンコ（テツココの郊外にある儀礼空間）の森に籠って断食をしたと述べている。先述の一〇〇ペソ札にはネサワルコヨトルが詠んだとされる詩（もしくは歌）の一節のスペイン語訳も印刷されていたが、「詩人王」というイメージを後世に伝える役割を果たしたのがアルバのクロニカの記述だった。

ネサワルコヨトルが優れた「詩人」であったことは、おそらく間違いのない事実であろう。けれども、テノチティトランや他の都市の王族や貴族にも詩作に長けた者はいたはずである。後世にアルバではない別の記録者が別の王を「詩人王」として称える記述を残していたならば、ネサワルコヨトルではない人物が「詩人王」になっていたかもしれないのである。その一方、『イシュトリルショチトル絵文書』に見られるような、戦《いくさ》に長けた王としての側面は現代ではあまり強調されることがない（図2－24）。

さらに、ネサワルコヨトルは、テツココ湖に巨大な堤防を建設する土木作業を指揮するなど科学技術の面でも秀でていた。結局のところ、現在の私たちがアステカ王国期の特定の人物や事象に対して持っているイメージは、時として植民地時代の記述に左右されているということを意識しておかねばならない。つまり、アルバがネサワルコヨトルに付与したい特定のイメージを強調して記述し、その記述が後世の歴史家たちによってくりかえし参照された結果が「詩人王」ネサワルコヨトルなのである。特定の人物像が文化的な資源として利用され文書の記述に用いられたことで、その記述内容が現代に伝わるイメージの源泉となっているわけである。

メソアメリカ文明は途絶えたのか

「アステカ王国」すなわちテノチティトラン、テツココ、トラコパンの三都市同盟に基づいた政治支配は、スペインによる征服とともに消滅した。けれども、そのことはメソアメリカで数千年にわたって積み重ねられてきた文明の死を意味するものではなかった。私たちはメソアメリカ文明の存続を次の二つの角度から捉えることができるだろう。

一つめは、メソアメリカの文化要素の継続である。人びとの習慣や思考様式は、オセロの目が変わるように、植民地支配の到来とともにすぐに変わるものではなかった。実際、人びとはトウモロコシを耕作してトルティーリャを食べつづけた。先住民共同体では「共同性」が重んじられ、西洋の「個」に重きを置く発想はなかなか浸透しなかった。

このような数千年の基層を持つ文化的基盤の存続については、同じく植民地支配下に置かれたアンデス文明圏と比べることでもよくわかる。スペイン王室という同一の支配者が同一の法律をもって統治したにもかかわらず、メソアメリカ先住民とアンデス先住民が同じような形でスペイン化することはなかった。本章で見たように、メソアメリカでは一定期間の絵文書の使用を経た後にアルファベット表記のナワトル語文書の形で年代記が存続した。これと並行する時期、アンデスでは公的な禁止にもかかわらずキプを用いた記録法が用いられつづけた。つまり、スペイン化が起きたとしても、それは現地のそれぞれの事情を一定程度反映せざるを得ないものだった。

メソアメリカ文明の存続を考えるためのもう一つの観点は、「過去の資源化」である。とりわけアステカ先スペイン期の文明は、後世の人びとによってくりかえし再生されつづけた。とりわけアステカ王国期の歴史については、クロニカを書いた先住民貴族の子孫だけでなく、後にまったく血のつながりのない人びともその再生産に携わった。先述のアルバのネサワルコヨトル像を後世に伝えるバトンをつないだのは、一七世紀のクリオーリョ（現地生まれのスペイン人）を代表する知識人のシグエンサ・イ・ゴンゴラ（Carlos de Sigüenza y Góngora）や、一八世紀のクリオーリョのイエズス会士で『メキシコ古代史』を著したクラビヘーロ（Francisco Javier Clavijero）といった人物であった。

これらの人物の著述に見られるように、「消え去った過去」のはずであったアステカ王国は、歴史を描き出す当人と無関係な過去として叙述されるのではなく、それぞれの歴史的時点で「自身と結びついた過去」という認識のもとに扱われた。後世の人びとの認識のなかで連続性のある過去としてメソアメリカ文明が再生されつづけた点は重要である。そこで最後に、メキシコ国旗を例にそのような歴史的経緯について考えてみたい。

メキシコ国旗のモチーフ——現在とつながるアステカ

緑・白・赤の三色から成る現在のメキシコ国旗の中央には、ある図柄が描かれている。それはメキシコ合衆国の国家紋章である（図2－25）。この紋章は、下部に先スペイン期の絵文書を踏襲した様式で石（テトル）と水（アトル）が表現され、さらには図案化されたウチワサボテンが描かれている。その上では一羽の鷲が蛇を啄《ついば》んでいる。メシーカ人の移住譚によると、守護神ウィツィロポチトリは神託によってテノチティトランの創設場所を人びとに指示した。その場所とは、葦が生い茂る岩場にウチワサボテンが生えていて、その上で鷲が蛇を食らっている（ただし蛇ではなく何かを貪り食っているとだけ伝える史料もある）と

図2-25　メキシコの国家紋章
（出典：https://es.wikipedia.org/wiki/Escudo_Nacional_de_México）

図2-26　テノチティトラン創設場面
上：『ドゥラン絵文書』、下：メキシコ市中心部のモニュメント（出典：Durán, 1995, tomo I　撮影：井上幸孝）

ころであった（図2－26）。

この紋章のモチーフからも明らかなように、一八一〇年のイダルゴの蜂起をきっかけとして一八二一年にスペインからの独立を達成したメキシコという国家は、アステカ王国をその過去の重要な一部と見なした。この認識は、国の独立とともに突如生じたものではなく、植民地時代にクリオーリョ愛国主義が高まっていく過程で醸成され、独立後に国家のアイデンティティの重要な一部となったものであった。当然ながら、マヤ文明の一部も、サポテカ文明も、オルメカ文明もメキシコの過去の一部分ではあるが、アステカという過去はメキシコ国家の歴史のなかで特別な位置を占めることとなった。

それにはいくつかの理由が考えられる。一つは、植民地時代を通じてヌエバ・エスパーニャ副王領の副王都で、その後、独立国家の首都となったメキシコ市は、テノチティトランの廃墟のうえに建設された都市だったことである。一四世紀前半にテノチティトランとして創設されたこの町は、一六世紀の征服とともにメキシコ市として二度目の創設を経験し、さらに一九世紀にメキシコ合衆国の首都となった。

もう一つの理由は、本章で見たようにさまざまなクロニカが残されたが、その多くがメキシコ中央部の、それも征服の直近の過去を扱ったものだった点である。ふんだんな情報が伝えられた結果、後古典期後期に栄えたアステカ王国は再解釈を経て後世の人びとの

「現在」とつながり得る素地をより多く持つに至った。

歴史は勝者によって作られるとよく言われる。しかし、ここで見たように、アステカ王国の歴史は、征服者と被征服者、勝者と敗者の多種多様な見解が入り混じり、後世の解釈がさまざまに積み重ねられてきた複雑なケースであると言うことができる。かつて西洋的偏見に基づいて語られることの多かったアステカ王国像は、現在では先住民側の情報も多く用いて再構成されるようになってきた。本章では、近年の研究の進展に基づきつつ、そうした先住民史料にすら鵜呑みにできない情報が含まれていることも指摘した。

現在までのところ、アステカ王国についてすべてがわかっているというにはほど遠い。しかし、私たちの知見はこの数十年だけを見ても大幅に前進してきた。新たな考古資料の発見や解釈、さらには絡みあった糸をほぐすように史料の情報を組み合わせながら解き明かすことによって、今後さらにその実像へと近づいていくことができるだろう。

第三章　ナスカ

――地上絵はなぜ制作されたか　坂井正人

1　文字と書きもの

1―1　文字は人類にどのような影響を与えるのか

文字の自律性

文字の有無が人間および社会に与える影響について検討することは、文字が発明されなかったとされる古代アンデス文明を理解するために重要である。文字の存在は、人間とその社会に大きな影響を与えると、グディたちは主張した。

文字は人間の認知や社会の形成に大きく関わり、文字の読み書き能力（リテラシー）を習得すれば抽象的な思考が可能となる。無文字社会では抽象的な思考や高度な社会組織は生まれにくい。また、文字がない場合、過去に関する考察は現在の関心事に左右される傾向があるうえ、過去と現在の見解の矛盾を認識できない。

対面コミュニケーションを通じて伝達される口頭伝承は、現在との関連性を失った場合、忘れられるか変化することが多い。一方、文字がある社会では、話すことができるものなら何でも、文字で書くことができる。そのため、過去と現在を客観的に区別することができ、過去と現在の見解の間の矛盾を認識できる。文字の存在により言葉は物理的な形として存在し、独自の生命を持つようになり、文字は自律性を有するようになる。

文字を書く行為によって、言葉を客観的にとらえることができ、口頭では不可能なほど長期的で集中的な考察ができるようになる。さらに経験を客観的にとらえることができるようになり、記憶の変容も防ぐ。また、文字社会では過去の記録と対面し、その内容に対して懐疑的になることもあれば、過去の記録を再評価し、新しい説明を構築することも可能である。そして、論理的で専門的な知識が蓄積し、知的伝統が生まれ、文字社会では高度な社会組織が形成される（Goody and Watt 1963）。

人類はこれまでさまざまな文字を発明してきた。文字は音を物質化して、記号で表すという工夫であるが、その発想自体、大きな飛躍である。音声を表すタイプの文字は表音文字として知られているが、そこに含まれるのは子音と母音を分けて表現することができるアルファベットのような音素文字だけではない。日本語の平仮名やカタカナのように、母音もしくは、母音と子音の組み合わせが文字として表される音節文字も、表音文字に含まれる。

一方、アラビア数字のように、概念を示すタイプの文字が表意文字である。また、日本語の漢字や古代エジプトのヒエログリフ、古代メソポタミアの楔形《くさびがた》文字では、文字が意味だけでなく、音声的情報も含んでいる場合があるので、表語文字として区別されている。

これらの文字体系の中で、アルファベットの優位性をグディたちは主張した。

アルファベットは音を表すための道具として、他の文字体系よりも優れているので、より簡潔な表現が可能である。一方、アルファベット以外の文字体系は、学習が難しいため、読み書きができたのはエリートに限定された。

シュメール、エジプト、中国などの古代文明では、行政や技術の偉大な進歩は、文字システムの発明と密接に関連していた。このような背景から、宗教、行政、商業の専門家からなる識字エリートが中央集権的な官僚制度を維持していた。

しかし、「民主的な」アルファベットの出現によって、このような障壁は取り払われた。前六世紀から前五世紀にかけてのギリシャの都市国家では、アルファベットの普及が進み、識字社会と呼ぶにふさわしい状態が形成された。このギリシャにおけるアルファベットの広範な普及は、物質的繁栄と技術的進歩を引き起こした。さらに、この時代には「論理」という考え方が生まれ、客観的な現実としての人間の過去という感覚が発展し、古代ギリシャにおいて「神話」と「歴史」が初めて区別されるようになった（Goody and Watt 1963）。

古典学者のオングは、グディと同様に、書くことが人間の思考に変化をもたらしたという立場から、ホメロスの詩などを対象にして、記憶に基づく「声の文化」における思考のあり方を整理したうえで、記録に基づく「文字の文化」について論じている。その際に注目したのが、書く行為が人間の意識構造を変える点、印刷物の登場で変化した文字テキストのあり方である。

社会に埋め込まれた文字

文字の自律性に関するグディの議論を批判したのは、ストリートである。文字はそれを用いている社会の一部なので、当該社会の権力構造や価値体系と切り離して、文字技術が単独で人間の認知能力を高めるという議論は受け入れられないと主張した。つまり、読み書き能力であるリテラシーが必ずしも自律的な性格を持つとは限らないという。実際に、スクリプナーとコールによる、西アフリカ、リベリア共和国のヴァイ社会を対象とした認知心理学的研究でも、文字を習得することによって、人間の認知能力が向上するという客観的な証拠は得られなかった。

グディに対するストリートの批判は、識字社会と非識字社会という二元論的理解に対しても向けられた。完全なリテラシー社会は存在しないし、純粋に声・音といったオラリティ的特徴しかない社会も存在しない。「あるのはさまざまにリテラシー的特徴とオラリティ的特徴が入り交じった社会だけである」(梶丸2018：472)。

文字は私たちの生活に欠かせないように思われがちだ。しかし、コリンズが主張するように、言語・知性・社会生活能力・技術的能力など、わたしたちを人間たらしめている多くのことがらは、文字を用いることに依存していない。むしろ、ごく最近になって、我々は文字に補助的に依存するようになったにすぎない。

1－2　アステカの絵文字は「ことばを伴わない書きもの」か

図的表現

ナスカの地上絵のような、先住民が印した図的表現は、伝統的なリテラシーの研究では、主要な研究対象にはならなかっただけでなく、リテラシーではないとされ、「文明」の欠如を示すものと見なされた。絵文字の場合も、限られたことしか表現できないので、コミュニケーション手段として制約があると、グディは主張した。

ところが近年のリテラシー研究では、図的表現に関心が集まっている。図的表現が地面・岩・土器・布・建物などに刻まれており、モノとしての物質性を持つ点が注目され、図的表現を印すことは「標記的実践（inscriptive practices）」と呼ばれている。

この研究動向において、アンデスのキプ（キープ）をめぐる「図的多元主義（graphic pluralism）」に関する研究が注目されている。キプとは、国勢調査・貢納記録・暦・伝承などを記録した結縄で、もともとインカ帝国もしくはそれ以前から使われた記録媒体である。インカのキプでは、紐の色、紐の結び目の数と配置といった視覚情報が重要なので、図的表現の一種だと考えられている。また紐を結ぶことによる「標記的実践」がキプにはみられる。この記録媒体はインカ帝国の崩壊後に放棄されることなく、スペイン植民地時代だけでなく、現代まで、一部の農村社会において使用されてきた。スペイン植民地時代に、一部のアンデスの先住民は政治的な権力を求めてアルファベットを積極的に学習したことはよく知られている。

こうしたアルファベットのリテラシーとともに、キプのリテラシーが、農村における権威と集団の形成において重要な役割を果たし、キプはアルファベットと同列に置かれるようなリテラシーとして見なされていたことを、サロモンとハイランドは明らかにした。このようにアルファベットと図的表現を同列に置き、リテラシーの実践の多様性に注目する立場が「図的多元主義」である。

「図的多元主義」では、キプのような図的表現は、社会生活のどのような場面で重視されるのかについて検討されてきた。その一方で、これらの図的表現の物質性が注目された。図的表現はさまざまなモノでできている。キプは紐からできており、地上絵が描かれているのは地面だ。図的表現の物質性に注目することで、印されたモノの物質的な特徴を検討するだけでなく、印されたモノが物質的にどのように変容するのかについても議論できる。さらに社会的に記憶が共有されるうえで、図的表現を印す行為がどのような役割を果たしたのかについても検討された。

ことばを伴わない書きもの

先住民が印した図的表現のなかには、マヤ文字のように発音されるものがある。その一方で、メソアメリカのアステカやミステカの絵文字は必ずしも発音されないので、ブーン（Boone）たちによって「ことばを伴わない書きもの（writing without words）」と呼ばれている。

書く（write）とは、「ことば（word）を道具で書く」という意味でしばしば使われ、ことば（word）とは「意味をもつ音」のことなので、書きもの（writing）とは「意味を持つ音」を物質化したものである。グディとオングは、書きものを「記録された語り（recorded speech）」だと見なした。

アステカの絵文字は「意味をもつ絵（semasiography）」ではあるが、必ずしも「意味を持つ音」を伴わない。そこで従来の書きものの定義をアステカの絵文字に当てはめると、アステカの絵文字は書きものではなくなる。一方、マヤ文字は「意味を持つ音」を伴うので、上記の定義を適用すると書きものになる。

そこで、ブーンは書きものの定義を拡大して、「意味を持つ音」を伴う文字だけでなく、「意味を持つ音」を伴わない絵文字も、書きものに含めるべきだと主張している。このように書きものの定義をブーンが拡大したのは、書きものが存在しない社会は文明ではないという前提にブーンが立っていたからである。この前提のもとで考えると、アステカに書きものがないと見なすことは、アステカは文明社会ではないことになる。アステカは文明社会であることが自明であったブーンにとって、これは受け入れがたい。そこで、書きも

の の定義を拡大したのである。

しかし、書きものが存在しない社会は文明ではないというブーンの前提は、書記技術が文明の形成に不可欠であり、書く能力を獲得することによって人間は抽象的・合理的な思考ができるようになるというグディの主張と同様に偏見である。

こうしたブーンの主張は、近年、マヤ学者のスチュアートによって批判されている。アステカの絵文字のなかには「意味を持つ音」が含まれている場合があるので、アステカの絵文字を「意味を持つ音」を伴わない書きものと見なしたり、「ことばを伴わない書きもの」に分類することは不適切であるという。アステカの絵文字は、マヤ文字と同様に、文字と図像が密接に結びついた視覚的なコミュニケーション手段だと考えるべきだ、というのがスチュアートの主張である。メソアメリカの文字体系を「ことばを伴う書きもの」と「ことばを伴わない書きもの」に分けることは、必ずしも現実に合致していない二元論的な理解だと言えよう。

古代アンデス社会における二つのパラダイム

こうした二元論的な理解は、古代アンデス社会を対象としたリテラシー研究でもみられる。アンデスのリテラシー研究ではキプだけでなく、土器に描かれた図像表現、建物の配置が注目され、これらは「意味をもつ図的表現」と見なされた。一方、マヤ文字のような音価のある図的表現はアンデスでは長らく発見されなかったので、「ことばを伴わない書きもの」というブーンの枠組みはサロモンやアートンをはじめとする多くのアンデス研究者によって積極的に採用された。

リテラシーの対象と見なされたキプ・建物・図像をめぐって、古代アンデスには二つのパラダイムが存在したという説がアートンによって唱えられた。二つのパラダイムとは「線・結節点・ネットワーク」と「図像」である。「線・結節点・ネットワーク」の代表として、インカ帝国のキプが挙げられている。キプは紐と結び目で構成されているので、紐が「線」で、結び目が「結節点」と見なせば、「線・結節点・ネットワーク」に分類することができる。一方、「図像」の代表として、ペルー北海岸に成立したモチェ王国（紀元前後〜後七〇〇年頃）の土器や壁画の写実的な図像表現が挙げられている。

アートンはナスカの地上絵を「線・結節点・ネットワーク」に分類した。地上絵が集中的に描かれたナスカ台地には一〇〇〇本以上の直線の地上絵が描かれ、これらの線は一五〇点以上の中心点から放射状に広がっている。アートンの考えでは、直線の地上絵が「線」に相当し、中心点が「結節点」に相当する。そして、直線の地上絵と中心点が連結して「ネットワーク」構造を呈しているため、ナスカの地上絵を「線・結節点・ネットワーク」

に分類したのである。

しかしナスカ台地には、直線の地上絵だけでなく、「図像」に分類できるハチドリや猿などの動物の巨大な地上絵が存在する。また、近年、山形大学の調査団によって人間やラクダ科動物などの小型の地上絵が、ナスカ台地で多数発見されている。これらの「図像」の存在によって、ナスカの地上絵を「線・結節点・ネットワーク」の枠組みに押し込めることが無理なのは明らかである。古代アンデスのリテラシーを「線・結節点・ネットワーク」と「図像」に分け、ナスカの地上絵を「線・結節点・ネットワーク」に分類することは、現実に合致していない二元論的な理解だと言えよう。

本論では、まず地上絵を作ったナスカ社会の変遷について概観したうえで、山形大学が実施してきた地上絵に関する調査研究を紹介する。そのうえで、（1）線と図像の地上絵は全体としてどのような構造になっているのか、（2）そこにはどのような情報が組み込まれているのか、（3）これらの情報を当時の人びとはどのように書いたり読んだりしていたのかについて検討する。こうした作業を通じて、地上絵がリテラシーの対象であることを明らかにするとともに、地上絵の制作目的を当時の社会状況に即して明らかにする。なおその際に注目するのが、地上絵をめぐる社会的記憶・物質性・身体的経験である。

2　ナスカ社会とは

2－1　ナスカへの定住

ナスカ・グランデ川流域

地上絵が集中的に描かれたナスカ台地は、ペルー南海岸のナスカ・グランデ川流域の真ん中に位置する。ナスカ・グランデ川には主要な支川が一〇本ある。そのうち五本がナスカ台地の北側に分布する。そこには、ナスカ台地の北端を流れるインヘニオ川だけでなく、本流グランデ川、そしてパルパ川、ビスカス川が含まれる。これらの河川の流域が、北部ナスカと呼ばれている。一方、南部ナスカにも五本の支川があり、ナスカ台地の南端を流れるナスカ川、その上流部のアハ川とティエラス・ブランカス川がそこに含まれている（図3－1）。

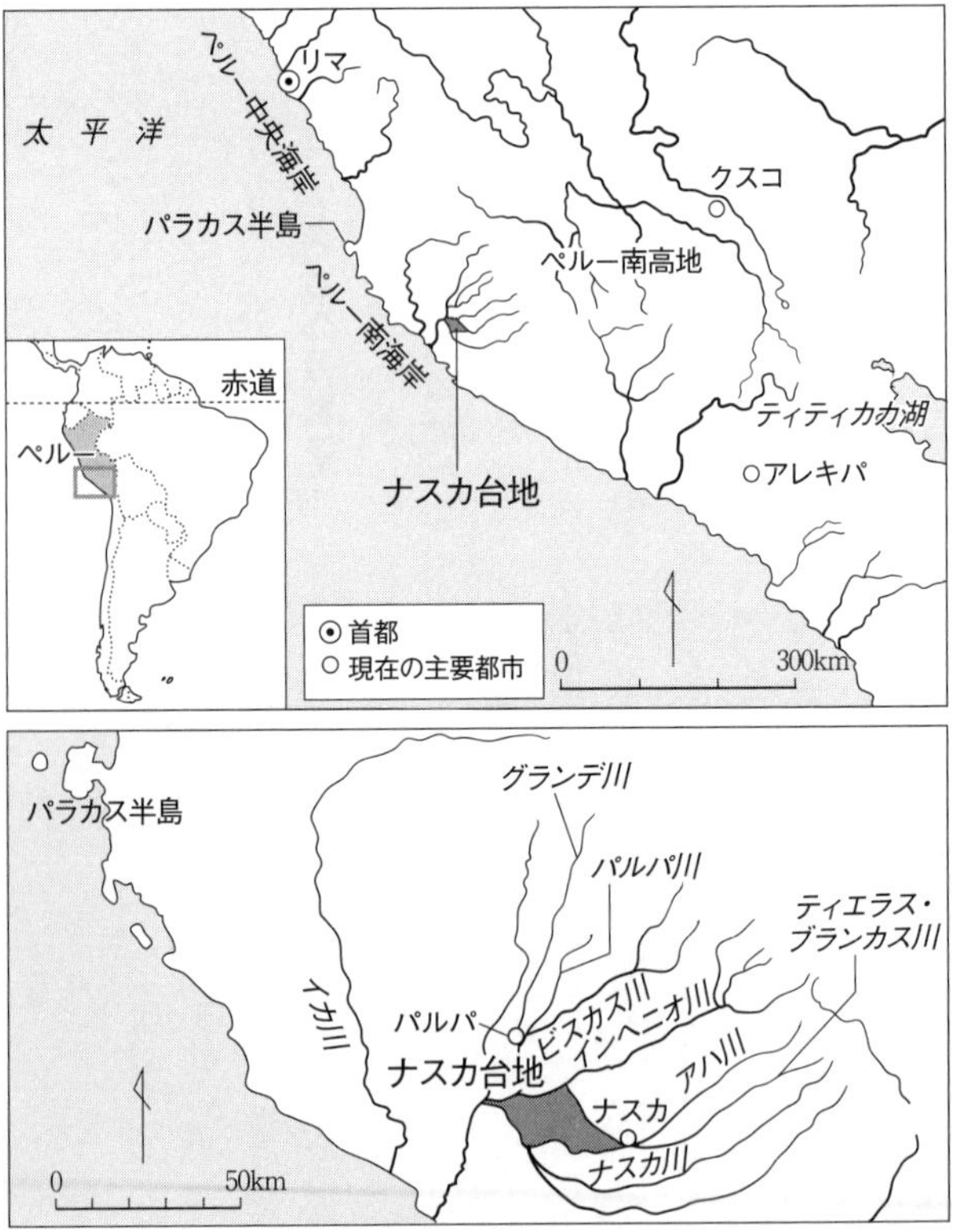

図3-1　ナスカ台地地図　（『マヤ・アンデス・琉球』p165をもとに作成）

北部ナスカへの定住――先土器時代〜ナスカ早期

このような地理的環境において、どのように社会は形成されていったのか。

ナスカ・グランデ川流域では、北部ナスカにおいて早くから居住がはじまった。すでに先土器時代中期（紀元前六〇〇〇〜前三〇〇〇年）から、グランデ川ではペルニル・アルト（Pernil Alto）遺跡において居住がはじまり、草創期（前一八〇〇〜前八〇〇年）になると農耕を基盤とした定住生活がペルニル・アルトで営まれていたことが、ラインデルたちのドイツ隊の研究によって判明した。一方、この時期、南部ナスカではまだ定住生活は行われておらず、ウパンカ（Upanca）やラ・エスメラルダ（La Esmeralda）のような野営地的な遺跡のみが知られている。

パラカス前期（前八〇〇〜前五五〇年）になると、パラカス半島からナスカ・グランデ川流域に人びとが移住したことが、考古学データだけでなく、ミトコンドリアＤＮＡ解析に基づいてドイツ隊によって明らかにされた。ただし、移住先はナスカ・グランデ川流域の北部までであり、南部への移住はパラカス後期まで待たなければならない。

パラカス前期から中期の代表的な遺跡であるワウランガ（Jauranga）は、パルパ川中流域にあり、アドベ（日干しレンガ）製の基壇と部屋状構造物がドイツ隊によって発掘された。一方、この時期の埋葬は手が込んでおり、ペルニル・アルトでは綿布に包まれ紐で縛られた遺体が竪穴から出土している。モリャケ・チコ遺跡（Mollake Chico）では長方形の埋葬用構造物から複数の遺体が黄金製の指輪を含む埋葬品と一緒に出土した。ワウランガ遺跡からも、パラカス後期（前三七〇〜前二〇〇年）に、リャマの供犠を伴う複数の墓が長方形構造物から見つかっている。

パラカス後期において、北部ナスカ地域で人口が急増し、特にパルパ川中流域で人口が爆発的に増加したことが、ドイツ隊の調査で明らかにされた。ピンチャンゴ・ビエホ遺跡（Pinchango Viejo）など多くの遺跡が、壁で囲まれた丘のような防御的な場所に立地している。しかし、遺跡が急増したのは、ローカルな社会が発展したためなのか、それとも外部からの移住者のためなのかは不明である。一方、米国のシルバーマンの研究が明らかにしたように、インヘニオ川流域でも壁で囲まれた丘の上に遺跡が確認されているが、人口密度は低く、社会政治的な統合がほとんどない状態であった。

最も多いナスカ早期の遺跡

ナスカ早期（北部：前一二〇〜後九〇年）は、パラカス文化からナスカ文化への移行期であり、パラカス末期の精製土器だけでなく、ペルー南海岸北部の土器、ナスカ・グランデ川流域のローカルな土器などが確認されている。

この時期には紛争や戦争があり、社会内部に格差があった。黒曜石の長距離交易や工芸品（土器、織物、石器）の生産が行われていたが、社会の規模は比較的小さく、ナスカ・グランデ川流域はゆるやかに統合されていた。

北部ナスカのパルパ川流域では、ナスカ早期にさらに人口が増加した。この時期の遺跡がドイツ隊によって二五〇ヵ所も見つかっており、これは先スペイン期を通じて最も多い。ただし記念碑的建造物は含まれていない。一方、グランデ川中流部では、基壇と広場によって構成された地域住民用の儀礼センター（civic ceremonial center）が確認されている。

またインヘニオ谷では、山形大学調査団によって、巨大な祭祀センター・ベンティーヤ、その対岸にある居住遺跡エストゥディアンテスが発掘され、その機能と時期が明らかになった。

地上絵の制作の開始――パラカス後期〜ナスカ早期

一方の南部ではどうだったのか。南部ナスカで本格的な定住が開始するのは、前四〇〇年頃からである。パラカス後期とナスカ早期に相当する時期だ。パラカス前期よりも前から活発な活動がみられる北部ナスカと比べると、南部ナスカは辺境地だと言える。

北部ナスカと南部ナスカでは、土器の様式の編年は類似しているが、同一の様式の土器が用いられた絶対年代に差異がみられる。土器様式が時期を直接示すものでないことがわかっている。

またナスカ期の時期区分（早期・前期・中期・後期）と絶対年代の対応関係も、北部ナスカと南部ナスカで異なっている。本論では、地上絵が集中的に描かれたナスカ台地を、台地の南側を流れるナスカ川流域の活動と関係づけて論じるので、南部ナスカの時期区分と編年を用いることとする。

地上絵の制作が始まったのは、前四〇〇年頃とされている。この時期に制作された具象的な地上絵は、面タイプもしくはレリーフタイプと呼ばれる地上絵である。有名なハチドリや猿などの巨大な地上絵とは異なり、平均九メートル程度と小さい。面タイプは、北部ナスカではパラカス後期からナスカ早期にかけて制作されたことがドイツ隊によって明らかにされている。このタイプの具象的な地上絵は、山形大学の調査でナスカ台地とその周辺の調査で三五〇点以上も見つかっている。一方、北部ナスカでは約三〇点と少ない。

このタイプの地上絵には、これよりもさらに古い岩絵（ペトログリフ）とよく似た図像表現がみられる。そこで、地上絵の起源は岩絵であると、ドイツ隊によって推察されている。

また、この時期の土器の破片が散乱している「台形の地上絵」（campos barridos）が、ナスカ谷だけでなく、インヘニオ谷、パルパ谷、グランデ谷でも確認されている。これらの台形の地上絵は居住地域の外側に立地しているうえ、そこには土器が意図的に破壊されている痕跡があるため、さまざまな集団の社会的統合を促進するために作られた儀礼空間だと、シルバーマンたちによって考えられている。

地上絵の制作が開始された時期と、ほぼ同じ時期に、カワチ神殿がナスカ谷下流域に設立された。葦に泥を塗った壁とワランゴ樹木の柱を用いた神殿が前四〇〇年頃に建設されたことが、イタリア隊のオレフィチによって明らかにされた。その後、前二〇〇年頃になると、漆喰で覆われた最初の大型アドベ建造物が登場し、階段状のデザインを持つ神殿(Templo del Escalonado)が建設された。この神殿は後六〇年頃まで機能した。米国のボーンらの研究が明らかにするように、この大型アドベ建造物の時期に、カワチ神殿の付近で産出される粘土を使って黒色鉢(blackware bowls)が製作された。この土器は饗宴で用いられただけでなく、この饗宴に参加するためにカワチ神殿に巡礼に訪れた人びとに分配されたと考えられている。

防御的な性格の遺跡と投石具の出土

この時期における南部ナスカの代表的な居住遺跡として、ラ・プンティーヤ遺跡(La Puntilla)とラ・ティーサ遺跡(La Tiza)を挙げることができる。どちらも米国の研究者によって発掘調査された。

ラ・プンティーヤ遺跡はアハ川とティエラス・ブランカス川の合流点に位置する。一方、ラ・ティーサ遺跡は、アハ川を挟んで前者の反対側にある。

両者はテラス状の丘にあり、防御的な性格の遺跡だと見なされている。武器である投石具が集中的に出土したことを考え合わせ、当時、戦争が頻発した可能性が指摘されている。前者は少なくとも三ヘクタール以上の規模があり、後者は約五ヘクタール以上だ。同時期の南部ナスカの遺跡は一ヘクタール以下しかないので、それらと比べると両者は規模が大きい居住地である。両者には比較的多くの人びとが居住していたと考えられている。

ラ・プンティーヤ遺跡の主な建築物は、テラス上に建てられた部屋状構造物で、その大きさは通常三～五メートルである。建物の土台には未加工の石が使用され、壁や屋根は腐りやすい素材で作られた。一方、遺跡の上部にあたる地区では、パラカス精製土器が集中的に出土した。これは土器を焼成した後に彩色した工夫がこらされた上質の土器だ。また、この地区には切石の両面壁を用いて丁寧に作られた広場や基壇などの公共建築物とともに、倉庫を伴う居住用の建築物が見つかっている。遺跡の上部に住んでいた人びとは、下部に住んでいた人びとよりも社会的に上位であったと考えられている。

ラ・プンティーヤ遺跡では、ナスカ早期の黒色鉢が出土している。このタイプの土器に用いられている粘土は、約二五キロ離れたカワチ神殿の付近で産出される。そこで、前述したように、これらの土器はカワチ神殿で製作され、カワチ神殿への巡礼によってラ・プンティーヤ遺跡まで流通したと考えられている。つまりラ・プンティーヤ遺跡は、カワチ神殿の影響下にあったことになる。

一方、アハ川を挟んで反対側に立地するラ・ティーサ遺跡は、規模の上ではラ・プンティーヤ遺跡よりも大きいが、居住用の建築物・広場・倉庫は未加工石のみで作られている。出土する土器は粗製の壺が多く、ラ・プンティーヤ遺跡から多く出土したパラカス精製土器はあまり出土しない。また、ナスカ早期の黒色鉢は出土しないので、カワチ神殿の影響下にはなかったと考えられる。その一方で、ラ・ティーサ遺跡からは、黒曜石の産地として有名な南高地のキスピシサ（Quispisisa）産の黒曜石を使って製作された石器が出土した。ただし、出土数が少ないので、ラ・ティーサ遺跡では黒曜石の交易ネットワークは十分に確立していなかったと推測される。農耕を営むとともに、鹿を対象とした狩猟、ムール貝や甲殻類の採集、ラクダ科動物とげっ歯類のクイの飼育を行っていたことが発掘によって明らかになった。またこの遺跡では、糸や織物が生産されたこともわかっている。

2―2　変容するナスカ社会

カワチ神殿の巨大化と大型の地上絵――ナスカ前期

ナスカ前期（後一〇〇～三〇〇年）になると、ナスカ社会は変質した。社会の規模が大きくなり、地域的に統合された複雑な社会になった。上質の土器・織物・金属製品が大量に製作された。特に土器に関しては、土器を焼成する前に彩色される新しい製作技法が導入され、以前のパラカス精製土器とは異なったタイプの上質な土器が製作された。この多彩色土器はナスカ・グランデ川流域のみならず、ペルー南海岸のアカリ谷からチンチャ谷で出土している。また南高地のアヤクーチョ、さらに南のアレキパやモケグアまで、ナスカの多彩色土器は見つかっている。この土器の分布状況から、ナスカ社会がペルーの南海岸および南高地において、大きな影響力を持っていたことは明らかである。

この時期に宗教の面においても、ナスカ社会は独自の発展を遂げた。広大な地域の人びとを統合する強力な宗教が、カワチ神殿を中心に成立した。この神殿はパラカス後期・ナスカ早期にすでに神殿建築が設立されていたが、ナスカ前期になって大規模化した。全域が発掘されていないので正確な面積はわからないが、少なく見積もっても一・五平方キロメートルある。一九八〇年代から継続的に発掘しているイタリア調査団によると二四平方キロメートルあるという。カワチ神殿には、自然の丘を加工して建設された約四〇の基壇型ピラミッドとそれに付随する広場が確認されている。ただし、これらの基壇の構造と配置には明確な標準化がなされていないので、カワチ神殿に巡礼にやって来た異なる社会集団が各自の基準で基壇を建設し、使用したと考えられている。ただし、「大ピラミッド」と呼ばれる高さ約三〇メートルの大基壇は、当時のナスカ社会全体にとって共通の記念碑的な建物であった。

巨大な地上絵が主に制作されたのも、ナスカ前期である。前述のように、地上絵はパラカス後期およびナスカ早期にも制作されたが、この時期に制作された具象的な地上絵は小型であった。それに対して、ナスカ前期に制作された具象的な地上絵は大型で、平均九〇メートルもある。このタイプの地上絵は、ナスカ台地に広がる黒い石を線状に取り除いて、その下の白い地面を露出する手法で制作された。約五〇点の具象的な地上絵が、ナスカ台地とその周辺部で確認されている。そのなかには、ハチドリや猿などの野生動物、花や海草などの植物、留めピンなどの道具が含まれている。このタイプの地上絵は北部ナスカにも数点だけ確認されている。例えば儀礼用のナイフが有名である。この他に、幾何学図形や直線の地上絵が、ナスカ台地には約一五〇〇点、北部ナスカのパルパ地区には約六〇〇点報告されている。

直線の道との類似性

台形の地上絵には「小基壇」と呼ばれるものが付随していることがある。これはドイツ隊によって祭壇として解釈されており、土器や植物、さらにはスポンディルスを含む貝などが供えられていた。さらに、小基壇の近くや、直線の地上絵の端部には、海の貝殻や土器が散らばっていることが確認されている。

ラインハルトの研究が明かすように、地上絵は、豊穣儀礼における一部としての役割を持ち、山岳崇拝や水崇拝に密接に関連していたと考えられている。山の神は、気象現象や水、さらに動植物の繁殖力をコントロールする存在として認識されている。また、アンデス南高地において、直線の道は、山や水源を崇拝する場所へと到着するための聖なる道としての意味合いを持つ。これらの直線は、個人や家族に所属しているものとされ、ナスカの地上絵との類似性がある可能性がアートンによって指摘されている。

遺跡の分布の変化

ナスカ前期になると、遺跡の分布に著しい変化が生じた。それまで居住地は防御の目的でテラス状の丘に立地していたが、北部ナスカの場合、ドイツ隊によると、グランデ川、パルパ川、ビスカス川の合流点にある広大な平野部に移動したという。また、居住地には階層化が見られ、地域住民用の儀礼センターであるロス・モリーノス遺跡（Los Molinos）とジパタ遺跡（Llipata）では、アドベ製の主要な建物を中心に計画的な配置が見られたという。

一方、米国の研究者たちによると、南部ナスカの場合、居住地は防御的な場所には立地していない。一年中水が確保できる上流部に分布しており、村落は自給自足的であったという。ただし、北部ナスカとは異なり、社会の階層化は顕著ではない。これらの村落はカワチ神殿を通じてゆるやかに統合されていたと考えられている。なお、地域住民用の儀礼センターとしては、カンタヨック遺跡（Cantalloq）、フマナ遺跡（Jumana）、プエブロ・ビエホ遺跡（Pueblo Viejo）が知られている。

土器に描かれた動物・農作物・超自然的存在

ナスカ前期を特徴づける工芸品として、上質な多彩色土器を挙げることができる。土器の厚みは薄く、平均で約四ミリ程度である。鉢、壺、皿などが制作され、そこには一五種類の鉱物顔料を使用して、鳥・魚・シャチなどの動物、豆・唐辛子・トウモロコシなどの農作物、擬人化された神話的存在などの超自然的な存在が描かれた。ボーンたちの研究によると、こうした精製土器は、居住地から出土した土器の約半分を占める。またこれらの土器を製作するために、カワチ神殿付近で出土した粘土が使われたことがわかっている。そこで、カワチ神殿で製作された多彩色土器は、巡礼でカワチ神殿に来た人びとに分配され、その結果、村落はカワチ神殿の影響下に入ったと考えられている。ナスカ早期に、黒色鉢を通じてラ・プンティーヤ遺跡がカワチ神殿の影響下に入ったのとよく似た状況である。

この時期にトウモロコシ、ジャガイモ、カボチャ、豆、果物などの植物が栽培されていたことが発掘によってわかっている。主食としてトウモロコシを摂取していたという説が、人骨の同位体分析に基づいてケルナーたちによって主張されている。

首級と豊穣

豊穣・再生・農耕と密接な関係があるものとして、首級（trophy head）の存在は重要である。首級はナスカだけでなく、先史アンデス社会で豊穣・再生・農耕と密接な関係がある存在だと考えられてきた。ナスカの多彩色土器には、胴体から切り離された頭部から、植物や木が生える場面がしばしば描かれているので、ナスカの世界観では、首級は暴力や死だけでなく、豊穣と密接な関係があると、カールマイケルたちは主張している。

首級は土器に描かれるだけでなく、カワチ神殿やその他の遺跡から出土している。これらの首級は墓地や居住地区で発見され、単独で出土する場合もあれば、複数の首級が同一の穴から出土する場合もある。多い場合には、一つの穴から四八点の首級が出土した事例がブラウンによって報告されている。首級の製作方法は、切断した頭部から一部の組織と筋肉を除去し、開口部に布を詰め、目と口を閉じて固定するとともに、首級にロープを取り付けるための穴が額にあけられた。首級は男性だけでなく、女性や子供の事例も報告されているが、大半は成人男性だという。同位体分析によって、これらの首級が外部の人びとのものではなく、地元の人びとのものであることが明らかになっている。そこで、首級が敵との戦いの戦利品ではなく、農耕儀礼のなかで供犠の対象となった祖先を称える儀礼に使用された可能性がヌドゥスンたちによって主張されている。

ナスカの首級の頭皮には切り傷があることから、断頭の儀式では血を流すことが重要だったとも考えられている。現代アンデスの農耕儀礼では、儀礼的な戦争がおこなわれることがある。そこでは人間の血が大地に栄養を与えて豊作をもたらす存在だと見なされている。

乾燥化とナスカ社会の変貌――ナスカ中期〜後期

気候変動は、ナスカ社会に大きな影響を及ぼした。パラカス期とナスカ前期において、乾燥化が進行していたが、河谷での生活にはまだ大きな支障はなかった。しかし、ナスカ中期に入ると乾燥化がさらに進行し、ナスカ後期、特に五〜七世紀頃には、乾燥化が顕著になり、河川を頼りにすることが困難となった。ドイツ隊によると、この時期に干ばつが頻発し、生活環境が厳しくなったという。六〇〇年頃には、砂漠が東方向に拡大し、非常に深刻な乾燥時期が続いていたとされる。

南部ナスカでは、ナスカ中期になると地下水路が大々的に建設され、地下水を積極的に利用することで、乾燥化に対応した。それに伴い、カワチ神殿では、大々的な建築活動が行われなくなるとともに、儀礼活動が停滞した。シュライバーによると、儀礼活動では干ばつに対応できないため、カワチ神殿の威信が失墜したという。

この時期に、地上絵の制作活動が激減した。つまり、地上絵での活動は、カワチ神殿での儀礼活動と連動していたのである。特にナスカ後期になると、巨大な動物の地上絵はほとんど顧みられなくなった。

以上、駆け足ではあるが、ナスカ社会の推移を追いかけてみた。では、ナスカの地上絵は、なぜ制作されたのかに焦点をあてて、論じてみたい。

3 地上絵と古代ナスカの人びと――広大なナスカ台地を探る

3―1 地上絵の分布図をめざして

地上絵のタイプ

先ほども述べたように、世界遺産ナスカの地上絵が描かれたナスカ台地は、ペルー共和国の南海岸にある（図3―2）。海岸線から約五〇キロ内陸にあり、標高約五〇〇メートルの沙漠台地だ。この台地はアンデス山脈と河谷に囲まれている。台地の東側にはアンデス山脈が広がっている。一方、北側にはインヘニオ河谷、南側にはナスカ河谷があり、この二つの河谷は西側で合流している。

ナスカ台地に描かれた地上絵は、三つのタイプに分かれる。直線の地上絵、幾何学的な地上絵、具象的な地上絵だ。直線の地上絵は、全長一〇キロ以上の長いものがある一方で、一〇メートル以下の短いものもある。幾何学的な地上絵には、方形・三角形・渦巻き

図3-2　ナスカ台地の地図

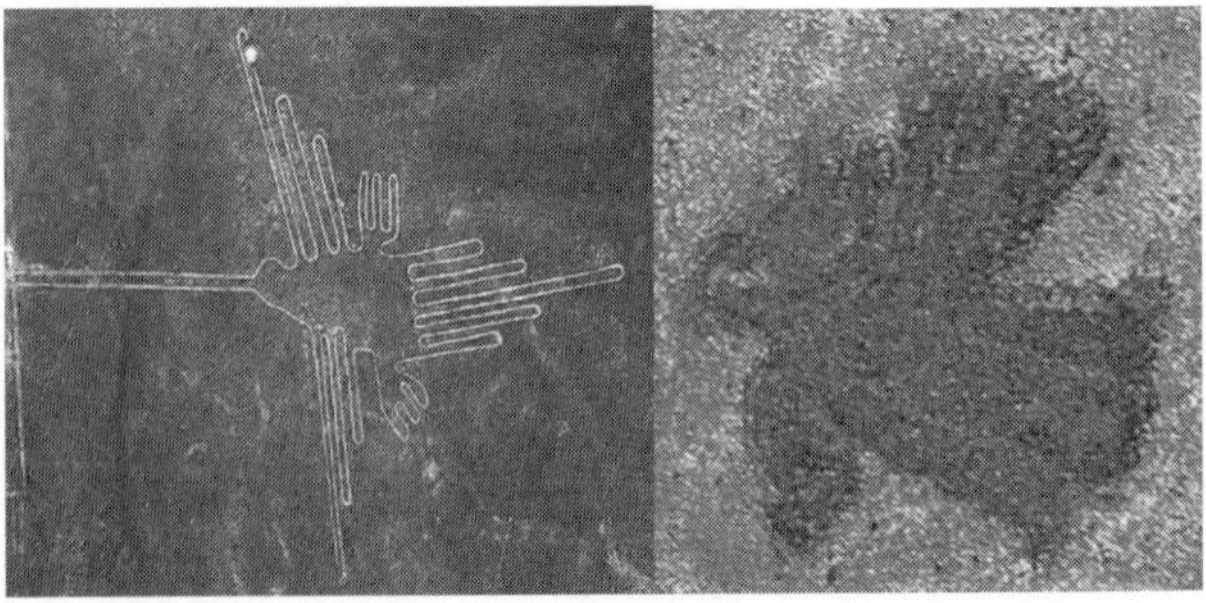

図3-3　線タイプと面タイプの地上絵（山形大学ナスカ研究所）

形などがある。小さいものは全長五メートル以下だが、巨大なものになると五〇〇メートル以上もある。具象的な地上絵としては、人間、動物（鳥、猿、狐、蜘蛛、トカゲ、シャチ、鯨、魚）、植物（花、海草、根茎、樹木）、道具（針、糸、留めピン、扇）が知られている。具象的な地上絵は描かれ方によって、線タイプと面タイプという二つのタイプに分けられる（図3－3）。前者は平均で全長約九〇メートルもあるが、後者は約九メートルしかない。

どのように描かれたか

地上絵が描かれたナスカ台地は、一面に小石が広がっている。小石は長年にわたって太陽に照らされて、日焼けしたように表面が暗褐色に変色している。一方、これらの小石の下には、白い砂の地層が広がっている。そこで、地表にある暗褐色の小石を取り除くと、その下から白い地面が露出することになる。この黒と白という色のコントラストをうまく利用して、二つのタイプの地上絵は描かれた。

線タイプの地上絵の方は、暗褐色の石を線状に取り除いてできた白い線を用いて描かれている。一方、面タイプの地上絵は、浮き彫りのように凹凸がある。地表の暗褐色の石を面状に取り除いて露出した白い面を作るだけでなく、取り除かれた石を再利用して、それを面状に積み上げてできた黒い面と組み合わせることによっても、地上絵は描かれた。線タイプの地上絵の場合、それほど多くの小石を動かさなくても、巨大な地上絵を描くことができる。一方、面タイプの地上絵を制作するためには、比較的多くの小石を移動させる必要があるので、この制作技法は巨大な地上絵を描くのには適していない。

両者は制作方法だけでなく、分布においても差異がみられる。巨大な線タイプの地上絵は平地にのみ描かれているが、小型の面タイプの地上絵は山の斜面や傾斜面にも描かれている。

地上絵の分布状況を現地調査

ナスカの地上絵の制作目的については、さまざまな先行研究がある。そのなかでも地上絵は歩くための道であるという説は、古くから主張されている。また地上絵は天体運行と密接な関係があるという仮説がライヘたちによって提示された。直線の地上絵の中心点に多数の土器が分布しているところから、地上絵では儀礼的な土器破壊が行われていたと多くの研究者によって考えられている。さらに、台形の地上絵の内側にある石造建築物が発掘され、トウモロコシやスポンディルス貝が出土したことから、水や豊穣に関する儀礼が地上絵で行われた可能性がドイツ隊によって指摘された。

私は、地上絵に関する基礎的なデータを長期にわたって収集して、地上絵が何のために制作されたのかを解明することをめざしてきた。そのために地上絵の分布状況を把握することから、研究を始めた。

ナスカ台地は約四〇〇平方キロメートルに及ぶ範囲に広がっているので、そこに分布している地上絵の全体像を正確に把握した先行研究はない。そこで人工衛星・飛行機・ドローンから撮影された高精度な画像を分析するとともに、地上絵の分布調査を実施した。現地調査を長期にわたって実施することによって、どのような地上絵がどこにいくつ分布し、そこでどのような人間活動があったのかについて研究してきた。こうしたデータを環境地理学・認知心理学・情報科学・人類学・動物学・人工知能などの専門家を交えて、学際的な視点から分析することによって、ナスカの地上絵の実態解明をめざしてきた。

リモートセンシング技術

ナスカの地上絵を考古学的に研究するために、地上絵の分布図は不可欠である。しかし、ナスカ台地があまりにも広大なため、正確な分布図を作成することは困難だ。ナスカの地上絵研究を始めるにあたって、高解像度の人工衛星画像（最小分解能約六〇センチメートル）の存在は重要であった。

まず人工衛星画像に写っている地上絵を抜き出して、地上絵の分布図を作成した。その

図3-4a 鳥
（2019年線タイプ地上絵、山形大学ナスカ研究所）

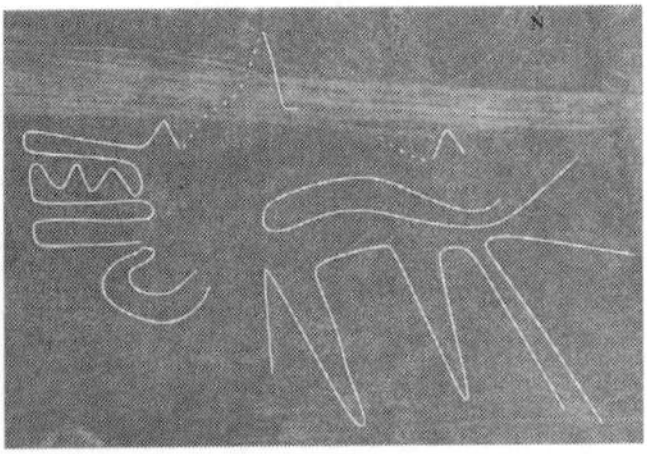

図3-4b シャチ
（2019年線タイプ地上絵、同上）

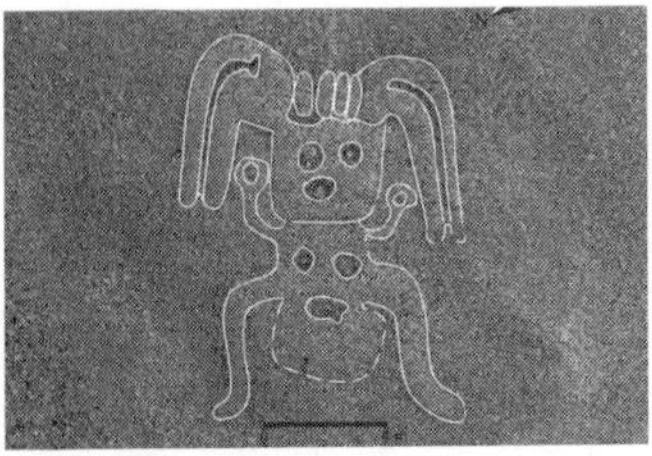

図3-4c 人型01
（2019年面タイプ地上絵、山形大学ナスカ研究所）

図3-4d 人型と動物
（2019年面タイプ地上絵、同上）

後、この分布図を検証するために現地調査を実施した。その際に特に注目したのが、地上絵付近に分布していた土器だ。これらの土器を分析することによって、それぞれの地上絵が利用された時期が把握できるからである。また現地調査によって、人工衛星画像には写っていない動物や植物などの具象的な地上絵が、ナスカ台地で多数確認できた。そこで高解像度の航空写真（最小分解能約一〇センチメートル）を新たに撮影するとともに、ドローンを導入したところ、三五〇点以上の具象的な地上絵をナスカ台地で発見した（図3－4）。

我々が調査を開始する以前、ナス

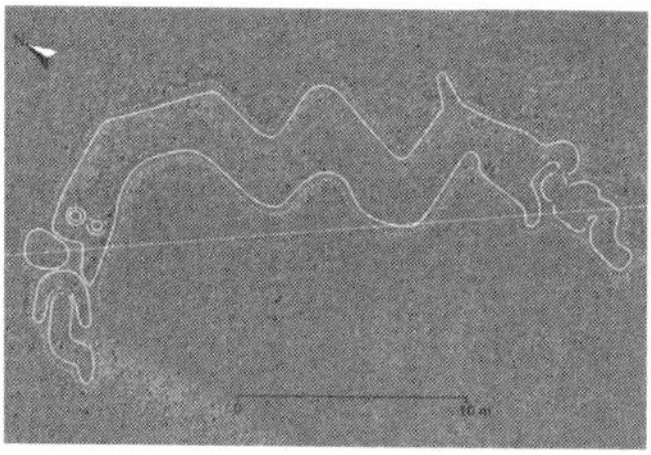

図3-4e　双頭の蛇と人間
（2019年面タイプ地上絵、山形大学ナスカ研究所）

図3-4f　ネコ科動物
（2019年面タイプ地上絵、同上）

図3-4g　人と首級
（2022年面タイプ地上絵、山形大学ナスカ研究所）

図3-4h　人型と首級
（2019年面タイプ地上絵、同上）

カ台地に具象的な地上絵は五〇点程度しか把握されていなかったので、人工衛星画像などのリモートセンシング技術が地上絵の分布調査に役に立ったことは明らかだ。現在、リモートセンシング技術を人工知能と組み合わせることによって、さらに詳細な地上絵の分布図を作成中である。

　地上絵を理解するためには、それらを制作した人びとの社会を理解する必要がある。そのため、ナスカ台地の周辺に分布する当時の居住地・神殿・墓などの分布調査を行った。そのうえで、ナスカ台地に隣接するベンティーヤ神殿、居住地・エストゥディアンテス遺跡などで発掘調査を実施した。こうした遺跡の発掘調査の成果を、地上絵のデータと統合することによって、地上絵を描いたナスカ社会について総合的に理解することをめざしている。

人工知能を用いた調査

山形大学は二〇〇四年にナスカ台地における地上絵の分布調査を開始した。ナスカ台地は東京二三区の三分の二の面積とほぼ同じ規模で、約四〇〇平方キロメートルある。人工衛星・飛行機・ドローンから撮影された画像を利用して、現地調査を実施したところ、前述のように三五〇点以上の新しい地上絵を発見することができた。しかし、ナスカ台地があまりにも広大なため、これまで調査できたのは台地全体の三分の一以下である。

そこで、研究を加速化するために、二〇一八年から日本ＩＢＭの協力のもとで、人工知能（ＡＩ）を活用している。

人工知能で分析したのは、飛行機から撮影された高解像度の写真（最小分解能一〇センチメートル）だ。この解像度でナスカ台地全域を対象としたので、写真が膨大な量になった。そのすべてを人間の目で精査するためには、多大な労力と時間が必要になる。そこで、人工知能（深層学習）の物体検出の技術を利用することで、作業の効率化が可能なのかについて、日本ＩＢＭと一緒に実証実験を行った。

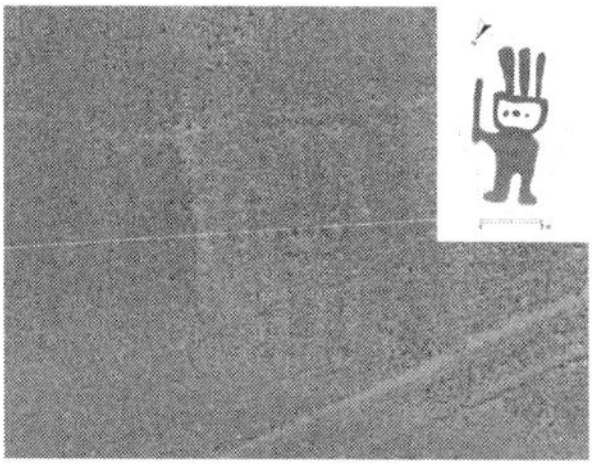

図3-5a 人型 （2019年面タイプ地上絵、山形大学ナスカ研究所）

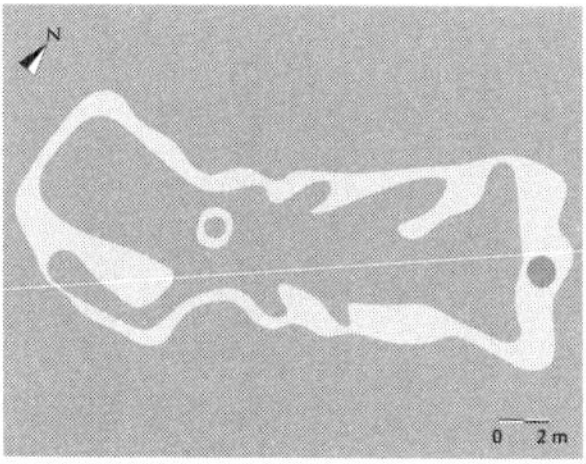

図3-5b 魚 （2023年面タイプ地上絵、山形大学ナスカ研究所）

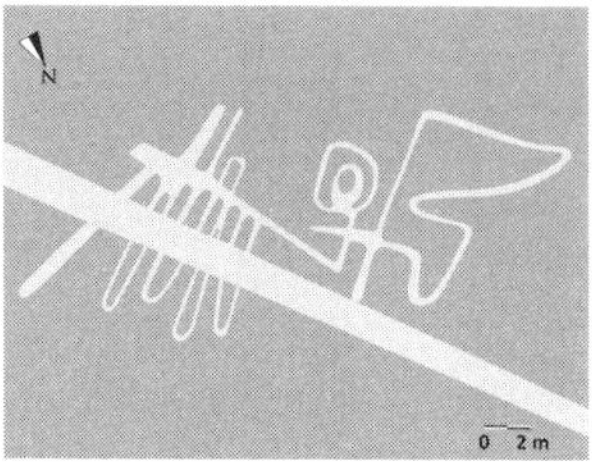

図3-5c 鳥
（2023年線タイプ地上絵、同上）

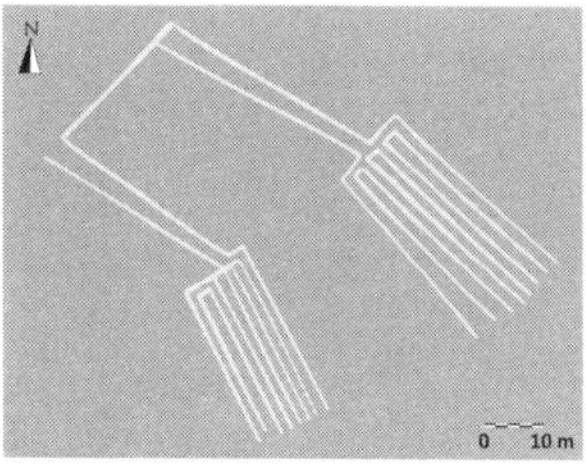

図3-5d 脚
（2023年線タイプ地上絵、同上）

この実証実験は、線タイプの地上絵が集中しているナスカ台地北部で実施した。人工知能に既知の動植物の地上絵を学習させたところ、航空写真のなかに新しい地上絵の候補を見つけだした。これらの候補が含まれる航空写真をまず肉眼で検討して、有望な候補を選別した。次に選別された候補について現地調査したところ、未知の地上絵が四点見つかった。それは人型（五メートル）、魚（一九メートル）、鳥（一七メートル）、脚（七八メートル）の地上絵である（図3－5）。

3－2　神殿と居住地のルート――面タイプの地上絵

三角形の山が見える場所

具象的な地上絵のうち、面タイプのものは、ナスカ台地とその周辺部に三五〇点以上も分布していることが、リモートセンシング技術を用いた現地調査でわかっている。面タイプの地上絵の大きさの平均は約九メートルで、人間、野生動物、家畜化されたラクダ科動物が確認されている。これらの地上絵は、少なくともナスカ早期（前一〇〇年～後五〇年頃）には制作されたことがわかっている（図3－6）。聖地であるカワチ神殿で大規模な建築活動が行われた時期である。

聖地カワチ神殿は、ナスカ台地南端に広がるナスカ河谷の中流域にある遺跡だ。パラカス後期・ナスカ早期には建設活動が開始されていたことがわかっている。この神殿には大小約四〇基の基壇型ピラミッドと広場が集中している。その中でも高さ約三〇メートルの「大ピラミッド」が目をひく（図3－7）。

この「大ピラミッド」はナスカ早期に存在したことが、イタリア隊の発掘によって明らかになっている。この「大ピラミッド」の上で周囲を見渡すと、頂上が尖った三角形の山

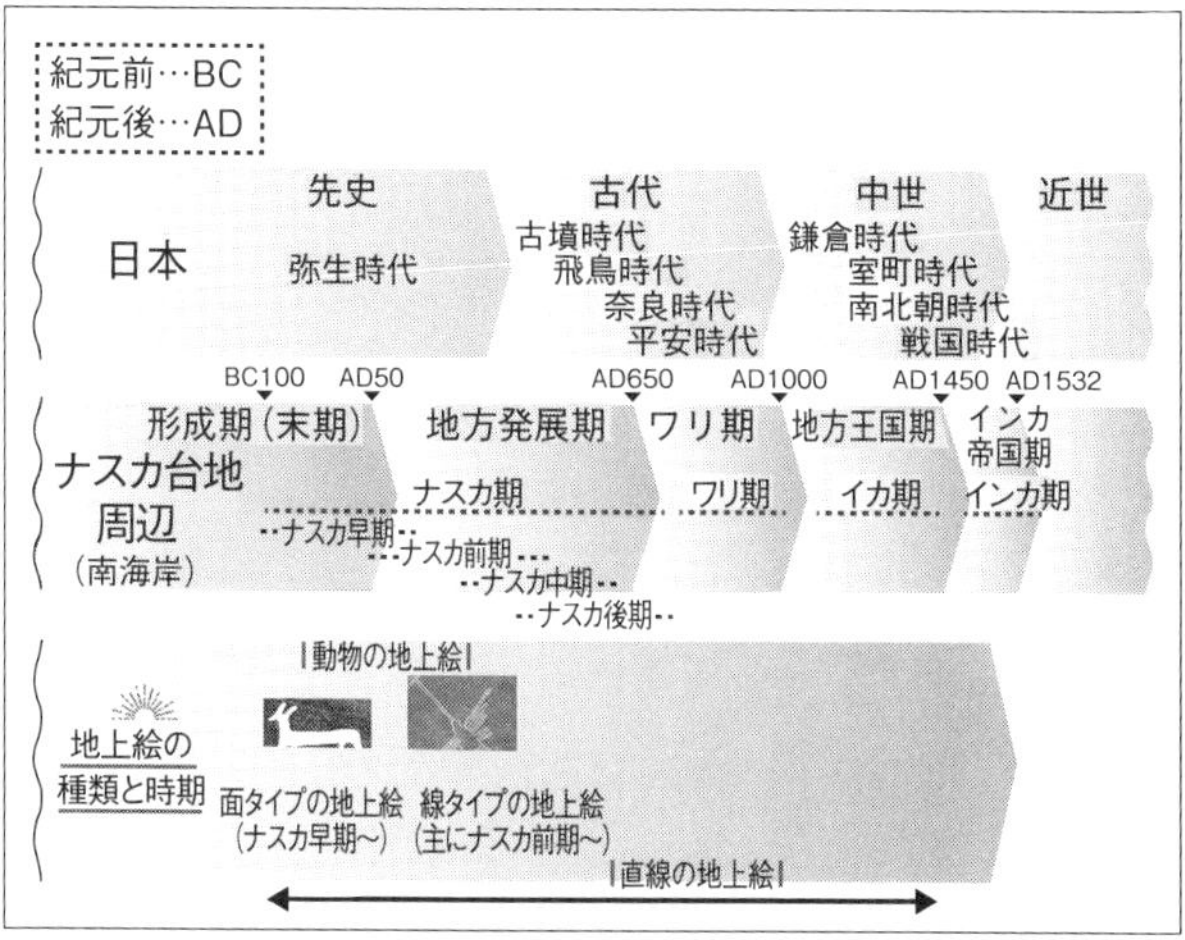

図3-6　地上絵の編年（山形大学附属博物館）

図3-7　カワチ神殿の大ピラミッド（撮影：坂井正人）

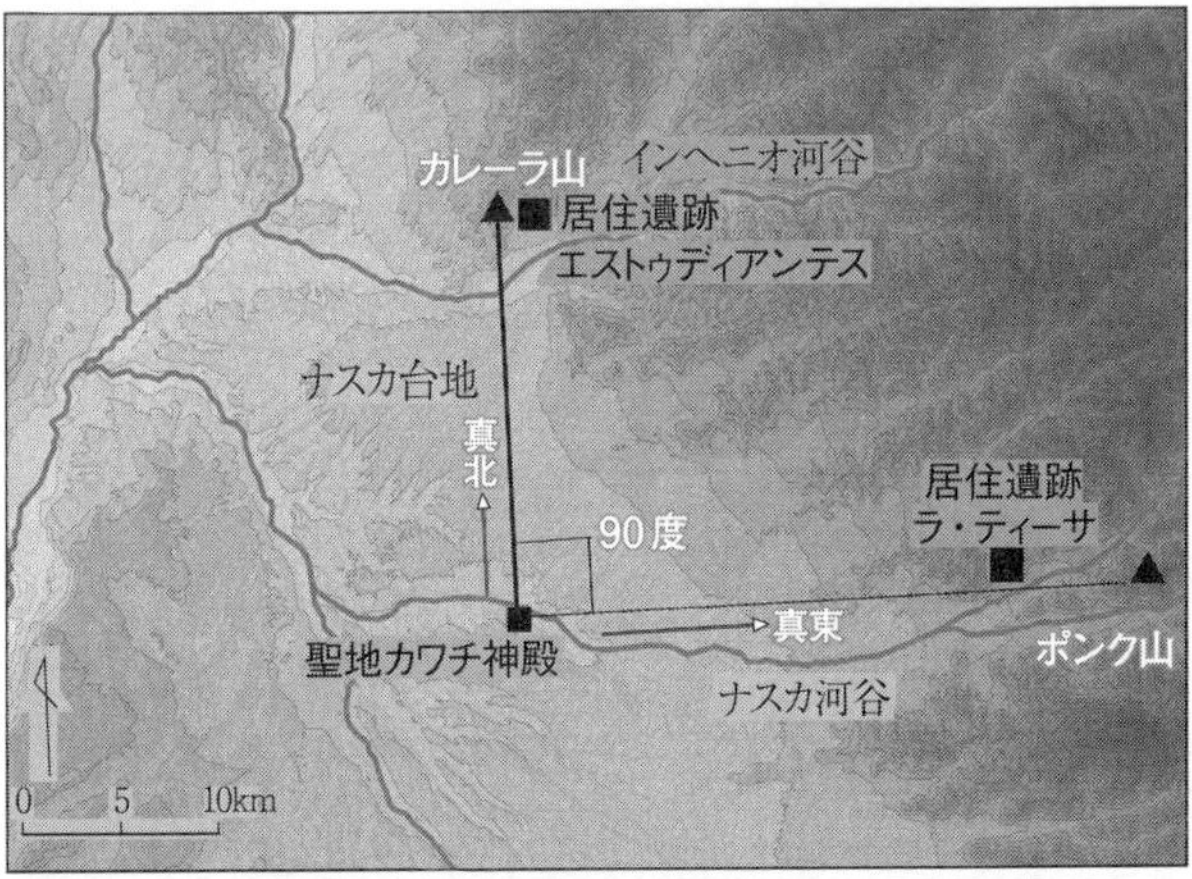

図3-8　カワチ神殿の大ピラミッドの設定方法

が目に入る。カレーラ山とポンク山である。カレーラ山は、「大ピラミッド」の真北の方向にそびえる。この山の麓には集住用の居住地エストゥディアンテス遺跡があり、その目の前にはインヘニオ河谷が広がっている。一方、ポンク山は、「大ピラミッド」の真東に位置する。この山の麓には集住用の居住地ティーサ遺跡があり、アハ川とティエラス・ブランカス川が合流してナスカ川が形成されるのはポンク山の麓である。

上記の二つの居住地は、ナスカ早期に存在していたことが発掘によって明らかになっている。そこで、ナスカ早期にカワチ神殿の「大ピラミッド」を設立する際に、居住地と結びついた三角形の山が真北と真東に見える場所が選地されたことになる（図3－8）。

インヘニオ河谷の居住遺跡エストゥディアンテスとナスカ河谷の居住遺跡ラ・ティーサは、約三〇キロ離れている。両谷の居住地の間を往来するために、アンデス山脈の麓に沿って移動するルートが用いられたと考えられる。山すそに沿って移動すれば、道に迷うことなく、両居住地の間を最短で移動できるからだ。

三つの地上絵

このルート沿いには三つの地上絵がある。それは「フクロウ人間」、「鳥」、「ラクダ科動物」の地上絵だ。これらの地上絵は、アンデス山脈の麓に沿って一〇キロ間隔で分布しているので、両居住地を移動する際の道標として機能していたと考えられる。

インヘニオ河谷の居住遺跡エストゥディアンテスから南東に約一〇キロ進むと、「フクロウ人間」の地上絵がある。この地上絵は、アンデス山脈の麓の丘の斜面に描かれている。そこから山すそに沿ってさらに約一〇キロ南東に進むと、「鳥」の地上絵が斜面に描かれた山に到着する。さらに南東に約一〇キロ進むと、今度は「ラクダ科動物」の地上絵が約七〇点描かれたアハ地区に到着する。アハ地区もまたアンデス山脈の麓にあり、そのすぐ東にはナスカ河谷の居住遺跡ラ・ティーサが隣接している。

ここで特に注目したいのは、これら三つの地上絵群の両端には「人間」が集住する居住地が存在し、真ん中に野生動物である「鳥」が描かれ、両者の間に家畜である「ラクダ科動物」と半獣半人である「フクロウ人間」が描かれている点である。つまり、人間と野生動物の間に、家畜と半獣半人の地上絵が配置されていることになる。これは家畜と半獣半人を、人間と野生動物の間に位置づけるという世界観の存在を示唆する（図3－9、図3－10）。

谷の居住地の間を往来することによって、当時の人びとはこれらの地上絵を何度も見ていた。歩きながら地上絵を見る行為をくりかえし実践することによって、人間と動物をめぐるこうした分類について社会的に共有していたのであろう。文字を持たなかったナスカ社会において、歩きながら地上絵を見る行為が、社会的に重要な世界観や秩序を共有・記憶するために必要な作法であったのではないだろうか。

神殿・居住地・地上絵の建築活動を通じて、カワチ神殿が要となって、ナスカ台地の南北の川筋集団が連帯するような社会が作られるとともに、この社会を維持していくために必要な社会的記憶を形成するという、当時のエリート層の意向がうかがえる。社会的な記憶を形成するためには、建築活動などの意図的な活動だけでは不十分で、それを慣習的行為の反復によって身体に覚えさせる必要があったので、居住地間を移動する人びとに地上絵をくりかえし見せたのであろう。これによって、カワチ神殿を中心とする世界観や秩序を人びとの身体に植えつけようとしたのであろう。

ブルーバックス　12月14日発売

「がん」はどうやって治すのか
科学に基づく「最良の治療」を知る

国立がん研究センター 編
1320円 534039-4

手術、放射線、抗がん剤、免疫療法——どのようなメカニズムでがんを治すのか。検査から治療方針の決定、ゲノム医療まで徹底解説した決定版。

疲労とはなにか
すべてはウイルスが知っていた

近藤一博
1100円 534385-2

欧米で忌避されてきた疲労の研究は、新型コロナ後遺症が深刻化したいま、避けては通れない。ノーベル賞級の新研究が疲労の謎を解く！

古代日本の超技術
〈新装改訂版〉
あっと驚く「古の匠」の智慧

志村史夫
1210円 534289-3

レーザーよりすごい技術をもっていた三内丸山の縄文人。豊かな水田を生み出した前方後円墳の巧みな設計。「匠の技」を科学する！

古代世界の超技術
〈改訂新版〉
あっと驚く「巨石文明」の智慧

志村史夫
1210円 534288-6

精密な「宇宙カレンダー」だったストーンヘンジ。一体ずつ顔が異なる兵馬俑の製造法。現代科学で読み解く技術史ミステリー海外編！

講談社の学芸書籍
新刊のお知らせ 2023 12 DECEMBER

講談社現代新書 12月14日発売

古代アメリカ文明
マヤ・アステカ・ナスカ・インカの実像

青山和夫 編
1320円 534280-0

多くが生贄になった!? 大河の流域でないと文明は生まれない!? 最新の知見をもとに「常識」のウソを明らかにし、人類史に再考を迫る！

〈私〉を取り戻す哲学

岩内章太郎
1078円 534388-3

スマホ時代の過剰なつながりによってもたらされた〈私〉の喪失に、私たちはどう抗うのか。気鋭の哲学者による現代を生き抜くための思考法！

顔に取り憑かれた脳

中野珠実
1078円 533872-8

人はなぜ顔写真の加工をやめられないのか。そのカギは脳の働きにある！私たちを理想の顔へと駆り立てる精巧な仕掛けに最新科学で迫る。

【好評既刊】

幻のレコード
検閲と発禁の「昭和」

毛利眞人
2310円 532257-4

活字に比して音声メディアにおける「検閲」と「発禁」に関する研究はあまりに少ない。「権力」の眼差しと業界の自主規制の実態に肉薄する。

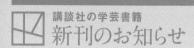

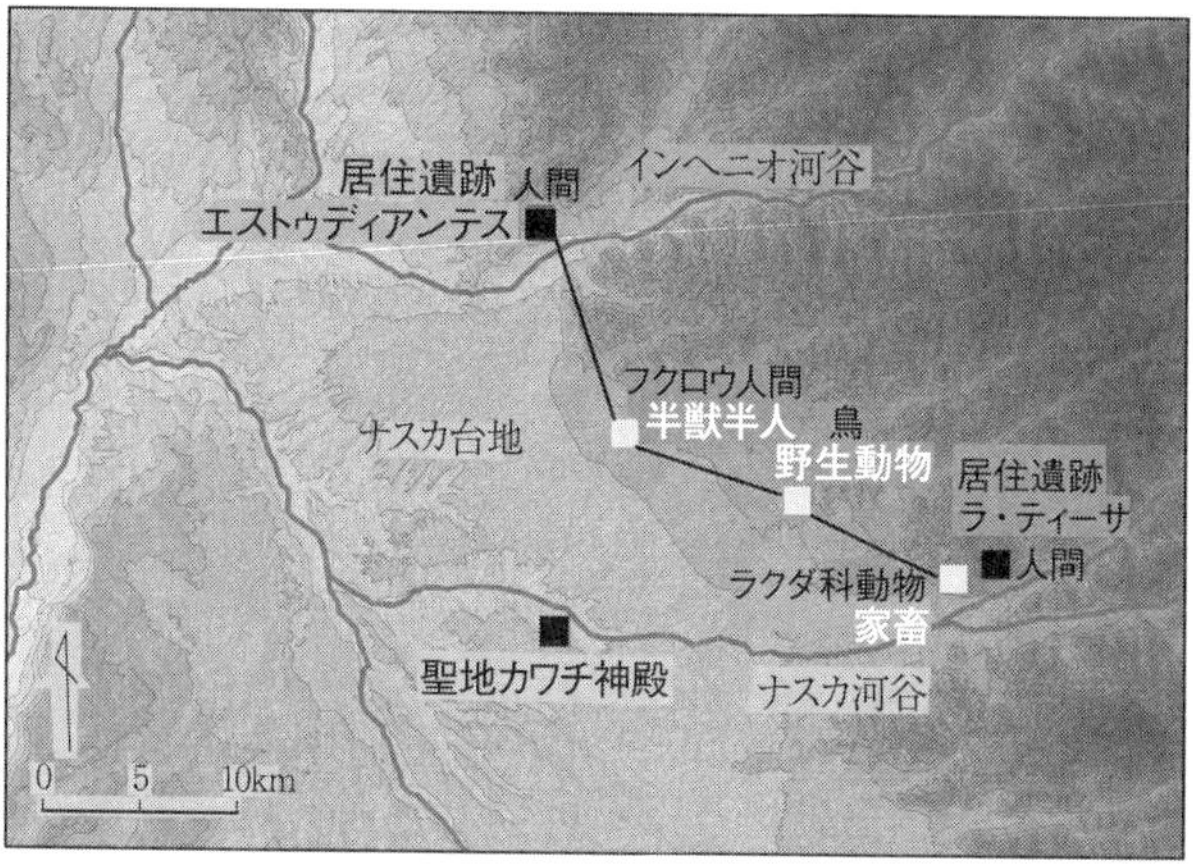

図3-9　人・半獣半人・野生動物・家畜・人

図3-10　フクロウ人間・鳥・ラクダ科動物（山形大学ナスカ研究所）

3−3　線タイプの地上絵と巡礼

儀礼のための広場

具象的な地上絵のうち、線タイプのものは、ナスカ台地とその周辺部に約五〇点分布する。これらの全長は平均九〇メートル程度だ。この巨大な地上絵は儀礼を行うための広場で、野生動物（鳥、猿、クモ、トカゲ、魚、鯨、シャチ）、植物（花、海草、樹木）、道具（糸、針、留めピン）などの形をしている。これらの地上絵は、ナスカ台地の両端部に描かれたが、特にインヘニオ河谷と接するナスカ台地の北端部に多く分布している。

巨大な地上絵は、ナスカ前期（後五〇年～三〇〇年）に主に利用された。この時期にナスカ河谷中流部のカワチ神殿は巨大化し、数多くの基壇や広場が建設された。また当時のカワチ神殿は多彩色土器の生産と流通の中心であった。

ボーンの研究によれば、カワチ神殿では、白・黒・青・赤・緑などのさまざまな色を使って、動物や儀礼の場面などを描いた多彩色土器が生産された。この多彩色土器はカワチ神殿で開催された儀礼を通じて、カワチ神殿に巡礼に来た人びとに分配されたのである。

この議論は、ナスカ河谷の上流にあるマルカヤ（Marcaya）遺跡から出土した多彩色土器の

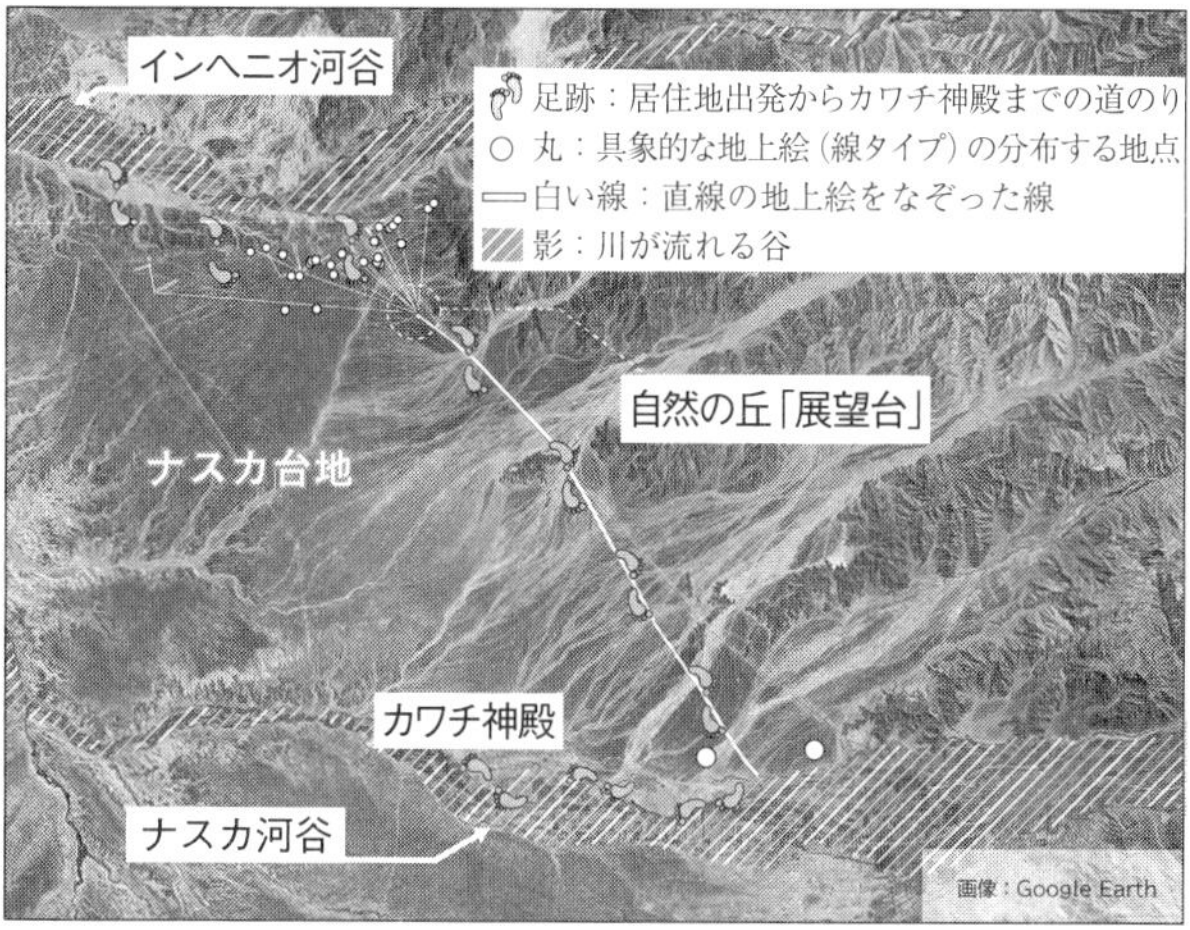

図3-11　カワチ神殿への巡礼ルート：線タイプの巨大地上絵の分布規則（山形大学附属博物館）

分析に基づいている。マルカヤ遺跡は標高一〇〇〇メートルの山地にあり、カワチ神殿から約三五キロメートルも離れている。しかし、この遺跡から出土した多彩色土器の胎土を分析したところ、カワチ神殿付近から産出する粘土が用いられていた。そこで、カワチ神殿こそが多彩色土器の一大生産地だと考えられている。

マルカヤ遺跡には少なくとも二三戸の世帯があり、そこには村のリーダーのような存在がいたことが発掘調査でわかっている。彼らがカワチ神殿に巡礼に行って、そこで行われた儀礼に参加することで、土器の流通に関与したのである。カワチ神殿で製作された多彩色土器をリーダーたちが村に持ち帰り、村人に分配することによって、カワチ神殿の威信と村のリーダーたちの威信が誇示されたのである。

ナスカ前期の村落遺跡は、ナスカ河谷の上流部だけでなく、インヘニオ河谷でも確認されている。ナスカ河谷の上流部に分布する村々の場合、河谷沿いに移動してカワチ神殿に向かったと考えられる。一方、インヘニオ河谷の村々から、巡礼のためにカワチ神殿に移動するためには、ナスカ台地を縦断する必要がある。この移動ルートの出発地点と終着地点において儀礼を行うための広場として、巨大な地上絵が描かれたと私は考えている（図3－11）。

線と点のネットワーク

線タイプの巨大な具象的地上絵はナスカ台地に五〇点分布することが確認されている。これらの地上絵の分布を検討したところ、線タイプの巨大な地上絵は、ナスカ台地に設定された線と点のネットワークの一部を構成することが判明した。ナスカ台地には一三三五本の直線の地上絵があり、それらは一六五個の中心点から放射状に延びている。この線と点によって構成されるネットワークはナスカ台地全体に広がっている。

直線の地上絵は移動するための道であり、中心点は中継地である。ネットワークの出入り口は全部で一〇ヵ所以上あり、この出入り口付近に線タイプの巨大な地上絵が集中している。これらの地上絵が描かれたのは、ナスカ台地の北端と南端であり、インヘニオ河谷とナスカ河谷からナスカ台地への出入り口に相当する。

ネットワークの出入り口から、直線の地上絵を進むと、中心点に到着する。中心点には「人工の基壇」が設定されている。こうした基壇は「台形の地上絵」の内部にあり、「台形の地上絵」の周囲には巨大な地上絵が分布している。また、巨大な地上絵の中には、中心点から延びる直線の地上絵に沿って描かれたものもある。

このネットワーク上に分布する動物の地上絵は、シャチ、鯨、魚、トカゲ、キツネ、鳥、猿、クモである。すべて野生動物である。これらの動物たちは、豊穣を体現するとともに、豊穣をもたらす存在だと考えられる。豊穣の源である海に生息するシャチ、鯨、魚。尾を再生することから再生を体現するとされるトカゲ。神話において、天から栽培植物をもたらしたとされるキツネ。そのキツネを天へと導いたとされる鳥。そして、空を舞う猿とクモである。

地上絵の分布頻度を検討してみると、ナスカ台地の北端の方が南端よりも、線タイプの巨大な地上絵の数が圧倒的に多いことがわかる。また、北端のネットワークの出入り口にはベンティーヤ神殿があるので、このネットワークの北の出発点はベンティーヤ神殿である。

一方、このネットワークをたどって南に進むと、途中から幅四〇メートルの太い道になり、ナスカ台地の南端にあるナスカ河谷に到着する。この太い道の終着点は、上流の二つの川が合流してナスカ河谷が始まる地点と一致する。ナスカ河谷の下流には、当時の最大の祭祀センターであるカワチ神殿が存在するので、ベンティーヤ神殿からはじまったネットワークの終着点は、カワチ神殿であるというのが、現時点での私の結論である。

3―4　二つのパラダイムの一体化

地上絵を見ながら歩く――ナスカ早期

ナスカの地上絵に関する現地調査を通じて、ナスカ台地に描かれた図的表現には以下の情報が刻まれたことが明らかになった。

ナスカ早期には、二つの居住地を結ぶルート上に、面タイプの地上絵が三ヵ所に描かれていた。これらは野生動物、家畜、そして半獣半人の姿をした地上絵で、約一〇キロ間隔で、丘の斜面に描かれていた。野生動物の地上絵が中央に位置し、この野生動物と居住地の間には家畜（ラクダ科の動物）の地上絵が描かれた。さらに半獣半人（フクロウ人間）の地上絵も存在しており、これは居住地と鳥の地上絵の間に位置する。

居住地を結ぶルートを行き来する中で、これら面タイプの地上絵は当時の人びとによって何度も目に触れられていた。地上絵を見ながら歩くという行為を通じて、人間と動物の分類（人間、野生動物、家畜、半獣半人）に関する情報が社会的に共有されたと考えられる。文字を持たなかった古代ナスカの人々にとって、地上絵を見ながら歩くこの行為は、社会的に重要な価値観や秩序を共有し、記憶するための必要不可欠な活動であったと考えられる。

野生動物を重視する儀礼活動――ナスカ前期

ナスカ前期には、ナスカ台地に直線の地上絵と中心点に基づいた独自のネットワークが確立した。このネットワークには、線タイプの巨大な地上絵が含まれ、全体の一部を形成していた。従来の研究では、ナスカの地上絵は「線・結節点・ネットワーク」と「図像」という二つのパラダイムに分類できるとされていた。しかし、ナスカ前期の地上絵の分布を詳細に検証すると、これら二つのパラダイムは一体化していることが明らかになった。

祭祀センター・カワチへの巡礼は、この地上絵と中心点によって形成されるネットワークを通じて行われた。巡礼の途中、参拝者は豊穣を体現したり、豊穣をもたらすさまざまな動物の形をした広場を訪れた。これにはシャチ、鯨、魚、トカゲといった海の生き物や、キツネ、鳥といった陸上の生物、さらに鳥のように空中を飛ぶクモや猿といった動物の形をした広場が含まれていた。

ナスカ前期には、人間や家畜の地上絵はいっさい含まれない。動物は野生のものだけである。これは、当時の人々が野生動物を重視する儀礼活動に注力していたことを示唆している。

第四章　インカと山の神々

大平秀一

1　インカ社会と人びと

1―1　創られた「インカ帝国」のイメージ

アンデスの山中の人びと

　南アメリカ大陸の西側には、アンデス山脈が南北に連なっている。その起伏が織り成す景観は、圧巻そのものである。そして山々は、その姿・形をまったく変えないが故に、「真実」でもある。一人で山中に長く身を置いた後、ビルの林立する海岸部の大都市に降りると、その「真実」がなく、不安な気持ちに襲われる。その時、あの山々があるから自分が存在するのだと、無意識の内に心と体が捉えていたことに気づかされる。都市では、あのビルがあるから自分が存在するのだとは、到底思えない。一方で、少しでも町の景色が変わると妙な気持ちになる。景観は、宇宙における自己の位置づけに、大きな影響を及ぼしている。

アンデス山中に生きる人びとは、その不動の「真実」である山や丘を、宇宙・世界に影響を及ぼす神々と捉えており、それをめぐって祭祀・儀礼も行う。巨大な山や丘の前では、生きとし生ける者は、みな小さき存在である。山々を敬い、怖れ、自然とともに生きる人びとの思想・思考は、調和を重んじるが故に、柔らかで優しさに満ち、そして謙虚でもある。山々の姿・形は、一五～一六世紀のインカの時代から変わってはいない。同じ景観・舞台に生きた当時の人びとは、どのように時を過ごしたのだろうか。

残念ながらインカの人びとは文字をもたず、自らの社会・文化を書き残していない。しかし、海を越えてきたスペイン人がそれを書き留めている。彼らは「インカ帝国」の名でアンデスを捉え、その情報をもとに「栄光のインカ帝国」、「黄金の国インカ」、「太陽の国インカ」など、怪しげなイメージが生産・消費されつづけている。ところが、書き留められた「インカ帝国」からは、アンデスの匂いがまったく漂ってこない。人びとの柔らかな思想・ものごとの捉え方は示されておらず、先住民の歴史の一部ではないかのような印象すら受ける。

アンデス地域には、幸運にも、「ワロチリ文書」と称される一六世紀に生きた先住民の語りが書き残されている。そこにみえる精神世界は、スペイン人が残した「インカ帝国」の記録とはまったく異なっており、蓄積されてきた民族誌情報との整合性も高い。この章では、まず当時のスペイン人の記録の問題点とインカ社会の大枠を確認した後、一六世紀の先住民の語りと民族誌を通して彼らの精神世界への接近を試みる。そのうえで、植民地時代に製作されたケーロという木製カップに描かれた図像の解釈を行い、公共スペース・広場の様子を捉えてみたい。

「新世界」――新奇・異様なるもの

「インカ帝国」をめぐる歪んだイメージの創出には、「新世界」という地理的条件も深く関わっている。この「新世界」という言葉には、我々の想像を絶するような異質性が含蓄されている。

当時のヨーロッパにおいて、人間の住む「世界」は、ヨーロッパ、アジア、アフリカという三つの部分からなると考えられていた。「世界」は、基本的には北半球に位置し、キリスト教的な解釈では、南半球における別の大陸や人間の存在は否定されていた。ところが、アメリゴ・ヴェスプッチの第三回航海により、南米大陸大西洋岸の航海・探険がなされ、南半球全体に連なる陸地が確認される。ヴェスプッチは、一五〇三年頃に著した『新世界』という小冊子のなかで、そこが父祖たちの認識を超越するもので、「新世界」と呼ぶに相応しいと、はじめてその呼称を用いている。

あるはずのない場所から、あるはずのない大陸が出現したことにより、二〇〇〇年以上の伝統をもつ当時のヨーロッパの世界概念は崩れ去った。したがって、「世界の第四部分」として新たに加わった「新世界」は、出現と同時に、新奇・異質・異様・驚異といった観念が付与されることとなった。強い他者性を伴う「新世界」には、歪んだ眼差しが向けられていき、そこに居住する人びとは、等質的な人間性を持ち合わせないとも捉えられていた。

こうして付与された典型的なイメージとして、食人、裸体、性的乱交、羽毛装飾、弓矢・棍棒（野蛮性・動物性）、化け物や超人の存在（非人間性）などが挙げられる。等質的な人間性をもたないと捉えられた一方で、未知の秘められた世界であるが故に、「エル・ドラード」のような異様に豊かな富の存在も妄想された。後者の語りには、必ず秩序だった都市の要素が随伴している。インカの描写は、両者の要素が混在している。野蛮性を強調しながらも、一方では豊かな富を所有し、前時代までの野蛮な状態を正して秩序立てた、洗練された文明社会としても記述される。いずれにせよ、それは一方的に創出されたイメージにすぎない。

一方的に描かれた無文字社会のインカ

文字をもたなかったインカを考える資料として、遺跡・遺物（考古資料）、歴史文書、民族誌の三つを挙げることができる。このなかで、大きな影響を及ぼしてきたのは、他者であるスペイン人が残した歴史文書である。インカをめぐる知識の九〇パーセント以上が、歴史文書の情報に依拠しているという指摘もある。考古資料は、物質であるが故に、得られる情報は具体性に乏しい場合が多い。よってその資料の解釈に際し、具体性に富むスペイン人の記録が用いられるため、歴史文書から放たれる文化像が消え去ることはない。

歴史学では、文書の記述内容の検証を目的として、史料批判がなされる。端的に述べれば、異なる立場で書かれた文書を比較すると、その検証の意義は高くなる。しかし、無文字社会をめぐる記録では、「発見」・「征服」・支配する側が、一方的に書き残した文書が大半を占めるため、有効な史料批判が困難となる。しかも、その情報は延々と引用されつづけるので、インカ像は一定の特徴を織り成していくことになる。

文書によれば、インカは国家宗教としての「太陽神」を強要したという。しかし、現代の民族誌において、文書に示された他の信仰対象はすべて継承されているなかで、「太陽神」の情報のみはほぼ採取されたことがない。しかも当時のヨーロッパの人びとは、日本を含む他地域においても、「太陽神」や「太陽の館（太陽神殿）」の存在に言及している。ヘルメス思想・錬金術的思想では、太陽は力・エネルギーの源泉であり、時には神そのものとも捉えられ、黄金で象徴される。太陽は力と支配の能力を授け、その子供たちの代表者は、君主や支配者とも捉えられていた。ローマ教皇アレクサンデル六世（在位：一四九二〜一五〇三年）は、教皇庁内の部屋にあった絵のなかに「太陽の子供たち」として自身を描かせている。インカをめぐる文書に示された太陽や月の図も、錬金術関連の図そのものである。

またインカは、自らの言語であるケチュア語を広めたという。しかし、ケチュア語の多様性は大きく、時には意思疎通が困難な場合もある。現在のペルー中央高地や南部高地西方のケチュア語は、インカの人びとが話していたクスコ系のものとは異なる。

インカは、システマティックな軍隊を有していたという。しかし、軍人のものと思しき墓の出土例は一切ない。各地に延びる「インカ道」のなかには、インカ以前のものも少なくない。

スペイン人の記録は、すべて創作というわけではない。一方で、事実のみを書いているわけでもない。ルネサンス後期のヨーロッパは、印刷術の発明を経て、出版文化が隆盛をみる時代でもある。当然、読み手である当時のヨーロッパの人びとが、理解しやすくまた関心の高まるような異文化の描き方・書き方が必要となる。地域を問わず、似通った書き方がなされているのは、当時の出版文化における「異文化ジャンルの描き方」の存在をうかがわせる。この意味で、当時のスペイン社会・文化と、アンデス先住民社会・文化の両方を理解することなく、インカを扱った歴史文書を紐解くことは困難ともいえる。

「インカ帝国」という名称のはじまり

考古資料と歴史文書に基づけば、一五世紀半ば頃〜一五三二年、クスコのインカは確かにアンデス地域に拡大している。多様な地方社会と、何らかの関係が結ばれていたことは明らかである。しかしその拡大は、必ずしも面的ではないし、恐怖政治的な理念の下でなされたとも断定できない。文字も貨幣もないインカは、それでも「帝国」と呼ばれるようになる。

「帝国」という用語の意味は、学問領域によってやや異なる。ただし、古代社会の呼称としての「帝国」は、「ローマ帝国」のイメージが大きな影響を与えているように思われる。「帝国」の名前を冠せられた古代社会は、ほぼ例外なく、(征服・拡大の観念を伴う)「領土」、(拡大を担う)「組織的軍隊」、(中心地と地方を繋ぐ)「道路網」、(強大な力をもつ)「皇帝」、(強要・浸透される)「国家宗教」と「統一言語」、そして「滅亡の物語」が、語りの骨格となっている。古代には該当しない、一六世紀前後の「インカ帝国」もその例に漏れない。

インカの「発見」・「征服」は、スペイン人のフランシスコ・ピサロによってなされた。彼は、一五二四年以後、三回の探険を行い、一五三二年にペルー北海岸のトゥンベスに上陸する。これ以後、インカは書き表されていく。一五三四年、メナとヘレスという征服者が初期の記録を著わす。しかしそのなかに、「インカ」という名称は出てこない。その翌年、エステーテという征服者の記録において、「インカ」が王の名前として登場する。

一五五一年、ベタンソスの記録では、インカの中心地クスコをローマに喩えている。そして一五五三年に著されたシエサ・デ・レオンの記録で、一気にインカなるものが形作られていく。彼はインカを「帝国」と呼び、北限をコロンビアとエクアドル国境付近のアンガスマヨ川、南限をチリのマウレ川とする明瞭な領域を定めている。また、「主要な神殿には、きわめて美しい莫大な数の処女たちがおり、それはローマの（火を司る）ウェスタ神の神殿にあったものと同じで、ほぼ同じ法令が守られていた」と述べている。さらにインカ道に関しては、「イタリアに向かった時、ハンニバルがアルプスに通した道のように有名」とある。

記録は延々とくりかえされ、表象は言説化していく。なかには、一部をほぼ丸写ししているような記述もある。一五九〇年には、「征服」から六〇年近く経っているにもかかわらず、アコスタという神父が、新世界には二つの帝国（インカとアステカ）があるとし、やはり「ローマ帝国」のように統治されていると述べている。「インカ帝国」なるものは、ピサロが出会った時に存在したのではなく、「ローマ帝国」を意識しながら、後に形作られていったと考えた方がよいのかもしれない。

1—2　インカ社会の実像を探る

一四〇〇年以降に拡大

インカは、ペルー南部高地のクスコ谷にあった土着の社会であった。一二世紀にはその痕跡が認められ、一三〜一五世紀にかけて、クスコ谷の社会・政治的統合が少しずつ進んだようである。その頃の社会は、キユケという土器型式で捉えられている。一四〜一五世紀には、後にインカ国家の中心部分となる都市空間が少しずつ形成されていったと考えられている。

この社会の母体となった人びとは、かつてプキーナ語やアイマラ語の話者だったという説もある。ワマン・ポマという先住民の記録者は、クスコはかつてアカママと呼ばれていたと述べているが、この語もケチュア語ではないという指摘がある。アイマラ語はかつて、海岸部も含めて多様な場所で話されていた言語と考えられている。

インカがクスコ谷を越えて拡大するようになるのは、一四〇〇年頃のことである。例えば、西方一〇〇キロメートルの地点に位置するアバンカイでは、遅くともその頃までにはインカの遺物が出土している。一五世紀半ば以後には広範囲にわたって拡大していき、インカの建造物や遺物は、コロンビア南部〜チリ・アルゼンチン北西部にいたるまで確認されている。確実な数値を提示できるような状況にはないが、その影響は日本の国土面積の二・七倍に相当する一〇〇万平方キロメートルに及んだと考える研究者もいる。人口の推測に関しては、これまでに六〇〇万人、一〇〇〇万〜一二〇〇万人といった数字が提示されている。

中心地クスコ

インカの中心地クスコは、標高約三四〇〇メートルの地点にあり、その中核部はワタナイ川（通称サピー）とトゥルマヨ川に挟まれた一〇〇〇×五〇〇メートルほどの空間に構築されている。この中央部分には、アウカイ・パタとクシ・パタと呼ばれる二つの広場を中心として、多様な祭祀・儀礼の施設（神殿）や王族の居住施設などが配されていた。中央部にウスノという石・岩のある広場は、祭祀・儀礼に利用され、多くの人びとが集まった場所である。

スペイン人の記録に基づく研究によれば、王族はアイユあるいはパナカと称される集団を王ごとに形成しており、それがインカ国家の政治的母体になったと考えられている。都市空間の南東部分には、スペイン人が「太陽神殿」と呼んだ「コリ・カンチャ」（輝く囲い／

黄金の囲い）がおかれている（図4－1）。各パナカでは王の遺骸が保管されており、その遺骸は祭祀・儀礼時に持ち出され、生きているもののように参加したという。

パナカに属していた先住民女性と征服者の間に生まれ、二一歳でスペインに渡ったガルシラソという記録者は、クスコがピューマの形を模して建設されていると述べている。北

図4-1　クスコのコリ・カンチャ［太陽神殿］
（撮影：大平秀一）

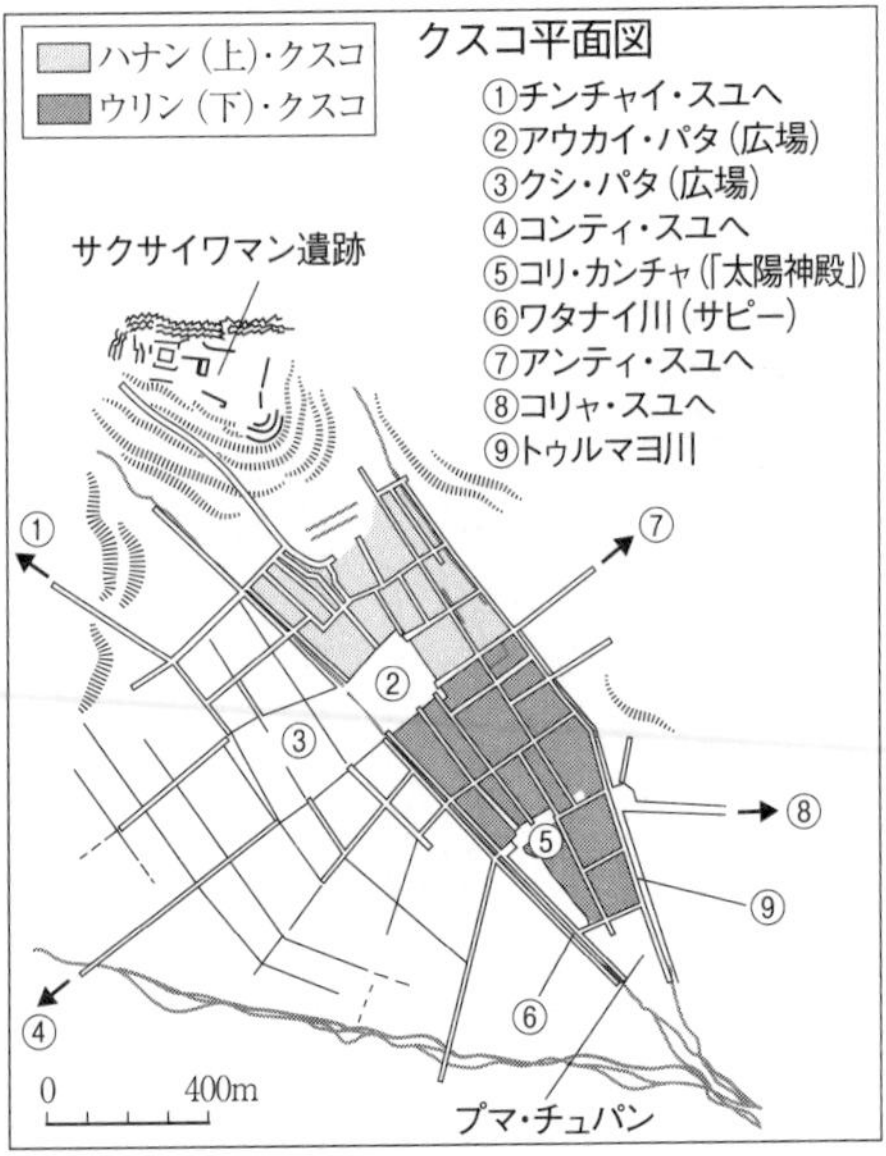

図4-2　クスコ平面図
（Gasparini G. and L. Margolies 1980より）

西方向にあるサクサイワマン遺跡が配された丘を頭部とし、南東部を尻尾の部分として捉えるものである（図4－2）。尻尾の部分には、現在でもプマ・チュパン（ピューマの尻尾）という地名が残存している。同様のプランは、エクアドル南部高地のトメバンバ（現クエンカ市）にも認められる。そこは、プマ・プンゴ（ピューマへの入り口）と呼ばれていた。

クスコと地方社会

アンデス先住民の村・共同体は、「アイユ」と呼ばれる「親族集団」を基盤として形成されている。ただしその「親族」の観念は、神話的な意味合いが強い。各アイユは、神話的な出自・生誕の場（谷、大岩、泉など）を有しており、そのメンバーはほんとうの家族・親族であるかのように語られる。直接的に、「ファミリア（家族・親族）」と呼ばれることすらある。一つの村・共同体は、それぞれ固有の名称をもつ四つのアイユからなるのが基本と思われるものの、分割されてそれ以上になっている場合もある。

アンデスには、ものごとを二つに分けて捉える双分の観念が認められる。四つのアイユも、二つに分けられているのが一般的で、それらはハナン（上）とウリン（下）、アリャウカ（右）とイチョク（左）などといった名称で呼ばれている。村周辺のスペース・土地も二つに分かれており、標高差により収穫できる作物が異なる場合もある。両者は、労働力の提供、祭祀・儀礼の分担、食料の調達など、相互に依存し合っており、明瞭な互酬関係にある。

歴史文書によれば、インカの中心地クスコも、やはりハナンとウリンに分かれていた。各王のパナカも、それぞれに属していた様子がうかがわれる。双分の観念の延長線上には、四分性がある。一五九〇年に著されたアコスタ神父の記録以後、インカの領土が「タワンティン・スユ」(「共にある」四つの細長い空間)と呼ばれていると記されるようになり、やがてそれがインカの自称として定着してくる。研究者のなかには、北方のチンチャイスユ、東方のアンティスユ、西方のクンティスユ、南方のコリャスユという四つのスユに関し、近代国家の行政組織・区分のように捉えようとする人びともいる。しかしながら、こうした説明がどの程度史実を反映しているのか、定かではない。

ただし、クスコからはこれらの地方に向かう道が伸びている。道沿いには倉庫を伴うタンボと称される宿駅が随所に配されており、考古学者が便宜上「行政センター」と呼ぶきわめて大規模な施設を配している場所もある。そこには、大規模な倉庫群に加え、多様な祭祀・儀礼と深く関わる施設等が認められる。インカは、各地に祭祀・儀礼と関わる建造物を新たに設けており、また大規模な畑を開拓している状況も見て取れる。

当然のことながら、各地にはクラカ(首長)によってまとめられた土着の社会が存在した。そこにインカが入り込んでいくことは、何を意味するのだろうか。また、いかなる状況で「インカ国家」と称し得る社会的統合がなされていたのだろうか。これに関しては、研究者ごとに異なる解釈がなされている。なかには、スペイン人の記録をもとに、各地に役人が配されて人口や貢納の記録も取られる、中央集権的な「帝国」であったと解釈する研究者もいる。この場合、インカによる征服・支配・被支配といった用語とともに専制主義な国家像が描かれる。一方で、スペイン人の記録に疑念を持ち、各地の社会が維持されながらクスコのインカと地方社会が互酬的関係で結ばれ、柔らかな統合が生み出されると捉える研究者もいる。

インカ国家の様態

明らかなことは、地方社会からインカに対して労働力が提供されていることである。各地のインカの諸施設も、その労働力によって建設されたと考えてよい。事例として、ペルー中央高地のチュパイチュの人びとが、インカに送っていた人びとのリストをみると、畑仕事や家畜の管理、作物の輸送、ハチミツ採取、建設、防御、羽毛・織物・土器・靴の製作、王の遺骸の管理など、じつに多様な労働にあたっている。

インカに提供された労働力は、近隣社会の人びとが一定期間（一年）参加する「ミタ」、もともと属していた社会を離れて遠方に移住し、諸労働に従事した「ミティマ」（複数形でミティマエス／ミティマクナ）、織物やトウモロコシの発酵酒チチャの製作に加えて祭祀・儀礼の補助的役割を担った女性「アクリャ」（選ばれた女性）、そして王・王族の領地等で諸労働に勤しんだ「ヤナ」などに分けて捉えることが一般的である。

インカの広大なトウモロコシ畑と二四〇〇もの倉庫が配されているボリビアのコチャバンバでは、労働者の様子をうかがい知れる裁判記録が残っている。これによれば、「ミタ」と「ミティマ」両方を含む計一万四〇〇〇人が労働にあたっている。ただし両者の労働内容は異なり、「ミタ」は耕作・播種・収穫等を担い、「ミティマ」は倉庫の維持・管理のほか、銀製品の製作を行う集団もいた。収穫物は一度倉庫に納められ、そこからリャマのキャラバンでクスコに運ばれ、王とともに戦いにいく人びとに分配されたと証言されている。コチャバンバにいたインカ側の人びとは、二名にすぎない。しかも労働者たちは、自身の食料もその畑から得ている。

多様な地方社会の人びとが、多様な場所で労働にあたっていた事例は、多く知られている。クスコ西方のアバンカイでは、計一五の社会の出身者がおり、金属加工に長けたペルー北海岸出身者のほか、遠くエクアドル海岸部・南高地の人びとも含まれている。クスコの防御には、エクアドル南部高地のカニャリや、ペルー北部アンデス東斜面のチャチャポヤの人びとがあたっていたことも知られている。こうした社会に対して、インカ側から威信品・物品・食料・労働力等の見返り・反対贈与・再分配がなされることにより、両社会の関係性は深まっていくことになる。祭祀・儀礼と関わる施設が各地におかれているため、それと関わる行為も結合の生成・維持に密接に関係していた可能性がある。

インカをめぐって、人間・物資がアンデスの広範囲で交錯し、それがアンデス地域の多くの社会に影響を及ぼしたことは確かであり、その意味でインカは人類学的に国家（state）の段階にいたっていたと考えられている。ただし、土着社会が消失しているわけではない。

パナカの領地における「ヤナ」――マチュピチュの事例

クスコ周辺には、王族の集団パナカが、領地を有していた。クスコ北西のウルバンバ峡谷、標高約二四〇〇メートルに位置するマチュピチュは、その一つである（図4－3）。パチャクティ王のパナカの領地と考えられているこの遺跡は、「マチュ・ピチュ」（老いた丘）と「ワイナ・ピチュ」（若き丘）という二つの丘の間の尾根上に建設されており、北側に宗教・儀礼施設と居住区、南側には農業用テラスが配されている。ここには、王族に労働力を提供していた「ヤナ」が、五〇〇人ほど常駐していたと見積もられている。

マチュピチュでは、発見者のハイラム・ビンガムの発掘によって多くの人骨が出土して

図4-3　マチュピチュ（撮影：大平秀一）

おり、それが二〇〇三年に再分析されている。これを通して、王族に奉仕していた「ヤナ」の実像をうかがい知ることができる。人骨の総数は一七四体で、男女比は約三対二となっている。このうち八割は、労働に堪え得る一五歳以上である。分析可能な頭骨のうち、およそ半数には頭蓋変形が施されていた。このなかで、二割強はティティカカ湖周辺の特徴を示し（頭部を細長くしたもの）、二割強はペルー中央海岸および北海岸によくみられる形態（後頭部を平坦にしたもの）であった。顔面形態の分析でも、ほぼ半数が海岸部出身者とみられ、その多くはペルー北海岸（ヘケテペケ谷）の特徴を有し、中央海岸との類似性を示すものもあった。出身地の多様性は、コラーゲン分析でも確認されており、出土遺物も多様な地域の特徴を伴っている。土器は、インカの拡大期以後の特徴を示し、マチュピチュの建設は一五世紀半ば以後になされたと考えられている。

こうしたデータより、王・王族（パナカ）の領地では、多様な地方の出身者が住まい、また労働にあたっていた様子が読み取れ、歴史文書の内容が裏付けられている。ただし、「ヤナ」はかつて奴隷のイメージとともに捉えられることもあったが、人骨の分析では十分な栄養が摂取されており、奴隷のように酷使されていた痕跡は確認されていない。

北方領域のインカ

スペイン人の記録では、地方社会を配下におくため、インカによる「血なまぐさい」戦闘が随所で述べられており、特に北方領域ではその記述が増す。それは考古学的に実証されるべきだが、インカと互酬的関係を結ぶことを拒否する社会も当然あってよく、そのような場合は先住民間の抗争・戦闘が生じた可能性もある。

筆者は、一九九四年以後、インカ北方領域の中心地の一つであるエクアドルのトメバンバと海岸の間に広がるゾーンで、遺跡の調査を実施してきた。そこには、ミラドール・デ・ムユプンゴ遺跡をはじめ、多くのインカの施設が配されている。二〇年以上に及ぶ調査・研究を経て、インカが大勢の労働力を動員しながらそのゾーンを開拓し、諸施設や広大なトウモロコシ畑を構築していった様子が明瞭に見て取れた。歴史文書が欠如しているため、労働者の詳細は不明瞭なものの、出土遺物よりペルー北海岸の人びとの存在が示唆される。

このゾーンでは、数千基に及ぶ緊急的に構築された墓が確認されている。その墓には、切断された四肢を含むもの、身体の一部しか入っていないもの、複数の遺骸が投げ込まれたものなどがあり、抗争の犠牲になって散在していた遺骸が緊急的に埋葬されたと明瞭に判断される。スペイン人の記録では、強大な「インカ軍」が強調されている。しかし、このゾーンで急襲されて犠牲になっているのはインカ側の人びとである。

馬で四～五時間ほどかかる調査地では、いろいろなことが頭をよぎる。少しは、インカ理解に接近・貢献しているように感じたこともある。一方で、歴史文書やモデルに合わせて遺跡・遺物の解釈を進めても、結局のところ先住民を脇におき、欧米の理念に沿ったインカ理解・異文化理解の輪郭を再構築しているだけではないのかという疑念も抱いた。彼らが生きた舞台に立ち、そこを発掘し、用いられた物質に触れていても、先住民理解を深めずしてインカの遺跡・遺物を解釈することは困難だとも考えるようになった。

こうした考えのもと二〇〇四年以後、先住民の語りを綴った「ワロチリ文書」の分析にも取り組むようになった。二〇一一年からは、ワロチリ地域も含め、ペルー南・中央高地の村々に毎年のように赴いている。村々では、「遺跡」がインカ時代（あるいはそれ以前）の意味を維持しながら機能している事例と少なからず出会った。無論これは、文化の継承性が明瞭に認められることを意味する。遺跡・歴史文書・民族誌に直接触れ、少しは先住民社会・文化・歴史を見る視野が広がったようにも思う。次節では、民族誌と「ワロチリ文書」に基づき、先住民の精神世界、山の神々をめぐる感性・感覚に接近してみたい。

2　アンデスの精神世界

2－1　「ワロチリ文書」――先住民の語り

先住民の精神世界を歪めるスペイン人の記録

スペイン人の記録をみると、キリスト教の三位一体の理念を意識しながら、「太陽神」、「創造神（ヴィラコチャ）」、「雷神」が、インカの三大神としてまことしやかに描かれている。

しかし、同じ景観のなかに生きるアンデスの人びとの心に近づけば近づくほど、その記述に疑問を抱かざるを得なくなる。インカの「発見」・「征服」・植民地化がなされた一六世紀は、ヨーロッパにおいて、カトリックによる異端・異教の強烈な取り締まりがなされた時期で、書物・出版物の監視・管理も徹底されていた。偶像崇拝（悪魔崇拝）に相当する自然物崇拝は、まずは馬鹿げたこととして、あしらいながら否定的に記述することが求められる。

一方で、魔女裁判が横行していたことからもわかるように、一六世紀のヨーロッパには伝統的な自然物崇拝が脈々と継承されていた。魔女のキーワードである、産婆（「魔物」が作用する生命の誕生）、「魔物」との闘い・性行為を伴う幽体離脱（「魔物」が作用する豊穣）、薬・軟膏の調合（「魔物」が作用する病気・死）が示すように、自然物崇拝を理解し得る文化的土壌もあった。スペイン人の著作はこうした状況が意識され、アンデスを舞台に、ヨーロッパの読者が興味深く読めるように書かれている印象すら抱き得る。したがって、スペイン人の記録のみから先住民の精神世界を読み解くことは、大きな困難を伴う。

「ワロチリ文書」のなかには、宗教・儀礼的世界をめぐる先住民の声が綴られている。そこには、スペイン人が記述・誇張するものとは、まったく異なる宇宙・世界が広がっている。まずは、「ワロチリ文書」がいかなる資料なのか確認しておこう。

「ワロチリ文書」の成立

植民地支配下のアンデスでは、先住民の強制的キリスト教化が進められた。第五代副王フランシスコ・デ・トレードの統治下（一五六九〜八一年）で、それが強化される。そして一五八二〜八三年の第三回リマ宗教会議では、教区（改宗区）の数を増やし、先住民言語を活用した布教の徹底が決議される。これを受け、各地には新たな教区が設置され、リマ東方のアンデス西斜面に広がるワロチリ地域にも、サン・ダミアン教区が配されることとなった。

一五九七年、ある程度のケチュア語を理解するおよそ二五歳のフランシスコ・デ・アビラが、そこに司祭として赴任する。アビラは、一六〇八年まで同教区を担当し、教化と伝統的な宗教・儀礼の取り締まりを行った。その過程で、教区の先住民に伝統的な宗教・儀礼的世界を語らせ、それがケチュア語のまま書き留められた。これが、「ワロチリ文書」である。その成立年代は、一五九八年頃あるいは一六〇八年と考えられている。

「ワロチリ文書」のなかには、リマ県とフニン県の境に位置する標高五七〇〇メートルを超える雪山パリアカカが、最も力を帯びた主神として登場する。またパリアカカの多くの子、妻、抗争相手などの物語、儀礼、死の観念などが示されており、一部にはインカをめぐる語りも含まれている。フィールドワークに基づく情報によれば、パリアカカ山の家族や敵という表現からも容易に想定可能なように、語られている神々のほぼすべては山や丘である。

「ワロチリ文書」は、アビラ所蔵の他の文書とともに製本された状態にあり、現在はスペインの国立図書館に所蔵されている。費やされている紙葉は計五〇枚で、その表裏で計一〇〇ページ分に序章、一章〜三一章、そして補足二章分が書き留められている。この章立て・章タイトルは、後にアビラが手を加えたものである。本文の余白には、スペイン語とケチュア語で多くのメモ書きが入れられている。これらは、信仰対象となっている山の位置の確認、語りの内容の補足・再確認等に加えて、「この泉の名前とそれがどこにあるのか尋ねること」(五章)、「この種の歌を調べ、彼らが言うことすべてをケチュア語で紙に書かせること」(九章)といったように、明らかにアビラによるものが含まれている。

三者の心の内奥──「ワロチリ文書」の性質

「ワロチリ文書」を読むと、「これが、彼らに関して知っているすべてのことです」(二三章)、「これが、死んだ人々に関して知っているすべてのことです」(二八章)といったように、求められたテーマに応じている様子が明瞭に見て取れる。また、アビラに諂《へつら》うことに加えて、よきキリスト教徒であることを強調するなど、アビラを前にして教区の一人あるいは複数の先住民が語っており、一度はその場で書き留められたと判断される。したがって語りの場には、バイリンガルの先住民書記がいたこともわかる。二三章には、「トマスの手と筆により」とあるが、このトマスは清書に携わった書記という説もある。

語らせようとするアビラは、クスコの金属鑑定士の家の前に置かれていた捨て子であった。それが故に、当時の社会階層の最下層に位置づけられていた。異教・悪魔崇拝に犯された先住民の魂の救済に励むことは、キリスト教の教えに忠実に従う行為であると同時に、功績次第では立身出世の道も開かれ得る。

一方、語らせられる先住民は、宇宙を司る山の神々とともに生きることを前提としており、あるべき姿の宇宙・社会・生活を維持するためには自らの信仰・宗教を実践しつづける必要があり、真実は極力覆い隠しておいた方がよい。仮に暴露しすぎると、司祭たちにより聖地・信仰対象・儀礼道具等が破壊され、自身・共同体に危険も及びかねない。

中間的な立場にある先住民書記は、状況次第で両者の間を巧みに浮遊し得る。語りと筆記のなされた時間と空間は、三者の心の内奥において、自らの思惑を保持すべく、緊張と葛藤そしてせめぎ合いの感情を抱きながら共有されたはずである。

語り手の先住民は、多くを語らずに早めに切り上げる箇所もある。一方で、リズムに乗り、滔々《とうとう》と滑らかに語っている箇所もある。また、アビラの目を欺くために、創出し、また意図的に漠然とした内容にしている箇所もある。そして、「現在」とは無縁の過去の話であることを強調する意識も認められる。こうした点において、先住民の語りも政治性と完全に無縁なわけではない。しかし、「ワロチリ文書」を通して、一六世紀に生きていた先住民の精神世界・感性に、一部とはいえ触れることが可能である。

2–2 「ワロチリ文書」のなかの山の神々

山の神々に懇願するインカ

「ワロチリ文書」の二三章は、インカ王トパ・インカ・ユパンキが、反逆する社会に困り果て、その鎮圧を求めて神々を呼び寄せる場面からはじまっている。リマに大神殿をもつパチャカマックという強大な力をもつ神を含め、神々は神輿に乗ってクスコのアウカイ・パタ広場に集まってくる。ワロチリの主神パリアカカ山は、息子のマカウィサ山に、「お前が行け。言われたことを聞いて戻ってこい」と言い、そこに向かわせる。

マカウィサが到着すると、端の方で、チクシ・ランパという型の御輿に座った。インカは話しはじめた。「父なるワカよ、ビルカよ。私が心をこめてどれほどの金や銀を差し出してきたのかおわかりでしょう。寛大な心でみなさんに仕え、今何千という多くの人々を失おうとしている私を、助けてもらえませんか。そのために、あなた方をお呼びしたのです」。誰も答えず、みな静かにしていた。するとインカはもう一度言った。「お話しください。あなた方から生きる力をもらい、あなた方がお作りになった人間が、戦って滅んでしまうかもしれません。私を助けてくれないなら、すぐにでもみなさんを焼き払ってしまいます。何のためにあなた方に仕えて飾り立て、毎年、私の金、私の銀、私の食べ物、私の飲み物、私のリャマ、そして私が持っているあらゆるものをあなた方に渡してきたのでしょうか。すべての私の苦しみを聞いても、助けてくれないのですか。もし助けてくれないのなら、今すぐに焼いてしまいます」。

するとパチャカマックが話しはじめた。「インカ。太陽よ。私は、お前たち全員も含め、全世界を揺り動かしてしまうから何も言わなかったのだ。実際、敵が全滅するのみではなく、お前たち全員とともに全世界も終わってしまうだろう。だから黙っていたのだ」。他のすべてのワカたちが黙っていたので、マカウィサは話し出した。「インカ。太陽よ。私がそこへ行こう。お前は近くで、目立つ印の付いた丈夫なテントのなかにいなさい。あっという間に、お前のために彼らを征服しよう」。マカウィサが話している間、彼の口からまるで煙のようにリャクサ・リャクサの息が出てきた。

この後マカウィサは神輿に担がれ、鎮圧のために丘に登る。それから静かに雨を降らせはじめ、稲妻を発して雨を強くし、村を裂いて泥沼の中に流し込み、その社会の首長らは稲妻に叩かれ打ちのめされる。それからインカは、パリアカカに五〇人の人間を、そしてマカウィサにムユという海の二枚貝を供物として差し出し、それまでにもまして崇敬したという。

宇宙を操作する山の神々――「カマック」というエネルギー

アンデスには、いわば活力・エネルギー・生気に相当する「カマック」という観念がある。カマックを保持しているが故に、人間も含め、動植物はみな生命を維持している。山の神々は超大なるカマックを持ち、それにより生きとし生けるものを生み出し、また世界に力を及ぼす。「パチャカマック」という神の名称は、そのまま「世界の活力」という意味をもつ。

アンデスにおいて、水の獲得・豊穣・繁殖・健康、幸福、勝利／病気・死、不幸、敗北など、宇宙のあらゆる現象は、山の神々の影響下にあるもので、それにより現世はうごめいていると捉えられている。よって、山の神々との関係を巧みに維持していくことこそが、宇宙・世界を維持していく前提となる。それが故に、人間は、山の神々をめぐる祭祀・儀礼を行い、供物を与えて面倒をみる。それを受けて、山の神々は、水・豊穣・繁殖・幸福をもたらす。山の神々と人間は、互酬関係で結ばれているのである。

前に示した語りでは、マカウィサ山がインカに勝利をもたらし、そして反逆した社会を敗北・壊滅させている。インカは、山の神々に対して常に祭祀・儀礼を行って供物を差し出しており、それが故に手を貸して欲しいと考え、神々を呼び出している。そしてマカウィサが手助けすると、また供物を渡しており、そのなかには人間も含まれている。

この語りを通して、先住民の心のなかにある山の神々の特徴・イメージをいくつか抽出できる。神々は、神輿に乗ってクスコの広場に集合し、話している。そして天候を操作し、雨を降らせまた稲妻を起こしている。さらに、まさに鎮圧に向かわんとするとき、口から「リャクサの息」が出ている。このリャクサは、儀礼的意味をもつ緑青色の石・岩など、緑青色を呈する特異な力を帯びたものを指す。よって、「リャクサの息」とは、「(エネルギーに満ちた)緑青色の息」であり、山の神のカマックそのものと捉えられる。八章の語りでも、パリアカカが人間を生み出すことを考えているとき、口から青色の息が出ている。

なお、「ワカ」および「ビルカ」は、山の神々そのものを指す。しかし当時のスペイン人はそれすら理解できず、記録のなかで「ワカ」を漠然と聖なるもの全般を指すように用いており、それがそのまま考古学用語とも化している。一一章には、「ビルカの称号を得る」とあることから、「ビルカ」には格式の高さも含蓄されている。なお、「インカ、太陽よ」という表現は、「輝ける者よ」といった意味合いをもつケチュア語の呼びかけであり、「太陽神」と関わるものではない。呼びかけには、「タイタ（父）」もよく用いられる。「父よ、輝ける者よ」（父、太陽よ）より、「インカの父は太陽」・「太陽の御子インカ」という解釈も生まれ得る。ケチュア語には、「○○の父（母）は太陽（月）だ」という表現もあり、それは「○○の父（母）は誰なのかわからない」という意味で用いられる。

雨となる山の神々――欠けていた平等への気配り

後述するように、山の神々は人間と同質的な特性を帯びている。しかし山の神々は、人間とまったく同じ存在ではない。それは手に負えないほど荒々しく、人間の秩序の外にあり、いつも思い通りになるわけではない。日本のダイダラボウのように、超大なるエネルギーをもつが故に、わずかな動きでも、とてつもない力ともなる。二二章では、パチャカマックが地震の原因と捉えられており、「彼が怒ると大地が揺れる。彼が顔を横に動かすと、大地が揺れる。……体を動かすと世界が終わる」と語られている。「ワカ」は、「荒々しく乱暴な者」をも意味する。

二〇世紀半ば、ペルー南部高地の先住民は、その手のつけられない山の神々の破壊性・暴力性に関して、「たくさんのお金を持ち、権力のある人間のように気性が激しいのだ」と述べ、不条理なことを強要しつづけ、暴力も含めて何をしでかすかわからない白人の支配者層・農場主と山の神々を重ね合わせている。

「ワロチリ文書」では、降雨・降雹・稲妻（雷）・土石流（ワイコ）といった激しさを伴う自然現象は、すべて山の神々そのものと捉えられている。事例として、六章の語りを見てみよう。海岸方面のある村で、祭りでみなが酔っぱらっているところに主神パリアカカがやってきたが、誰も彼に気づかなかった。一人の女が、「あれまあ、どうして誰もこの貧しい男に何も振る舞わないの」と言ってチチャ（トウモロコシの発酵酒）を振る舞った。

パリアカカは、「妹よ、お前が私にこのチチャを振る舞ったのは幸運なことだ。五日以内に、とてつもなく恐ろしいことがこの村に起こるだろう。だからその日にここにいないように。少し遠くにいなければ、私は誤ってお前やお前の子供たちまで殺してしまうかもしれない。ここの人びとは私をひどく怒らせてしまった」と、激怒する。

五日後、パリアカカはマタオ・コトという丘に登り、黄色や赤色の雹となって凄まじい雨に姿を変え、誰も許すことなく、人びとを一人残らず海へ押し流してしまう。

ワロチリ地域には、祭の期間中に、村人であろうがなかろうが、そこにいるあらゆる人びとに朝・昼・晩の食事や酒を振る舞う慣習を維持している村がいくつかある。時には三〇〇〜五〇〇人分もの食事が用意され、それが五日間もくりかえされる場合もある。食事は、全員に目を配りながら急いで振る舞われ、脇の方にいると、もう食べたかどうかを一生懸命尋ねてくる。山の神々が人間に姿を変え、やってくることがあるのだという。祭りにおける食事や宴会は、平等が強く意識されているのである。ところが上述した語りでは、全員への平等の気配りが欠けており、パリアカカはそれに激怒しているのである。

怒ったパリアカカが、赤色や黄色の豪雨を降らせる語りは他にも示されているし（二六章）、やはり怒りに満ちたトゥタイ・キリという山の神も黄色と赤色の雨に姿を変えている（二一章）。また神々の抗争の最中に、雷に姿を変えて光を放つという語りもある（八章）。スペイン人は、インカの三大神として「雷神」を明記し、雷に対する敬意は、「古代の異教徒たちが雷を、最高神ジュピターの武器として怖れた気持ちと酷似している」などと述べる。しかし先住民の声に耳を澄ますと、雷・稲妻は山の神そのものであることがわかる。山の神々の感情が高ぶって力漲《みなぎ》る状態にあるとき、口から青い息を出したり、赤や黄の雨となっており、その色彩も注目されてよい。

「この世界」と「地下の世界」

アンデスにおいて、世界は「カイ・パチャ（この世界）」と「ウフ・パチャ（地下の世界）」という二つの領域に分けて捉えられている。現在では、ハナック・パチャ（上の世界）に言及される場合があるものの、そこはキリスト教の観念と結びつけられている例が多いようである。

「カイ・パチャ」は、人間をはじめ生きとし生けるものの世界であり、そして「ウフ・パチャ」は山の神々の領域である。この二つの世界は、岩の裂け目や洞穴、巨大な岩、湖や泉・沼や湿地帯などで繋がっており、行き来も可能である。こうした場所は、神々の世界・力に触れる場所として儀礼的な意味が付与されており、アイユという親族集団の神話的出自の場ともなっている。その山の神々の世界は、いかなるイメージで捉えられているのだろうか。まずは、「ワロチリ文書」五章の語りを見てみよう。

……その頃、とても力に満ちて偉大な首長である、タムタ・ニャムカというもう一人の男がいた。彼の家は、カサとカンチョ（という羽毛付き織物）のように、鳥の羽毛でびっしりと覆われていた。彼は、黄色、赤色、青色の、つまり考え得るあらゆる多様なリャマを所有していた。この男のすばらしい生き様が知れ渡ると、彼に敬意を払って崇拝するために、すべての村から人びとがやって来た。そして彼は、本当はわずかな知識しかなかったにもかかわらず、偉大な賢人であるかのようなふりをし、たいへん多くの人を欺いて生きていた。それから、予言者や神（ディオス）のふりをしていたそのタムタ・ニャムカという男が、とても重い病気にかかった……

アビラは、先住民の語りをスペイン語で著わそうとしており、途中（八章）までその執筆を進めている。この箇所に関しては、「この頃、非常に豊かで偉大な首長である［空白］というインディオがいた。…（中略）…その家はとても豊かで、不思議なほどに飾られていて、屋根は多様な鳥の黄色や赤色の羽毛ででき、覆われているほどだった。同様に、とても不思議なことに、壁も（羽毛に）覆われており、床にも（羽毛が）敷き詰められていた。そして、たいへん多くの土地の羊・リャマを持っており、それらは赤色のものや青色のもの、そして黄色のものなど、とても美しい多様な色のもので、クンビ（すばらしい織物）あるいはその他の織物をつくるために、毛を染める必要がないほどだった。同様にその他のたくさんの富そして財産を持っていた」と述べている。タムタ・ニャムカという名前は、思い出せなかったようで、後で書き込むために空白となっている。おそらく執筆に際し、ケチュア語テクストを見ずに、語りの現場で得た情報がまとめられたのであろう。

光り輝く、多彩なる世界

アンデスの人びとは、山の神々を常に擬人化して捉える。山や丘は、人間と同様の特性を帯びており、性差や家族構成がある。食欲・性欲を持ち、みんなで話しもするし聞きもする。不機嫌・ご機嫌(満足)・怒り・喜びといった多様な感情も持ち合わせ、いたずらもすればお道化《どけ》もする。そして抗争・喧嘩もすれば病気にもなり、死・再生にもいたる。したがって、その語りに耳を傾けると、誰もが人間のことを話しているかのような錯覚に陥る。

前に示した語りも、タムタ・ニャムカが人間であるかのように思えてしまう。アビラも、「インディオがいた」と、完全に人間と捉えている。しかし、アビラが「不思議な」とくりかえし述べていることからも示唆されるように、それは人間ではない。別の章では、その娘たちが重要な神々として明記されている。タムタ・ニャムカは、実在する山なのである。ただし、その名は「ニャウカ」であり、「ニャムカ」は書記による誤記である。「神であるかのふり」という表現には、キリスト教の唯一無二の神「ディオス」が用いられており、アビラの前で「もっとも力を帯びた神」というニュアンスで語られている。

山の神々の力には優劣・強弱があり、例外はあるものの、基本的にそれは山の標高に比例する。したがって、五章の語りには、山の神々の領域である地下世界のイメージが示されていることになる。

語りとアビラの記述によれば、その世界は多彩色の羽毛に包まれ、あらゆる色のリャマがおり、彩り・多彩性に満ち溢れた場所と捉えられている。比喩的に述べているカサとカンチョは、多彩色の羽毛に覆われた衣服のことで、出土例もある。羽毛は、常に輝きに満ちたものとして捉えられる。別の箇所で、これらの衣服は「目を眩ませる『雪の衣服』」とも表現されている。「カサ」は、山の世界に入る開口部・裂け目も意味する。よって、「カサとカンチョのように」というメタファーは、「神々の世界の光り輝く羽毛付き織物のように」あるいは「神々の世界の光り輝く多様な彩りのように」と解釈することが可能となろう。

山の神々の領域・地下世界は、輝きと色彩に満ち溢れた世界であり、それは羽毛で象徴されているようである。そのイメージは、「タムタ・ニャウカ」という山の名称に直接的に反映されている。それは、「古き羽毛」を意味する。その名をもつが故に、多彩な羽毛と関わるイメージがもたれているわけではない。赤や黄色の雨、青い息、稲妻など、輝きや多彩性は、山の神々に共通する要素なのである。アンデスには、実際に多彩性をもつ山も認められる（図4－4）。「ワロチリ文書」では直接的には言及されていないものの、民族誌等を考慮に入れると、花も羽毛と同様の象徴性を帯びていたと思われる。特に、麗し

図4-4　虹色のビニクンカ山（クスコ県、撮影：大屋敏男）

い匂いを放つアマンカエ（アマリリス）の花は、山の神々をめぐる祭祀・儀礼と深い関わりをもっている（図4－5）。その花が神殿内に植えられており、祭祀・儀礼時に一気に摘み取られる事例もある。

図4-5　アマンカエ（アマリリス）の花
（ペルー中央高地、撮影：大平秀一）

虹

植民地時代初期に、クスコの行政官（コレヒドール）を務めたスペイン人のポーロ・デ・オンデガルドは、先住民の崇拝対象をリスト化している。そこにはワカ、偶像、谷（ケブラーダ）、丘、大きな石、山の頂上、泉、太陽、月、星、雷などとともに、虹も挙げられている。そして、「空の虹が見えると、死の前触れや何らかの重い病気の前触れとされる。また、良き知らせともされ、崇められるが、それをあえて見ようとはしない。それを見たり、指差したりすると死ぬと考えているからである。彼らが、虹が立つと考えるところは、そこに何らかのワカあるいは畏敬や尊崇に値する何かがあると思い、恐怖や畏怖を伴う場所とされる」と述べている。

インカ・ガルシラソという記録者は、クスコのコリ・カンチャ（「太陽神殿」）に「虹の神の部屋」があったと記しており、「太陽神殿」を訪れる観光客に、世界中の言語でガイドがその説明をくりかえしている。

「ワロチリ文書」でも、ワティイヤ・クリというパリアカカの息子が、父の力により泉で得た力漲る赤いピューマの皮で踊っているとき、空に多彩なる虹が立っている。一七世紀初頭、パチャクティ・ヤムキという先住民の記録に示されている、クスコの「コリ・カンチャ」の祭壇にあったという宇宙の体系図には、「世界あるいは大地」の上に虹が描かれている。そこにはスペイン語で「空の虹」と記され、つづけて「クイチあるいはトゥロ・マニャ」というケチュア語も併記されている。「クイチ」は一般的に虹を意味し、「トゥロ」は「泥」、「マニャ」は「せびること」を意味する。泥だらけの場所・湿地帯は、神々の領域・地下世界（ウフ・パチャ）に通じる場所である。よって「せびる泥」は、そのまま何か（おそらく供物）を要求する山の神々として捉えることも可能である。

虹をめぐっては、現代の民族誌も残されている。それによれば、虹は（双頭の）ヘビであり、一つの泉から現れて空に弧を描いて、大地あるいは別の泉に埋もれ、虹で繋がった二つの泉は同じ泉なのだという。さらに地下水から発生した虹は、空に広がった後、悪意を抱いて動き回り、赤色や青色のものを盗み、また人の腹部に入り込んで激しい胃痛の原因になるという。尿を通じて大地から胃に入るため、虹が見えるときには放尿はタブーとなる。そしてコワという黒猫が、虹の上に登っていくこともあるという。

アンデスにおいて、虹は基本的に雨期（一月〜四月頃）に多発する現象である。雨期は、すべての生あるものが、活力に満ちた状態と捉えられており、それは山の神々・地下世界も同様である。また、山の神々の感情が激しくなる季節としても捉えられている。その時期に、地上世界と地下世界を繋ぐ場所である泉や湿地帯に発し、別の泉や湿地帯に潜り込んでいくのだから、虹は山の神々の領域・地下世界の要素そのものと判断できる。その領域は、輝きと多彩性に満ち溢れた世界としてイメージされていた。したがって虹は、輝きと多彩性の要素が、勢い余って飛び出してきたものと解釈することが可能であろう。神々が活力に満ち、感情の激しくなる季節の現象であることを考慮に入れれば、虹は山の神々そのもの（あるいはそのカマック）と捉えることができよう。

輝きと闇

「ワロチリ文書」の一章には、神々が行き交う、主神パリアカカの誕生以前の遠い過去の世界が語られている。

ずいぶんと昔、ヤナ・ニャムカそしてトゥタ・ニャムカというワカがあった。後の時代に、これらは、ワリャリョ・カルインチョというもう一つのワカに敗れた。勝利の後、人間に生気を与えたのはワリャリョであり、二人までしか子供を産むことは許さなかった。一人は自分が食べた。気にいった方のもう一人は、その親によって育てられた。……当時、鳥たちはすべて非常に美しく、光り輝く黄色や赤色のオウムで、ミツバチもいた。後に、パリアカカという別のワカが現れたとき、それらの鳥たちは、ワリャリョ・カルインチョがつくった他のものとともに、アンティ（東方）の地方に

追いやられた。(「ニャムカ」は書記による「ニャウカ」の誤記)

この語りでも、やはり山の神々の世界の輝きと多彩性が示されている。ミツバチがいることから、そこは花に埋もれた世界であることも示唆される。また多彩色のオウムがいるというのだから、山の神々の領域は、暖かい場所としてもイメージされていたように思われる。同様の語りは、八章でもくりかえされている。

一方で、山の神々の領域は、地下世界であるが故に、闇や黒色の要素も持ち合わせている。この語りには直接的に述べられてはいないものの、その要素は山の神々の名称に含蓄されている。「ヤナ・ニャウカ」は「古き黒」、「トゥタ・ニャウカ」は「古き闇」を意味する。パチャクティ・ヤムキという先住民の記録でも、やはり神々のみが行き交う古い時代・世界に言及している。それは「トゥタイ・パチャ」(闇の世界)と述べられている。

山の神々の世界が、輝きと多彩性を帯びている一方で、闇や黒色の要素を伴っているというイメージは、我々の論理では矛盾しているようにも思われる。しかし、「ワロチリ文書」には、現在では山と山にかかる虹と捉えられている、ヤカナという天の川の暗黒星雲が語られている。ヤカナという存在は、リャマのカマック(活力)で、空からやってきてどんどん黒くなるという。一方でそれは、青色、白色、黒色、茶色の毛としても捉えられており、その毛が絡まった人は莫大な数の家畜が増殖・繁殖されていったという（二九章）。その暗黒星雲のなかには、はっきりとパリアカカ山が見えるのだという。

待望の子はトカゲ

「ワロチリ文書」には、ワリャリョ・カルインチョという山の神が、「人間を食べ、血を飲みつづけていた」と語られている。またパリアカカが遊んでいる時に、供物を携え、腕に息子を抱えた一人の男が泣きながらやってきて、「父よ、ワリャリョに捧げるために、私の愛しい子を連れて行くのです」と述べている。こうした語りより、山の神々が人間を食べると捉えられていたことが示唆される。その様子を窺い知れる資料はほぼないが、一例として、ペルー南部高地アヤクーチョ県出身者が語った亡霊（コンデナード）の話を要約してみよう。

莫大な富をもつ夫婦がいた。しかし二人には子供ができなかった。「たくさんの家畜、たくさんの土地を誰に残すのでしょうか」と教会に行って神に嘆願した。夫婦は財産の相続を気にかけ、養子をもらおうとも考えたが、妻が反対し、二人でひたすら神に祈りつづけた。そして結婚後一五年目にして待望の子を授かる。ところが生まれた赤子は、顔・頭が人間で、体はトカゲ（ラガルト）だった。不気味ではあったが、神が送った子ということで育てると、成長するにつれて巨大になり、血が滴るように真っ赤になっていった。

外に出さないようにしていたが、一八歳になると結婚をせがみ出した。両親がそれを拒むと、「そのために私を（神に）頼んだのだろう」と言い、二人は結婚相手を探しに行く。みな息子がトカゲであることを知っていたが、ある者が二人の富を期待してこのうえなく美しい娘を差し出し、神父の家で派手で見事な結婚式を挙げる。そして代父と代母が初夜を迎える寝室に入れ、三つの鍵をかける。トカゲはロウソクの灯りを消して闇の世界に入ると、妻を襲って血を吸い、一片の肉も残さずに食べ、周囲とトカゲの口元は血だらけになる。翌日、床には妻の骨だけが落ちていた。両親らはその惨劇の理由を問うと、「どうにもならないことはどうにもならない。腹がへっていた」と答える。それでも両親はまた別の村から女を連れてきて結婚させるが、初夜の寝室の鍵がかけられると、同じことがくりかえされてしまう。

最後に二人はお金をちらつかせて、貧しい家の美しい娘をもらいにいく。娘の両親は食べられる噂は知っていたが、その貧しさが故に娘に助けてくれと懇願する。その娘は恐れてシャーマンに相談に行き、殺されない術を心得たうえで、結婚を決める。

そしていつものように、荘厳な結婚式の後に初夜の寝室の鍵が締められてロウソクが消され、闇の世界に入る。しかし娘は、トカゲの命令には従わず、そのシャーマンの指示通りにする。ロウソクを灯してみると、トカゲは赤い髪をした美しい男となっており、すぐに風に変わって「ウウウ……」と音を立て、屋根の木の隙間から消えていった。

意味深長なる山の神々の名称

これは、教会におけるキリスト教の神への祈りを伴っており、亡霊の語りとカテゴライズされている。しかし、生命の誕生・繁殖の語りが故に、当然、山の神々が意識されている。一読してすぐに、扉に鍵をかけ、ロウソクを消して闇の世界に入ったところで、トカゲが本性を現していることがわかる。アヤクーチョ県の家畜の繁殖儀礼では、地上世界と山の神々の領域・地下世界の間に、鍵をかけたり外したりすることが強く意識されている。また前述したように、地下世界は闇の要素も持ち合わせている。カギがかけられたその闇の世界で、再三にわたって若い女性（妻）の血液を飲み、肉を食べる様子をみると、これは山の神々の語りそのものと解釈することができる。本当のトカゲは、人に危害を加えない。ペルー北海岸トゥンベスに隣接するエクアドルのグァヤス川を扱った一八世紀半ばの記録によれば、そこに生息するワニも、人びとにトカゲ（ラガルト）と呼ばれている。

このような山の神々をめぐるイメージは、キリスト教や都市社会の価値観とは異なるため、赤裸々に語られることはない。このケースでは、亡霊という覆いをかけて語られている。「ワロチリ文書」に示される山の神々の名称を分析すると、このトカゲ人間と同質的な意味合いが含蓄されているものがある。主神パリアカカの子である「トゥタイ・キリ」という山の神がいる。「トゥタイ」は「夜になる、闇になる、暗くなる」、そしてキリは「怪我、傷を負わせる殴打、そして吸血、あるいは頭の怪我、殴打による傷」といった意味をもつ。「トゥタイ・キリ」は、さしずめ「闇の吸血者」といった意味となろう。

この他、「マタオ・コト」は「切り刻まれた肉の丘」、「マカ・カリャ」は「危害を加える（殴打の）山」といったニュアンスで捉えることが可能である。さらに「ワリャリョ・カルインチョ」は、「浪費する山」すなわち「多くの犠牲・供物を要求する山」といった意味合いが含蓄されている。こうした名称の意味合いと食べる山の神々の特徴を考え合わせれば、山の神々がせびるもの・要求するものは、人間であった可能性が浮かび上がる。

カパクチャ――若年者の犠牲

歴史文書の一部では、「カパクチャ」という若年者の犠牲を伴う祭祀・儀礼に言及している。ただしその情報は、きわめて断片的・限定的である。もちろん、他者に語るようなことではなかったのだろう。

情報量の多いものとして、モリーナという司祭の記録（一五七五年頃）がある。これによれば、四月にインカの四つの地方の村々から、一人～二人の一〇歳の少年少女、衣服、家畜、金製・銀製・貝（ムユ）製のリャマなどの供物をクスコにもちより、インカ王と人びとの長寿・健康・平和そしてインカの勝利を祈願し、「創造神、太陽神、月の神、雷神、ワナカウリ（丘）」などに対して、供物・犠牲が捧げられたという。

この他、犠牲者を含む隊列がクスコから谷や丘を横切って進み、四つの地方の重要なワカにも同様の奉納をしたこと、隊列の直視はタブーだったこと、奉納がキプ（キープ・結縄）で管理されていること、絞め殺されたり生きたまま心臓を取り出して捧げられたこと、飢えたり不満を抱いて創造神の下に辿り着くことのなきよう執行前に飲食したこと、などが示されている。

他の記録では、すばらしく着飾ること、男女が対になって捧げられること、アザやシミのない子供が選ばれることなども述べられており、年齢に関しては、五～六歳、九～一〇歳、一〇～一二歳など多様である。また、犠牲者が信仰対象になったと述べる記録もある。ペルー中央高地のアンカシュ県では、伝統的信仰を断絶すべく、犠牲者が埋納された墓を破壊した神父がいる。その神父は、捧げられたタムタ・カルワという少女の遺骸を目撃して、「ここに纏ってきた最上質の衣服は、作り得ないほどすばらしいものだった」と述べている。

実際に、捧げられた若年者の遺骸が、確認されている雪山がある。それらは、チリのエル・プロモ山やアコンカグア山、アルゼンチンのエル・トーロ山やケワル山、ボリビアのリュリャイリャコ山、ペルーのピチュピチュ山、アンパト山などである。

共通していることは、金・銀・銅製・貝製の小型のリャマ像・人物像が副葬され、盛装をして埋納されていることである。保存状態の良好なものは、羽毛装飾を身に着けていたことも確認できる。「生きたまま心臓を取り出す」ような行為は、いっさいなされていない。アンパト山出土の一四歳の少女（ファニータ）は、右側頭部を殴打されており、前述した山の神々の名称の意味と合致する。アンパト山では、男女が対になって捧げられた事例も確認されている。エル・トーロ山出土の八〜九歳の男児は、身に着けていたポシェットの一つに本人の乳歯が入れられていた。これにより、おそらく心痛とともに、親が入念に準備して送り出している様子が見て取れよう。

若年者を供物として捧げることは、我々には残酷な行為にしか映らない。「ワロチリ文書」の語りでも、泣きながら山に向かっているのだから、アンデスの人びとも同じ思いだったはずである。しかし、宇宙・世界を支配する山の神々が要求しているのならば、それに応えないとこの世は維持されない。おそらく、入念に準備したうえで、ほんとうに泣く泣く行っていた厳粛なる行為だったのだろう。「カパクチャ」は、「大いなる罪（カパック［大きな］・ウチャ［罪］）」と訳されることが多い。しかし「罪」は、キリスト教の観念が当てられていることは明らかで、もともとは「（子供・若年者を失う）大いなる痛み」といった意味合いが含蓄されていたと思われる。

山の神々と死者

供物として渡された子供は、当然、山の神々の世界に留まっている。二〇世紀半ばの民族誌によれば、それぞれの山には、純粋な子供たちが入れる大きな入り口があるとイメージされている。山の懐のなかで目の眩むような光り輝く衣服を纏い、自由・豊かに過ごしており、山の神は花の世話だけを命じるのだという。

山の懐にいるのは、子供のみではない。すべての死者がそこで時を送っている。スペイン人の記録では死者が山に向かうことが明記されており、「ワロチリ文書」の語りでも、死者をパリアカカ山に届ける（九章）、死者がパリアカカに会いに行こうとしている（二七章）と述べられている。山の神々と死者は一体化していると捉えることも可能で、前に述べた地下世界のイメージは、そのまま死者の世界のイメージともなる。アンデスでは、死者がハエや蝶で象徴されることもある。アヤクーチョ県の民族誌では、山の神々への捧げものが「プクリュ」と称される昔の墓へ納められている。

家庭の事情により、幼少時に先住民に愛情を注がれて成長し、肉体的には白人でありながらも精神的に先住民となってしまったホセ・マリア・アルゲダスという人類学者によれば、アウキという儀礼を司る者が真夜中に墓に入っていくと、艶やかな羽毛のハチドリが現れ、その後に消えていくのだという。そしてアウキは次のように嘆願する。「プクリュのなかで、真夜中に泣いている我が友、エメラルド・グリーンのハチドリよ、願いに手助けしておくれ、祈りに手を貸してくれ。拒まないでおくれ。山の懐のなかで、お前は育った」。この艶やかなハチドリは、山の神々のメッセンジャーとして捉えられている。

山の神々そのものも、さまざまな動物として表象される。「ワロチリ文書」の語りでは、主神パリアカカが卵からハヤブサの姿で生まれている。民族誌では、シャーマンが山の神々を呼ぶと、ハヤブサなどの猛禽・鳥の姿をしてやってくると捉えられている。コンドルも、山の神の表象である。パリアカカは、コンドル・コト（コンドルの丘）で生まれている。コンドルは、山の泉で水浴びをして若返り、死ぬことはないという。またピューマも山の神そのもので、プマ・ウィリ、プマシーリョなど、その名を冠した山も認められる。

山が「私は牙だ」と言う語りもあるし、ピューマの皮を被り、荒々しくまたお道化た山の神のパフォーマンスがなされる祭祀もある。この他、トカゲ、フクロウなど、山の神は多様な動物の姿を取る。

文字をもたなかった先住民は、図像にさまざまなメッセージを残している。こうした動物も、形成期以後、一貫して土器・織物・神殿装飾に表象されつづけている。当然のことながら、先住民が表象した図像は、我々の論理ではなく、先住民の論理で解釈しなければ読み解くことはできない。これまで見てきた彼らの精神世界・感性を通して図像をみると、何が見えるのだろうか。次節で、その一例を提示してみたい。

3　インカの祭祀空間

3－1　ケーロの図像を読む

描かれる山の神々の世界

インカの人びとは、祭祀・儀礼時にチチャ酒を入れる土製・金属製・木製のカップを使用していた。チャチャコマという木などを用いた木製カップは「ケーロ」と称され、植民地時代にも継続して製作されている。植民地時代には、インカ時代と同様の幾何学文様を継承しながら、スペインの影響を受けて、写実的な図像が描かれるようになる。描写のテーマは、多岐に及んでいる。しかし、多くのものにコンゴウインコやオウムそしてハチドリなどの多彩な鳥が描かれている。時には、ヘビや蝶、そして暖かい地域で育つヤシの木（チョンタ）も示され、多くの白い点が施されることもある（図4－6、4－8、4－9）。そしてそこには、盛装をしたアンデス高地の若い女性・子供の姿も描かれる（図4－7）。

こうした図像は、アンデス東斜面下方に広がる熱帯森林域との関係性が指摘され、白い点は雨と解釈されている。しかし、アマゾン領域に身を置く、盛装したアンデス高地の若い女性が多く描写されることは、きわめて不自然である。多くの図像には、山の神々と深い関係性をもつアマンカエの花が示されている。これらは、多彩な鳥やヘビそして花に溢れ、暖かくて、輝きと多彩性を帯びた山の神々の世界・死者の世界が、表象されたものと考えられる。白い点は、おそらく輝きのイメージであろう。

ケーロの図の主要な構成要素の一つに、虹がある。その虹は、下方に描かれたピューマ

図4-8　ピューマから出る虹（18世紀、クスコ大学インカ博物館所蔵、Flores Ochoa et al. 1998より複写）

図4-7　山の神々の世界にいる少女［死者］（18世紀、ラパス市立博物館所蔵、Flores Ochoa et al. 1998より複写）

図4-6　山の神々の世界［暖かい場所のイメージ］（18世紀、クスコ大学インカ博物館所蔵、Flores Ochoa et al. 1998より複写）

図4-10　目に生気のない男女［死者・カパクチャ］
（図4-9細部、Flores Ochoa et al. 1998より複写）

図4-9　山の神々の世界にいる男女（18世紀、クスコ大学インカ博物館所蔵、Flores Ochoa et al. 1998より複写）

図4-11　盛装をした少女［死者・カパクチャ］
（インカ時代、クスコ大学インカ博物館所蔵、Flores Ochoa et al. 1998より複写）

の口元から発し、空を覆った後に再びピューマの口元に戻っている（図4－8）。虹のうえにも、ピューマ・猫科動物が描かれることもある。図4－9にはその虹に覆われた世界のなかに、一対の男女が示されている。その男女はやはり盛装をしており、概してインカ王とその妃（コリャ）と解釈されている。しかしよくみると、その男女の目は白目と黒目が逆に描かれており、生きている人間と同様の生気が感じられない（図4－10）。盛装をした目・顔に生気のない女性は、インカの土器にも示されている（図4－11）。

虹は山の神々あるいはその活力で、ピューマは山の神の表象であった。よって、盛装をして、虹のなかに描かれている一対の男女は、山の神々に存在する者、換言すれば宇宙を維持するために供物として渡されたカパクチャを描いていると判断される。ケーロや土器に描かれている生気を失った若い女性たちも、同様の意味をもつのであろう。なお、下方に描かれている幾何学文様は、特定の山を示す記号の可能性がある。

祭祀と踊り

ケーロの図像のなかには、山の神々をめぐる祭祀の場面を描いているものもある。図4－12と図4－13には、一〇名の男性が列をなして踊る様子が示されている。先頭を行く者は指揮を取るように反対側を向いており、多彩な格子文様をもつ旗を振りかざしている。

図4-12　祭祀の風景（右）

（17-18世紀、クスコ大学インカ博物館所蔵、Flores Ochoa et al. 1998より複写）

図4-13　祭祀の風景（左）

（図4-12の展開図、Flores Ochoa et al. 1998より複写）

踊り手たちは、羽毛飾りを頭部につけ、一人一人異なる文様の貫頭衣《かんとうい》を纏っている。また異なる色で顔を塗り、アンデスでは用いられない弓矢を手にしている。おそらく、アマゾン領域で使用される弓矢を持つことで、暖かい場所（地下世界）からやってきたイメージが示されたのだろう。

この列のなかには、マント状の衣服を着た二名の楽器奏者がおり、それぞれトランペットとタンバリン型の太鼓を奏でている。太鼓奏者は、顔を黒く塗っているかあるいはマスクを被っている。そして周囲には、コンゴウインコやハチドリなどの多彩な鳥がおり、列のなかには犬もいる。

祭祀・踊りの場面を描いているほかのケーロをみると、やはり羽毛の頭飾りやマント状の衣服を身に着け、多彩な旗を振って楽器が演奏されている。また多彩な鳥、そして輝きや多彩性を示す点文様も示されている

（図4－14、4－15）。使用している楽器には、アンタラと称される多列笛のほか、スペインからもたらされたハープ（アルパ）を奏でる者もいる。ハープを除けば、トランペットも含め、アンデスで長期にわたって使用されてきた伝統的な楽器である。

　これらの描写は、山の神々をめぐってなされる現代の祭祀と多くの共通点が認められる。頭に多彩色の羽毛飾り、煌《きら》びやかな長いマント状の衣装、そして多様なマスクが身に着けられ、音楽に合わせて列をなして踊り、先頭の者が多彩色の旗を振る（図4－16）。多彩性は、山の神々と連絡を取り合うかのように前面に押し出され、運動会の万国旗のような多彩色の小旗もたくさん掲げられる。繁殖儀礼では、家畜の耳に多彩色のリボンが付けられ、それは虹を意味するクイチと語根を共有する「クイ」（徴）、そして時には「花」と呼ばれる。

図4-14　祭祀の風景・多列笛を吹く男性
（18世紀、アレキパ大学考古学博物館所蔵、Flores Ochoa et al. 1998より複写）

図4-15　祭祀の風景・旗を振る男性
（18世紀、クスコ大学インカ博物館所蔵、Flores Ochoa et al. 1998より複写）

これまで、旗はスペインの要素と考えられてきた。しかし、一六〇八年に編まれた辞書では、「旗」というスペイン語に「ウナンチャ（ン）」というケチュア語があてられている。加えて、現在の旗と同様のモティーフをもち、棒（ポール）を差し込む袋部分が設けられ、明らかに旗と判断できる木綿製織物もある（図4－17）。これに文書情報等を加えれば、植民地時代のケーロに示された祭祀の景観は、インカ時代あるいはそれ以前にも認められたものと容易に判断される。

図4-16　現代の祭祀で振られる旗
（ペルー中央高地、撮影：大平秀一）

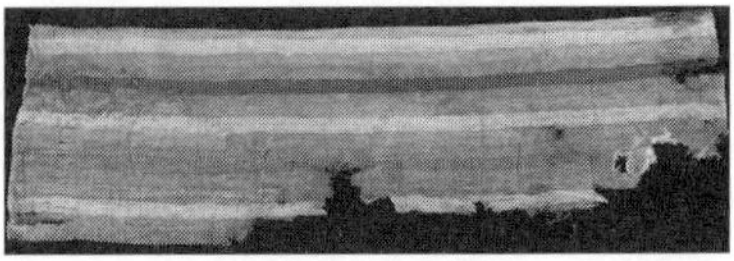

図4-17　プレ・インカの旗
（チャンカイ文化、東海大学文明研究所所蔵）

3−2 公共の広場と感覚の共有

広場における祭祀——四日間にわたる飲み食いと踊り

クスコの広場（図4−18）では、多様な祭祀・儀礼がなされており、その一部はスペイン人も書き残している。一例として、モリーナの記述に基づき、八月のシトゥアの祭りの記述を要約してみよう。この祭りは、病気にかからぬよう「創造主」（ヴィラコチャ）に祈るため、クスコのほか、インカと関わるあらゆる場所でなされたという。

図4-18　クスコのアウカイ・パタ広場
（撮影：大平秀一）

祭り初日の正午、インカ王らが「太陽神殿」に行き、祭りの内容を話し合う。定まると、王と「太陽の大神官」が出てきて、「創造主がこの世からすべての病気と悪を追い払うように、シトゥアの祭りを望んでいる」と人びとに言う。戦士のいでたちをした人びとが広場にやってきて、「病よ、災厄よ、不幸よ、危険よ、ここから去れ！」と言い、広場中央にあった黄金を貼ったウスノという石柱にチチャ酒を注ぎ、一

○○人ずつ四つのグループに分かれてそれぞれ東西南北を向く。各グループは、担当するアイユと連携して川に向かい、沐浴をして衣服や武器を洗う。
インカ王も含めてすべての者が踊り、夜が明けてくると、あらゆる人びとが泉や川に行って体を洗う。その後、大きな玉のような形の藁に火をつけ、それを互いにぶつけ合いながら歩く。それから「サンコ」というトウモロコシの団子を泉に捧げまた食べ、(包んだり付けたりして)神々の像や死者を温める。それから、大きな喜びとともに最上の食物を食べたり飲んだりする。

翌朝、インカ王のミイラも水で清められ、ご馳走を捧げて後にそれが焼かれる。インカ王はワナカウリという丘に行って同名の岩を洗い、クスコに戻って自身も洗って清め、頭にサンコを付けて温める。それから黄色い鳥の羽を何本か頭に付け、「創造主」の神像にも同じことをする。朝の八時か九時に、王は妻らとともに盛装で広場に出て行く。そこに、「太陽神殿」から神像や王女の像、供物として捧げられた女性(インカの娘か姉妹)の像がもってこられ、別の神殿からは「雷神」やワナカウリの像、歴代のインカ王・王女のミイラがおかれる。神官も豪華な衣服をまとい、クスコのすべての人びとも着飾ってアイユごとに集まり、ハナンとウリンに分かれて座る。そして、ひたすら飲み食いをして楽しむ。また、くるぶしに達する赤い衣服を着、頭に冠をつけて踊る。大小の節のある筒で作った笛が吹かれる。

翌日、やはり広場にワカ、インカが席を取り、各地方からもたらされた一〇万匹以上の家畜が引き出される。「太陽の神官」が最も清潔な四頭のリャマを選び、「創造主」、「太陽」、「雷」、そしてワナカウリに捧げる。その血はサンコにかけられ、全員に振る舞われる。そして肺を膨らませて占いをし、神像の前でそれを焼き、その後に肉がみなに振る舞われる。それから家畜が分配され、食べるために大量に殺される。そして広場に大量のチチャ酒が運び込まれる。大きな喜びのうちに食事が終わると、踊りがなされ、それが四日間続く。

広場の意味

一五七五年頃に書かれたモリーナの記述は、「聞いた話」として述べられているので、四〇年以上も前の祭りの聞き伝えである。よって、祭祀・儀礼のプロセスも含め、すべてありのままに捉える必要はない。早朝にクスコからワナカウリの丘に行って岩を洗い、再びクスコに戻って儀礼をし、朝八時か九時に、盛装して広場に向かうことなど、時間的に困難なことである。一〇万匹以上の家畜も、必要な草の量や空間を考えれば、誇張に過ぎない。「創造主」、そして「太陽神殿」、「太陽の大神官」などの怪しげな太陽神をめぐる問題はすでに述べた。

一方で、この記述のなかには、アンデスにおける山の神々をめぐる祭祀・儀礼の特性も含まれている。ワナカウリは、クスコの聖なる丘の一つで、現在でも重要な信仰対象となっている。サンコで温め、カマック（活力）を増強させる行為も継承されている。家畜を屠り、供物として捧げまた食べることもなされている。車道の敷設により、駄獣であるリャマが飼われなくなっている地域では、ヤギ、羊、そして牛が用いられる。肺ではないものの、屠った牛の皮下脂肪で占いをしている様子を見たことがある。

また山の神々と死者そして生きた人間が、一体になって祭祀を催す観念も継承されている。祭りでは、火と音の要素も欠かせない。無数の狼煙《のろし》が上げられ、仕掛け花火が用意される。装身具や衣服、旗、音楽、踊り、振る舞われるたくさんの酒と食事に関してはすでに述べた。祭祀・儀礼は、一部の局面では、ほんとうに厳粛なものである。しかし、ほとんどの時間は楽しくまた喜びに満ち溢れている。特に、供物を渡した後には、緊張した雰囲気が一変し、安堵にも似た柔らかくまた穏やかな空気に包まれる。山の神々をめぐる祭祀は、モリーナがくりかえし述べているように、「喜び」や「楽しみ」に包まれたものである。

クスコの広場「アウカイ・パタ」の「パタ」は、「集合・会合、生き生きした状態で多くの人びとが集うこと」といった意味がある。「アウカイ」は、スペイン人の記録・解釈が影響して兵士や軍との関連で捉えられるケースが多い。しかしこの語には、「休息する、楽しむ」という意味がある。「クシ・パタ」の「クシ」も、「喜び、満足、休息（くつろぎ）、歓喜、楽しみ」という意味をもつ。これらの名称には、広場で流れる祭祀・儀礼の時間の特性が、そのまま反映されている。これまで、これら二つの広場の名称はクスコ固有の名称と捉えられてきた。しかし、山中の小さな共同体の広場もこの二つの名称で呼ばれることがあるので、それは誤りである。

祭祀・儀礼時のクスコの広場は、多彩性に満ち、多様な楽器を用いた音楽が鳴り響き、踊って食べて飲み、大勢の人びとの笑い声が響き渡っていたことだろう。

遺跡に残る宴会の跡

ペルー中央高地ワヌコ県西部に、ワヌコ・パンパというインカの巨大な遺跡（「行政センター」）がある。広場だけでも五五〇×三五〇メートルの広さがあり、その中央部にはモリーナも言及しているウスノ（地方に配されたものは階段を伴う基壇・祭壇）が置かれている。そして広場の周囲には、三五〇〇を超える建造物が林立し、東方地区はインカの切石を用いて特に入念に建設された重要なゾーンとなっている。そこには、山の神の表象・ピューマのレリーフが両脇に施された複数の門があり、その奥には小広場や水をめぐる施設が配されている。その小広場では、調理用の土器、多くのリャマの骨等の食料の残骸に加え、数トンに及ぶチチャ酒を入れた大型の壺（アリバロ型土器）の破片が出土しており、それは宴会の痕跡と解釈されている。

発掘者らは、その宴会に関して、インカ側が地方社会の人びと・労働者たちに儀礼との関連で催したとし、宴会が社会的結合・国家統合に大きな役割を果たしていたと考えている。またアンデスにおける政治・経済・儀礼は、一体のものであることも強調している。大枠において、その解釈には賛同できる。しかし、やはり「太陽神」、「創造主」、「雷神」といったスペイン人の記録に示された信仰対象で解釈されているため、アンデス先住民社会の歴史の一局面としての生き生きとしたインカ社会の姿は伝わってこない。

宴会の痕跡を示す場所が、入念な建築を伴う最重要ゾーンにあること、そこに山の神々の表象・ピューマの装飾を伴うこと、山の神々からもたらされ、豊かさのシンボルでもある水をめぐる施設に隣接していることなどから、ワヌコ・パンパにおける祭祀・宴会は、山の神々をめぐるものと考えられる。この遺跡の西方・北西方向には、多くの雪山が聳えている。山の神々は、西側からやって来てそのまま真っ直ぐにレリーフのある門を通り、東方地区に入ってくると考えることも可能である。広場中央のウスノという方形の祭壇にも、西側の壁にピューマのレリーフが施されており、この解釈を支持している。東方地区の門の奥からは、ウスノの東の壁が見える。山の神々は、自身の表象を目指してやって来ればよいことになる。

祭祀空間としての広場は、山の神々・死者・祖先、そして生きた人間のあいだで、その関係性の維持・確認がなされる場である。同じ価値観をもつ人間・集団が集ってその時間と空間を共有するのだから、必然的に人間と人間の関係も強固なものとなる。

現在の祭祀をみると、祭りで振る舞う多くの食事・酒・飲み物・イベント（楽団の雇用・花火）等には、たいへんな経済的負担を伴う。祭祀は、その負担を担う者たちが、山の神々そして集まる人びとに、その責務の完遂をアピールし、信頼・評判を勝ち取る時間と空間でもある。それを担った者たちは、山の神々もそれを見ており、必ずや見返りがあると考えている。仮に数千人ないし一万四〇〇〇人単位で、各地で同様の祭祀・儀礼を行ったとすれば、想像を絶するような負担を負うことになる。インカ王・王族そして各地の首長は、こうした役割を果たしていた可能性がある。

遺跡の中の石・岩

人びとが山の神々をめぐって生きていた痕跡は、インカの遺跡に明瞭に示されている。

ほとんどのインカの遺跡は、多くの石や岩に埋め尽くされている。そして、それらの大半には人工的に加工が施されている。割られたもの、その割れ目のなかに石を詰め込んでいるもの、一部を切って段差・階段を設けたもの、山の形を呈するもの、人工的に岩陰をつくるもの等、その形状は多様である（図4－19）。

「ワロチリ文書」では、山の神々の力に触れた者が石や岩と化し、信仰の対象となることが語られている。実際に石や岩は山の神々の力を媒介するものと捉えられており、一つ一つが名称をもち、信仰の対象となっている。

現在の家畜の繁殖儀礼では、インカ時代の加工された石や岩一つ一つに祈りを捧げてチチャ酒やコカの葉が捧げられるほか、病気治療の祈り・儀礼もなされる。畑にも石や岩が多く、それに及ぶ山の神々の力が、豊穣をもたらすとも考えられている。

事例としてマチュピチュをみると、ヤナンティン山の正面に配されたものに代表されるように、山の形に加工された石・岩が多く認められる（図4－20）。同様の儀礼がなされていたことは、明らかであろう。やはり人工的に地下空間が設けられている「コンドルの神殿」には、水を飲むコンドルの姿が表象されている（図4－21）。猛禽は山の神の化身であった。

観光客によく「日時計」と説明される「インティ・ワタナ」という岩がある（図4－22）。

図4-19　山の力を媒介する岩（ソレダー遺跡、撮影：大平秀一）

図4-20　ヤナンティン山を模した岩（マチュピチュ、撮影：大平秀一）

図4-21　水を飲むコンドル（マチュピチュ、撮影：大平秀一）

図4-22　インティ・ワタナ（マチュピチュ、撮影：大平秀一）

「インティ」は「太陽」、「ワタナ」は「縛る」という意味をもつ。先住民の語りをみると、神々がなすべきことをするために、太陽を縛って時間を止めるという観念がたしかに認められる。しかし、ポマという先住民の記録者は、「インティ・ワタナ」と同じ形状の岩を描き、それを「ウスノ」と述べている（図4－23）。ウスノは、広場の中央あるいはエッジに配され、山の神々に酒や供物を捧げる基壇あるいは石・岩である。マチュピチュの「インティ・ワタナ」も、山々を見晴らす広場のエッジに配されている。さらに同遺跡出土の人骨の大半は、岩陰すなわち地下世界に通じる場所で確認されている。

加えて、「太陽神殿」と呼ばれている円形の壁で囲まれた大岩の下方には、人工的に地下世界が設けられている（図4－24）。

山の神々とともに生きたインカ

クスコ北東部の丘上に、巨大な石のブロックを積み上げてジグザグ状の基壇を設けたサクサイワマンという遺跡がある（図4－25）。スペイン人の記録では、インカがこの場所から征服者に応戦したため、「城塞」と述べられており、よって長い間、城塞と捉えられて

図4-23　先住民が描いたウスノ
（17世紀初頭、ワマン・ポマ）

図4-24　トレオン下方の地下空間
（マチュピチュ、撮影：大平秀一）

図4-25　サクサイワマン遺跡（クスコ、撮影：大平秀一）

きた。しかし、発掘調査を経た今では、祭祀・儀礼施設であったことが明らかとなっている。まるで子供の思い描くようなイメージかもしれないが、供物を受け取ってたくさん食べた山の神々は、満腹となるはずである。

インカ以前のナスカの土器には、供物を得てまるまると太ったハヤブサ（山の神々の表象）を象形したと思われる土器がある（図4－26）。「サクサイワマン」とは、ケチュア語で「満腹のハヤブサ」を意味する。また「クスコ」は、アイマラ語で、山の神の化身でもある「フクロウ」を意味する。

「コリ・カンチャ（輝く囲い／「太陽神殿」）」も、民族誌でその名称が採取されている。そこは、家畜の繁殖儀礼において、山の神々・人間・家畜が集合する円形の囲いであり、地下世界と通じ合う空間であるが故に、輝き（コリ）のイメージをもって捉えられている。そ

図4-26　満腹のハヤブサ
（ナスカ文化、東海大学文明研究所所蔵）

の囲いには、裸足で入ることが求められる場合がある。スペイン人の征服者が、クスコのコリ・カンチャに入ろうとしたとき、インカ王のミイラを仰いでいた女性が、靴を脱ぐように懇願している。

アンデスにおいて、宇宙のゆるぎなき支配者・権力者は山の神々にほかならず、王・王族・首長も含めてみなそれを怖れ敬い、その超大なる力との関係・調和を維持・調整しながら時を送っていたことは容易に推測できる。インカの公共の広場という皆が参加する祭祀・儀礼の空間は、踊り・音楽・御馳走、煌びやかな衣装・装身具・花、持ち出される王・死者の遺骸など、多くの人びとが山の神々・死者・祖先をめぐり、視覚・聴覚・嗅覚・味覚等、身体全体で受け止める感性・感覚が共有される場だったはずである。同時に、宇宙・世界を維持するための祭祀・儀礼を司ったとすれば、インカ王や王族あるいは地方社会の首長は、その場で大きな威信が確認されることになったはずである。

終章　古代アメリカ文明の実像に迫る

青山和夫

文字文明のメソアメリカ

前章までメソアメリカ文明とアンデス文明の実像に迫るために、公共祭祀建築、公共広場、図像、メソアメリカ文明の場合は文字にも注目して、それらが社会を動かす仕組みとして果たした役割を見てきた。そしてメソアメリカのマヤとアステカ、アンデスのナスカとインカの最新の研究の成果や魅力を詳しく紹介した。日本では「マヤ・アステカ・インカ」というように混同されることが多いが、類似点を持ちながらも、時間・空間的にかなり異なった社会であったことをご理解いただけたであろう。

本章では、メソアメリカ文明とアンデス文明を比較して、両文明の類似点と差異点を明確にしていこう。アンデスとメソアメリカの類似点は多い。例えば、農耕社会や階層社会が成立したことや公共祭祀建築に強い関心が持たれたことが挙げられる。一方でアンデス文明では、インカのような巨大な社会が最終的に成立したにもかかわらず、無文字文明という点が際立つ。メソアメリカ文明では、マヤ文字などの文字が発達した。

マヤ文明では、神々の意思が尊重される世界のなかで、支配層と民衆のせめぎ合いが社会を動かす仕組みを更新させていった(第一章)。先古典期に公共広場でくりかえし行われた公共祭祀という反復的な実践は、集団の社会的記憶を生成して、中心的な役割を果たす支配層の権力が時代とともに強化されて、後に王権が誕生した。公共祭祀建築とそれに伴う神々の図像は「見る」人びとを突き動かし、より巨大な公共祭祀建築を建造して社会を動かす仕組みを編み出した。

先古典期には、神々と交信する儀礼空間の視認性と大衆性に重点を置いたイデオロギー操作が行われた。古典期になると、「見る」人びとを突き動かした公共祭祀建築や神々の図像に加えて、王など特定の権力者の図像と「語り」を物質化した文字が社会を動かす新たな仕組みを提供した。すなわち、王や王朝といった特定の個人・集団の利益を優先させる、より独占的・排他的なイデオロギーに変遷したのである。

アステカの主都テノチティトランの大神殿は、「聖なる山」のレプリカであり、ナワトル語で「蛇の山」を意味するコアテペクとも呼ばれた（第二章）。コアテペクは、北方の故地アストランを出発したメシーカ人が、遍歴の旅の途中、メキシコ盆地に到達する以前に滞在した地とされる。メシーカ人の神話・正史の一部をなす移住譚が、テノチティトランの公共祭祀建築のなかで再現された。大神殿はただ単に公共祭祀建築であるのみならず、支配層のイデオロギーに根差した歴史を「見せる」場でもあった。

アステカの文字は、マヤ文字ほど精密ではなかったが、表意・表音両方の機能を有して宗教や暦、天文から租税まで記録された。絵文書の作者と読み手は貴族であった。絵文書を黙読するのではなく、絵文書を人びとに指し示しながら内容を語るという公共的な口頭パフォーマンスが重要であった。語られた事象のなかには、メシーカ移住史のように、アステカ支配層のイデオロギーを示す内容も含まれていた。メシーカ王家のような支配層は、絵文書もその権威を示す政治的装置であることを十分に理解して活用したのである。

無文字文明のアンデス

アンデスのナスカやインカの人びとは、文明社会を築き上げるうえで文字を必要としなかった。アンデスでは日本人と同様に手の指を数える一〇進法、メソアメリカでは手足両方の指を数える二〇進法が採用された。アンデスのキプ（キープ）では縄の結び目の位置、数や色などによって一〇進法で数字を表現し、人口、兵力、作物や家畜などを記録した。

第三章では、ナスカの地上絵、居住遺跡、神殿などの詳細な分布図を作成・検証して、地上絵の制作目的を論じる。地上絵に焦点を当てた研究は、アンデス文明の特徴を理解するだけでなく、他の文明と比較するうえでも有益であろう。

文字を持たなかったナスカ社会では、神殿、居住地や地上絵の建設活動を通じて、さまざまな集団が連帯するような社会が作られた。居住地の間を移動する人びとが、地上絵を見ながら反復的に歩く実践によって社会的記憶が形成された。

インカはアステカと同様に、西洋史で中世と近世の一部に相当するスペイン人の侵略直前に繁栄した。侵略者のスペイン人は、一枚岩的なローマ帝国のイメージで無文字社会のインカを「インカ帝国」と誤解した（第四章）。アンデスにおいて、宇宙の揺るぎなき支配者・権力者は山の神々であった。インカ王は絶対的な支配者・権力者ではなかった。彼らは山の神々を怖れ敬い、その超大な力との関係を維持しながら統治した。

アンデスはメソアメリカと同様に、神々の意思が尊重される多神教の世界であった。人びとは太陽、山、ネコ科動物、蛇や鳥などを崇拝した。二元論的な世界観や考え方があり、暦を直線的に捉えるよりもむしろ循環的な暦の概念が重んじられた。

インカの遺跡では、山の神々に儀礼を執行する基壇、石造祭壇、石や岩が多くある。主都クスコの公共広場では、山の神々をめぐる多様な祭祀・儀礼が執行された。さまざまな楽器を用いた音楽が鳴り響き、踊りや饗宴が催されたのであろう。

多様な自然環境の文明

メソポタミア文明やエジプト文明の「乾燥地域の大河流域の平地」とは異なり、メソアメリカ文明とアンデス文明はきわめて多様な自然環境で発達した。アンデスほどの高度差はないが、メソアメリカの自然環境（熱帯雨林、熱帯サバンナ、ステップ、砂漠、針葉樹林など）

は多様であり、高地と低地に二分できる。

アステカ王国の主都テノチティトランが繁栄したメキシコ盆地は、高地の大湖水地域であった。海抜は二二〇〇メートルほどであるが、緯度が低いため一年中温暖な気候に恵まれている。天気が良い日には、雪を冠する海抜五〇〇〇メートル級の火山が見える。

ユカタン半島のマヤ低地南部は、主に高温多湿な熱帯雨林（図終－1）であり、大河が流れる。気温は四〇度を超えるが、木陰は意外と涼しい。マヤ低地北部は、比較的乾燥している。その大部分は乾季に落葉する低木林の密林（図終－2）であるが、北西部はステ

図終-1　マヤ低地南部のティカル遺跡の熱帯雨林（撮影：青山和夫）

図終-2　マヤ低地北部のチチェン・イツァ遺跡に広がる低木林

図終-3　マヤ高地のカミナルフユ遺跡の松林

ップになる。マヤ高地は、冷涼かつ湿潤で針葉樹（図終－3）が生え、火山や山脈の間に盆地が分布する。

アンデスの人びとは、インカの主都クスコ（海抜三四〇〇メートル）など海抜三〇〇〇メートルを超える高地で居住しつづけている（図終－4）。空気が薄く、私も含めて高山病になる旅行者が少なくない。日中は気温が上がっても、朝晩は冷える。アンデスでは、海抜三五〇〇～四八〇〇メートルの高地で耐寒性の根菜類の栽培が行われた。メソアメリカでは、海抜三〇〇〇メートルを超える高地は居住されなかった。

図終-4　ペルーのクスコのインカの石組（撮影：青山和夫）

図終-5　ペルーのナスカ台地の北側にあるラ・ベンティーヤ遺跡の発掘調査（撮影：青山和夫）

他方アンデスでは、ナスカ台地をはじめ海岸砂漠地帯が広がる。木陰がほとんどなく、日中はとても暑い。私は、「坂井さんの調査団は、強烈な直射日光の下でよくも発掘ができるな」と驚いてしまった（図終－5）。メソアメリカ沿岸部には海岸砂漠地帯はない。

家畜のミルクの香りのしない文明の多様な農業

メソポタミア文明やエジプト文明とは異なり、メソアメリカ文明は、半乾燥地域の大河流域で大規模な灌漑治水事業を発達させなかった。多様な自然環境のメソアメリカは、主に中小河川、湖沼、湧水などを利用した灌漑農業、段々畑、家庭菜園などの集約農業と焼畑農業を組み合わせて、多様な農業を展開した非大河灌漑文明であった。

アステカ王国の中心地のメキシコ盆地では大河はなく、湖水の大規模な灌漑農業が行われた。マヤ低地北部では大河は流れず、天水農業が主流であった。飲み水は、天然の泉セノーテが提供した。大河川は、メソアメリカ文明発祥の必要条件ではなかったのである。

アンデスでは、エジプト文明のような一本の大河の利用とは異なり、乾燥した海岸平野に流れる複数の川の大規模な灌漑農業が行われた。山地では雨が降り、斜面では段々畑に灌漑水路を巡らして集約農業が営まれてきた。多種多様なイモ類とトウモロコシを組み合わせ、トウモロコシから造るチチャ酒が儀礼で重要であった。一方でメソアメリカでは、現在までトウモロコシが主食でありつづけている。

旧大陸とは異なり、メソアメリカとアンデスでは、高地の激しい起伏や低地の密林などが交通の障害となり、車輪は実用化されなかった。メソアメリカでは、車輪付きの動物土偶が示すように車輪の原理は知られていた。しかし、人や重い物を運ぶ大型家畜がいなかったので、荷車や犂は発達しなかった。

メソアメリカは、大型家畜や荷車を結果的に必要としなかった人力文明といえる。それは牧畜なき文明であり、家畜は七面鳥と犬だけであった。動物性タンパク質は主に狩猟や漁労で確保された。一方でアンデスでは、荷駄運搬用のリャマやアルパカ（食料、毛織物）のような牧畜ラクダ科動物が活用されつづけている。アヒル、クイ（食用モルモット）や犬も家畜化された。

メソポタミア文明やエジプト文明のような畑作牧畜民は、ミルクを飲んでバターやチーズを食べる。対照的にメソアメリカとアンデスは、動物のミルクを飲まず、乳製品を食べない「家畜のミルクの香りのしない文明」であった。

石器文明の発展した姿

メソアメリカとアンデスは、主要利器が石器の洗練された「石器文明」と位置づけられる。つまり基本的に新石器段階の技術によって、多くの人間を動員して手間暇をかけて手作業で築いた文明といえる。彼らは現代日本人とは異なり、作業の効率にそれほど重きを置かなかった。

アンデスでは、アメリカ大陸最古の形成期前期から中期（前一五世紀から前一一世紀）にかけて金製品などの装飾品が製造された。対照的にメソアメリカではかなり遅れて、メキシコ西部で後六〇〇年頃から冶金術が発達した。金や銅製品など大部分の金属製品は装飾品や儀式器であり、鉄はいっさい使用されなかった。

石器が主要利器であったことは、メソアメリカ文明とアンデス文明が、鉄器を用いた旧大陸の古代文明よりも「遅れていた」ことを必ずしも意味しない。インカは、北はコロンビア南部から南はチリ中部に至る南北四〇〇〇キロメートルを影響下に置いた。インカの統治機構の規模そのものがアンデス文明の発展を示す。一方でマヤの支配層は、先スペイン期のアメリカ大陸で文字（四万～五万）、暦、天文学を最も発達させ、六世紀の古代インドに先立ち独特なゼロの文字を発明した。

メソアメリカを代表する打製石器は、定型的な黒曜石製石刃であった。メソアメリカでは、整形された黒曜石製石刃核から石刃を大量に製作・使用した。定型的な石刃を大量に押圧剝離する文化実践はアンデスにはなく、打製石器は不定形な剝片が主流であった。一方で磨製石器では、製粉用の石盤や石棒、石皿や磨石、磨製石斧など共通する道具が多い。

メソアメリカの支配層は、洗練された石彫を数多く生み出した。特にマヤ文明では、王や貴族など特定の権力者のきわめて写実的な人物像が多い。アステカ王国では、王などの人物像に加えて、神々、神話や世界観に関わる石彫などが多用された。

ペルー国立考古学博物館の展示に顕著に示されているように、アンデスではメソアメリカと比べると石彫が極端に少ない。人物像は総体的に没個人的であり、特定の権力者の人物像が希少である。図像は動物、植物や神々が多いのが特徴といえる。

アンデス――はじめに神殿ありき

アンデスでは、「はじめに神殿ありき」である。そこには、公共祭祀建築→農耕定住→土器→都市という社会変化の過程があった。くりかえして強調するが、文字はなかった。海岸部では前五〇〇〇年頃から漁労定住が確立し、先土器時代の前三五〇〇年頃から公共祭祀建築（神殿）が建設された。公共祭祀建築は、ナスカの地上絵が描かれる三五〇〇年ほど前、インカ国家が拡大する四九〇〇年ほど前から建造されていたのである。

ペルーのセチン・バホ遺跡（前三五〇〇〜前二九〇〇年）やユネスコ世界遺産カラル遺跡（前三〇〇〇〜前二〇〇〇年）の公共祭祀建築（図終−6）は、マヤ文明のものよりも二〇〇〇年以上古い。農耕定住が成立したのは、アンデスの高地や海岸部の河川地域では前三〇〇〇年頃であった。土器の容器の起源はさらに遅く、前一八〇〇年頃である。

アンデスの祭祀中心地では、文字ではなく公共祭祀建築が社会を突き動かす重要な役割

図終-6　ペルーの世界遺産カラル遺跡
（撮影：青山和夫）

を果たしつづけた。支配層は、形成期（前三〇〇〇年頃～紀元前後）のある時期から、祭祀中心地で公共祭祀建築を積極的に活用した。先史アンデスでは、公共祭祀建築をくりかえし更新する建設活動と公共祭祀建築を刷新する建設活動が行われた。両者は組み合わされ、公共祭祀建築を中心として社会が展開した。公共祭祀建築をくりかえし更新する建設活動は、既存の社会秩序や権力関係を表象し、正当化するための行為であった。

　対照的に公共祭祀建築を刷新する建設活動は、既存の社会秩序や権力関係を否定し、新しい社会秩序を正当化する行為といえる。換言すると、公共祭祀建築は、既存の社会秩序や権力関係を表象・正当化するだけでなかった。それを否定したり、新たな社会秩序や権力関係を生成したりする際にも大きな役割を果たしたのである。

　アンデスでは、三〇〇〇年以上にわたって神殿を中心に社会が統合され、大規模な集住を選択しない社会伝統が続いた。ところが、形成期末期（前二五〇年～紀元前後）に神殿の建設が停止した。その後ペルー北海岸では、アンデス最初の王国モチェ（後二〇〇〜八五〇年）が興った。アンデスでは、王、王国や都市の出現はメソアメリカに比べて遅かった。

ナスカやインカの主都クスコは、祭祀中心地であった。文字の代わりに、地上絵や壁画、土器、織物、キプといった媒体に情報を「書いた」ことが重要である。インカは、メソアメリカや旧大陸の文字文明のように文字を必要とせずに巨大な社会を動かした。アンデス文明のあり方は、文字中心的な旧大陸の文明観を覆す。

メソアメリカ――土器の後に神殿ありき

アンデスとは異なり、メソアメリカでは「はじめに土器ありき、神殿は土器の後」である。メソアメリカでは、土器→公共祭祀建築→農耕定住→都市→文字という社会変化の過程があった。土器の容器の起源は、前一九〇〇年頃である。アンデスとほぼ同時期であるが、土器が出現した後にオルメカ文明のサン・ロレンソ遺跡などで公共祭祀建築が建設された。

マヤ文明を含むメソアメリカでは、生産性の高いトウモロコシが定住を促進した。そして土器でトウモロコシ、マメやカボチャなどを煮炊きすることによって、幼児や老人にも食べやすくなり、寿命も延びて人口が増加した。

アグアダ・フェニックス遺跡では、前一二〇〇年頃に一部の人びとが土器を使い、定住生活を開始した。トウモロコシ農耕を基盤とする定住は、メソアメリカでは前一一〇〇年以降であった。つまり、農耕定住がアンデスより二〇〇〇年ほど遅れた。一方でメソポタミアやアンデスでは、農耕定住村落の確立後に数千年以上かけて都市が形成された。マヤ文明では、トウモロコシ農耕を基盤とする定住生活から数百年後の先古典期中期末の前四〇〇年頃から先古典期後期（前三五〇〜前一〇〇年）に比較的短期間で都市が発展したことが特筆に値する。都市の起源は、アンデスよりも六〇〇年ほど早かった。

なぜメソアメリカでは農耕定住から比較的短期間に都市が発展したのだろうか。その要因の一つとして、前一一〇〇年頃にトウモロコシの品種改良の過程で大きな転換点があった可能性が高い。より大きな穂軸と穀粒を有する、生産性の高いトウモロコシが生み出され、トウモロコシ農耕を基盤とする生業が確立されていったといえよう。

人骨の同位体分析によれば、トウモロコシが主食になったのは前一一〇〇年以降である。さらに先古典期中期（前一〇〇〇〜前三五〇年）に、トウモロコシやトウモロコシの神の図像が顕著になったことが注目される。この頃に、生産性の高いトウモロコシ農耕を基盤とする生業による急速な社会変化「農耕革命」が進行中であった。

神殿更新と都市化

メソアメリカとアンデスの公共祭祀建築は、エジプトのピラミッドとは異なり、頂上部にキャップストーンはない。すなわち、先端が尖った角錐状のピラミッドはない。基壇の上に神殿などのより小さな建物を配置したものが多い。

エジプトの多くのピラミッドが一度に建設されたのに対して、メソアメリカとアンデスでは儀礼的意味を持つ公共祭祀建築の増改築（更新や刷新）が世代を超えて行われ、複数の建造時期がある。ただ例外もあり、パレンケの大王パカルの王陵「碑文の神殿」は、王の在位中に一度に建設された。

公共祭祀建築の相違点もある。アンデスでは、石や日干しレンガなどを積み上げて築いた壁を支えとする基壇が多い。基壇の上に小型の基壇を建設し、階段状に高さを持たせる建物も頻繁に建造された。メソアメリカの神殿ピラミッドと比べると、高さに比して頂上部の面積が広い基壇状建造物が多く、上部空間で宗教儀礼を執行する舞台であった。

メソアメリカのピラミッドは、上部を切った形状のピラミッド状基壇の上に神殿を配置して神殿ピラミッドを構成した。それは主に石造であり、古典期マヤ文明ではその多くが王陵として機能した。神殿と王宮の両方を兼ねる石造ピラミッドもあった。

上述のようにアンデスでは、神殿を中心に社会が統合され、大規模に集住しない社会伝統が三〇〇〇年以上も続いた。形成期では、巨大な神殿は社会構成員の自主的な共同労働によって更新されつづけた。そのため権力の発現はきわめて限定的であり、形成期末期に神殿の建設が停止した。形成期の神殿を中心にした社会は、その後の王国に連続的に発展しなかった。ナスカは祭祀中心地であり、人口が集中する都市は形成されなかった。

マヤ文明とアンデスにおいて、大規模な公共祭祀建築は複雑な社会階層や都市が確立された後ではなく、その前から建設されたことが特筆に値する。だが、マヤ文明では最初の公共祭祀建築の建設から、アンデスと比べて比較的短期間の七〇〇年ほどで都市が発達した。公共祭祀建築の共同建設・増改築や公共祭祀をくりかえすなかで、都市や王国に連続的に発展していったのである。

先古典期マヤ文明では、神殿ピラミッドは特定の個人のためではなく、公共性が強かった。古典期になると、神殿更新は王権を強化する政治的道具になった。諸王はピラミッドを神聖な山の象徴とし、神殿を地下界への入り口の洞窟になぞらえ、神々と人間の仲介者として自らの権威と権力を人びとに認めさせた。また、神殿ピラミッド内部の壮麗な王墓に先代の王を埋葬することによって強力な力が得られ、王朝は繁栄すると信じられた。諸王は神殿更新によって、より高くより大きな人工の神聖な山を築いて王権を強化し、都市の労働力を統御したのである。

絶対的な権力者ではない王とネットワーク型文明

メソアメリカとアンデスでは、絶対的な権力を行使する王を戴く統一国家は生まれなかった。上述のように、マヤの神聖王は、神々と人間の重要な仲介者であった。王は絶対的な権力者ではなく、宮廷の礼儀作法に縛られた象徴的な存在ともいえる。アステカは、それぞれに王を戴く三つの都市国家の同盟を中心にした王国であった。

インカは、究極的に南北四〇〇〇キロメートルという広範な地域を影響下に置いた。その一大特徴として、各地方の中心地に国家の食料倉庫を整備した。だがインカは、決して一枚岩ではない多神教の国家であった。インカ王は、あらゆる者の頂点に君臨する「帝国」の絶対的な権力者ではなかったのである。

メソアメリカは、統一国家のないネットワーク型文明であった。そこには、インカのような国家の食料倉庫を整備した地方の中心地は建設されなかった。諸王国が共存し、先スペイン期を通して広範な地域間ネットワークによって社会的・文化的な実践を創り上げて共有した。メソアメリカは、ネットワーク型のギリシア文明やインダス文明と同様に、統一王朝こそが文明であるという中央集権的な文明観を覆す。

メソポタミアや古代中国の防御壁に囲まれた囲壁集落とは異なり、メソアメリカとアンデスでは、例外はあるものの非囲壁集落が主流であった。諸王国が戦争や政略結婚によって勢力を拡大した。戦争の目的は、敵を大量虐殺することではなかった。政略結婚は、戦争と同様に、王が富や権威を獲得するのに役立った。それは有力な王国と同盟関係を結ぶ手段の一つであり、王族の女性が重要な役割を果たした。

メソアメリカとアンデスでは階層社会が発達し、世襲による貧富・地位の差異が顕著であった。少なくとも一部の王族・貴族は、工芸品や美術品を製作する工芸家であった。近世日本の士農工商のように、支配層の武士、被支配層の職人という身分体系ではなく、王・貴族＝戦士を兼ねる身分の高い美術家・工芸家という図式が存在したのである。

人類史のなかの古代アメリカの二大一次文明

アメリカ大陸と旧大陸の一次文明を対等に位置づけるうえで、メソアメリカ文明とアンデス文明の人類史的位置づけについて今一度まとめてみよう。

第一に、メソアメリカ文明とアンデス文明は、世界四大一次文明の二つという点で人類史において重要な位置を占める。メソアメリカとアンデスは、旧大陸の諸文明と交流することなく、狩猟採集社会から定住農耕社会、さらに国家に発展した先住民独自の一次文明であった。アメリカ大陸の二大一次文明は、古代アメリカ大陸史だけでなく人類の文明の起源と形成過程を解明するうえでも意義深い。

第二に、メソアメリカ文明とアンデス文明には、旧大陸の一次文明と比較しうる類似点が多い。前三世紀以降のメソアメリカ文明と後三世紀以降のアンデス文明には、①都市、②国家、③神聖王、④農業を基盤とした生業、⑤戦争、⑥政略結婚、⑦巨大な記念碑的建造物、⑧洗練された美術、⑨貧富・地位の差異といった、世界四大一次文明に共通する特徴が挙げられる。

第三に、メソアメリカ文明とアンデス文明のデータは、文字、技術や自然環境をはじめとして西洋中心史観や旧大陸中心史観を相対化する。「文明は乾燥した大河の流域で生まれた」という考えは、高地と低地のきわめて多様な自然環境で文明が発達したメソアメリカとアンデスには当てはまらない。またメソアメリカは、大型家畜なき人力文明であった。旧大陸の一次文明では、青銅器・鉄器や文字が文明の指標とされる。メソアメリカとアンデスでは基本的に石器が主要利器であり、鉄器は用いられなかった。一方でアンデス文明は、無文字文明であった。また絶対的な権力を行使する王を戴く統一国家は、メソアメリカとアンデスに誕生しなかった。古代アメリカの二大一次文明は、人類の文明とは何かをより深く考えるうえでも重要である。

第四に、メソアメリカ文明とアンデス文明は、栽培植物という生活基盤から世界史を変えた。コロンブスのカッコつきのアメリカ大陸「発見」、あるいは「新旧両大陸の不平等な出会い」が、旧大陸に新たな食料源をもたらして世界の食文化革命が起こった。

アメリカ大陸原産の栽培植物は、世界の栽培種の六割を占める。メソアメリカの主食トウモロコシやアンデス高地原産のジャガイモなどの作物は、旧大陸原産の小麦やイネを栽培できない、痩せた土地でも高い収穫量を期待できる。それゆえ飢饉がしだいに少なくなり、各地で人口が増加していった。ヨーロッパ人が略奪しつくした先住民の「贈り物」が、結果的に日本を含む旧大陸世界の多くの人の命を救ったのである。

バランスの取れた世界史と歴史教育

旧大陸世界との交流なしに独自に発展した古代アメリカ文明の研究は、人類の文明はなぜ、どのように興り変化したのか、そして文明とは何かについて旧大陸や西洋文明と接触後の社会の研究だけからは得られない、新たな視点や知見を人類史に提供する。この二大一次文明が謎や神秘のヴェールに包まれたままでは、バランスの取れた世界史に迫れない。

歴史教育への貢献と研究成果の普及は、すべての歴史研究者の重要な使命である。特に日本全国の教員と生徒が使用する中学歴史・高校世界史教科書における古代アメリカの記述の改善は、きわめて重要な課題といえる。なぜならば教科書の改善は、研究成果の最大の社会還元の一つであり、次世代の育成に繫がるからである。序章でも述べたように、義務教育である中学歴史教科書において、今なお時代遅れの「四大文明」・ユーラシア大陸中心的な歴史が語られつづけているのは大きな問題といえよう。

従来の高校『地理歴史』では、「世界史」（世界史Aまたは世界史B）が必修であり「日本史」と「地理」は選択必修科目であった。高等学校学習指導要領に基づき、一八世紀以降の近現代史を中心に世界と日本の動向を関連づけて学ぶ「歴史総合」が二〇二二年度に新設され、必修化された。つまり結果的に高校世界史の必修教科書の内容が大規模に改変され、近世以前の部分が大幅に削除されてしまったのである。

一方で前近代と近現代を学ぶ「世界史探究」（従来の「世界史B」に相当）が二〇二三年度に導入され、選択科目になった。たいへん残念ながら、よりバランスの取れた世界史を学ぶうえで、世界史教育のあり方が大いに懸念される。

ヨーロッパ人に「発見」される前のアメリカ大陸の歴史は、日本の学校教育のなかで冷遇されてきた。日本の歴史教育は、ほんとうにこれでよいのだろうか。今回の高校世界史の改変によって、前近代からの長い時間枠で歴史をとらえることができる国民の養成が不十分になるのではないだろうか。「過去を振り返らない」、「過去の教訓から学ばない」人材の育成に繫がってしまうのではないだろうか。

選択科目の「世界史探求」は、アメリカ大陸の多様性に富んだ諸文明を同一視・混同する「マヤ・アステカ・インカ」シンドロームというべき傾向をなおいっそう助長するのではないだろうか。前近代の文明社会の成り立ちや盛衰は、これからさらにエンタメの材料になってしまうのだろうか。メソアメリカとアンデスを含む世界四大一次文明の適切かつ十分な教科書の記述抜きには、バランスの取れた真の世界史に近づくことはできない。

現在は過去の総和である。現在の私たちを理解するためには過去の歴史を学ぶことが欠かせない。近現代史以前の歴史、加えて実学ではない人文社会科学を学ぶことは、私たちが長期的な視野に立って人間をより良く理解するための知を継承・発展させ、社会の多様性を支え、人間の創造性の基盤を養うためになくてはならないことを強調したい。

メソアメリカとアンデスは独自に文明が誕生した世界でも稀な地域であり、西洋中心史観や旧大陸中心史観を相対化する地域でもある。つまり、古代アメリカは旧大陸と同様に教科書記述においても重要であり、エジプトやメソポタミアなどに割かれているのと同程度に記述されるべきであろう。

古代アメリカの二大一次文明を正しく理解することは、バランスの取れたよりグローバルな真の世界史に近づく鍵となる。メソアメリカとアンデス独特の文明の特徴を知るだけでなく、私たち人類の可能性とは何か、人類の文明の普遍性と多様性を理解するうえでもきわめて重要なのである。

参考文献

序章

青山和夫『古代メソアメリカ文明――マヤ・テオティワカン・アステカ』講談社選書メチエ、二〇〇七年

青山和夫『古代マヤ――石器の都市文明　増補版』京都大学学術出版会、二〇一三年

青山和夫・井上幸孝・吉田晃章・渡部森哉・松本雄一「古代アメリカに関する中学・高校教科書問題――中学歴史と高校歴史総合・世界史探究の検討」『古代アメリカ』二六号、九三―一〇八頁、二〇二三年

青山和夫・米延仁志・坂井正人・鈴木紀「『古代アメリカの比較文明論』プロジェクトの目標と展望」『古代アメリカ』一七号、一一九―一二七頁、二〇一四年

青山和夫・米延仁志・坂井正人・鈴木紀（編）『古代アメリカの比較文明論――メソアメリカとアンデスの過去から現代まで』京都大学学術出版会、二〇一九年

青山和夫・米延仁志・坂井正人・高宮広士『マヤ・アンデス・琉球――環境考古学で読み解く「敗者の文明」』朝日選書、二〇一四年

青山和夫・米延仁志・坂井正人・高宮広士（編）『文明の盛衰と環境変動――マヤ・アステカ・ナスカ・琉球の新しい歴史像』岩波書店、二〇一四年

石川禎浩「中国近現代における文明史観の受容と展開――兼ねて『四大文明』説の由来を論ず」『史林』一〇二巻一号、一五二―一八七頁、二〇一九年

増田義郎・青山和夫『世界歴史の旅　古代アメリカ文明――アステカ・マヤ・インカ』山川出版社、二〇一〇年

杉山三郎・嘉幡茂・渡部森哉『古代メソアメリカ・アンデス文明への誘い』風媒社、二〇一一年

杉山正明「マヤ文明　青山和夫著　あふれるマヤへの情熱」『読売新聞』六月一七日朝刊、二〇一二年

関雄二・青山和夫（編著）『岩波　アメリカ大陸古代文明事典』岩波書店、二〇〇五年

鶴見英成「アメリカ」日本考古学協会（編）『日本考古学・最前線』雄山閣、二〇七―二一〇頁、二〇一八年

山本睦・松本雄一「形成期という時代、神殿更新論という視座」関雄二（監修）、山本睦・松本雄一（編）『アンデス文明ハンドブック』臨川書店、二二―三一頁、二〇二二年

山本紀夫（編）『アンデス高地』京都大学学術出版会、二〇〇七年

山本紀夫『コロンブスの不平等交換――作物・奴隷・疫病の世界史』角川選書、二〇一七年

Weatherford, Jack, *Indian Givers: How the Indians of the Americas Transformed the World*. Fawcett Columbine, New York, 1988.（ジャック・M・ウェザーフォード『アメリカ先住民の貢献』小池佑二訳、パピルス、一九九六年）

第一章

青山和夫『古代メソアメリカ文明――マヤ・テオティワカン・アステカ』講談社選書メチエ、二〇〇七年
青山和夫『マヤ文明――密林に栄えた石器文化』岩波新書、二〇一二年
青山和夫『古代マヤ　石器の都市文明　増補版』京都大学学術出版会、二〇一三年
青山和夫『マヤ文明を知る事典』東京堂出版、二〇一五年
青山和夫「先古典期マヤ文明の王権の起源と形成」『古代文化』六八（四）、五〇二―五〇九頁、二〇一七年
青山和夫「マヤ文字――マヤ文明」大城道則（編著）『図説　古代文字入門』河出書房新社、一〇三―一一二頁、二〇一八年
青山和夫「メソアメリカの農耕定住と社会の複雑化」『考古学研究』六七（四）、五九―六八頁、二〇二一年
青山和夫『マヤ文明の戦争――神聖な争いから大虐殺へ』京都大学学術出版会、二〇二一年
青山和夫「LiDAR技術とマヤ文明」『電子情報通信学会論文誌』J一〇六―D（六）、三六六―三七四頁、二〇二三年
青山和夫（監修）『カラー版　マヤと古代メキシコ文明のすべて』宝島社新書、二〇二三年
青山和夫・嘉幡茂・市川彰・長谷川悦夫・福原弘識・塚本憲一郎「メソアメリカ文明の通時的比較研究序論」『古代アメリカ』二〇号、七九―九四頁、二〇一七年
青山和夫・嘉幡茂・塚本憲一郎・市川彰・福原弘識・長谷川悦夫「メソアメリカの複雑社会の起源・形成・衰退に関する比較文明論研究」『古代アメリカ』二二号、三―三二頁、二〇一九年
青山和夫・松木武彦「古墳文化とマヤ文明――比較考古学研究事始」『文明動態学』一、二一―三八頁、二〇二二年
青山和夫・米延仁志・坂井正人・鈴木紀（編）『古代アメリカの比較文明論――メソアメリカとアンデスの過去から現代まで』京都大学学術出版会、二〇一九年
泉靖一「初めに神殿ありき　無土器時代に農業も」『朝日新聞』九月二一日夕刊、一九六六年
大城道則・青山和夫・関雄二『世界のピラミッド大事典』柊風舎、二〇一八年
嘉幡茂『テオティワカン――「神々の都」の誕生と衰退』雄山閣、二〇一九年
川田順造「非文字資料による人類文化研究のために――感性の諸領域と身体技法を中心に」「人類文化研究のための非文字資料の体系化」第2班（編）『身体技法・感性・民具の資料化と体系化』神奈川大学21世紀COEプログラム「人類文化研究のための非文字資料の体系化」研究推進会議、三―三〇頁、二〇〇八年
国立歴史民俗学博物館・松木武彦・福永伸哉・佐々木憲一（編）『日本の古墳はなぜ巨大なのか――古代モニュメントの比較考古学』吉川弘文館、二〇二〇年
杉山三郎『メキシコ古代都市の謎――テオティワカンを掘る』朝日選書、二〇二三年
関雄二『古代アンデス　権力の考古学』京都大学学術出版会、二〇〇六年
関雄二（編）『アンデス文明――神殿から読み取る権力の世界』臨川書店、二〇一七年

Aoyama, Kazuo, *Elite Craft Producers, Artists, and Warriors at Aguateca: Lithic Analysis*. Monographs of the Aguateca Archaeological Project First Phase Volume 2. The University of Utah Press, Salt Lake City, 2009.

Aoyama, Kazuo, Ancient Maya Economy: Lithic Production and Exchange around Ceibal, Guatemala. *Ancient Mesoamerica* 28(1):279-303, 2017.

Aoyama, Kazuo, Preclassic and Classic Maya Interregional and Long-Distance Exchange: A Diachronic Analysis of Obsidian Artifacts from Ceibal, Guatemala. *Latin American Antiquity* 28(2):213-231, 2017.

Aoyama, Kazuo, Takeshi Inomata, Flory Pinzón and Juan Manuel Palomo, Polished Greenstone Celt Caches from Ceibal: The Development of Maya Public Rituals. *Antiquity* 91(357):701-717, 2017.

Aoyama, Kazuo, Takeshi Inomata, Daniela Triadan, Flory Pinzón, Juan Manuel Palomo, Jessica MacLellan and Ashley Sharpe, Early Maya Ritual Practices and Craft Production: Late Middle Preclassic Ritual Deposits Containing Obsidian Artifacts at Ceibal, Guatemala. *Journal of Field Archaeology* 42(5):408-422, 2017.

Chávez, René E., Andrés Tejero-Andrade, Gerardo Cifuentes, Denisse L. Argote-Espino and Esteban Hernández-Quintero, Karst Detection Beneath the Pyramid of El Castillo, Chichen Itza, Mexico, by Non-Invasive ERT-3D Methods. *Scientific Reports* 8:15391; doi:10.1038/s41598-018-33888-9, 2018.

Coe, Michael D. and Stephen Houston, *The Maya*. Tenth edition. Thames & Hudson, London, 2022.（第六版の邦訳はマイケル・D・コウ『古代マヤ文明』加藤泰建・長谷川悦夫訳、創元社、二〇〇三年）

Cowgill, George L., *Ancient Teotihuacan: Early Urbanism in Central Mexico*. Cambridge University Press, Cambridge, 2015.

Culbert, T. Patrick, *Maya Civilization*. Smithsonian Books, Washington, D.C., 1993.

Houston, Stephen D. and Takeshi Inomata, *The Classic Maya*. Cambridge University Press, Cambridge, 2009.

Inomata, Takeshi, The Power and Ideology of Artistic Creation: Elite Craft Specialists in Classic Maya Society. *Current Anthropology* 42(3):321-349, 2001.

Inomata, Takeshi, Plaza Builders of the Preclassic Maya Lowlands: The Construction of a Public Space and a Community at Ceibal, Guatemala. *Mesoamerican Plazas: Arenas of Community and Power*, edited by Kenichiro Tsukamoto and Takeshi Inomata, 19-33. The University of Arizona Press, Tucson, 2014.

Inomata, Takeshi, Juan Carlos Fernandez-Diaz, Daniela Triadan, Miguel García Mollinedo, Flory Pinzón, Melina García Hernández, Atasta Flores, Ashley Sharpe, Timothy Beach, Gregory W. L. Hodgins, Juan Javier Durón Díaz, Antonio Guerra Luna, Luis Guerrero Chávez, María de Lourdes Hernández Jiménez and Manuel Moreno Díaz, Origins and Spread of Formal Ceremonial Complexes in the Olmec and Maya Regions revealed by Airborne Lidar. *Nature Human Behaviour* 5:1487-1501, 2021.

Inomata, Takeshi, Jessica MacLellan, Daniela Triadan, Jessica Munson, Melissa Burham, Kazuo Aoyama, Hiroo Nasu, Flory Pinzón and

Hitoshi Yonenobu, Development of Sedentary Communities in the Maya Lowlands: Coexisting Mobile Groups and Public Ceremonies at Ceibal, Guatemala. *Proceedings of the National Academy of Sciences* 112(14):4268-4273, 2015.

Inomata, Takeshi, Flory Pinzón, José Luis Ranchos, Tsuyoshi Haraguchi, Hiroo Nasu, Juan Carlos Fernandez-Diaz, Kazuo Aoyama and Hitoshi Yonenobu, Archaeological Application of Airborne LiDAR with Object-Based Vegetation Classification and Visualization Techniques at the Lowland Maya Site of Ceibal, Guatemala. *Remote Sensing* 9(6):563; doi:10.3390/rs9060563, 2017.

Inomata, Takeshi, Daniela Triadan, Kazuo Aoyama, Victor Castillo and Hitoshi Yonenobu, Early Ceremonial Constructions at Ceibal, Guatemala, and the Origins of Lowland Maya Civilization. *Science* 340(6131):467-471, 2013.

Inomata, Takeshi, Daniela Triadan, Flory Pinzón and Kazuo Aoyama, Artificial Plateau Construction during the Preclassic Period at the Maya Site of Ceibal, Guatemala. *PLOS ONE* 14(8): e0221943, 2019.

Inomata, Takeshi, Daniela Triadan, Flory Pinzón, Melissa Burham, José Luis Ranchos, Kazuo Aoyama and Tsuyoshi Haraguchi, Archaeological Application of Airborne LiDAR to Examine Social Changes in the Ceibal Region of the Maya Lowlands. *PLOS ONE* 13(2): e0191619, 2018.

Inomata, Takeshi, Daniela Triadan, Verónica A. Vázquez López, Juan Carlos Fernandez-Diaz, Takayuki Omori, María Belén Méndez Bauer, Melina García Hernández, Timothy Beach, Clarissa Cagnato, Kazuo Aoyama and Hiroo Nasu, Monumental Architecture at Aguada Fénix and the Rise of Maya Civilization. *Nature* 582:530-533, 2020.

Martin, Simon and Nikolai Grube, *Chronicle of the Maya Kings and Queens: Deciphering the Dynasties of the Ancient Maya*. Second edition. Thames and Hudson, London, 2008.（初版の邦訳は『古代マヤ王歴代誌』長谷川悦夫他訳、創元社、二〇〇二年）

Moore, Jerry D., *A Prehistory of South America: Ancient Cultural Diversity on the Least Known Continent*. University Press of Colorado, Boulder, 2014.

Morris, Craig and Adriana Von Hagen, *The Incas: Lords of the Four Quarters*. Thames and Hudson, London, 2011.

Saturno, William A., David Stuart and Boris Beltrán, Early Maya Writing at San Bartolo, Guatemala. *Science* 311(5765):1281-1283, 2006.

Šprajc, Ivan, Takeshi Inomata and Anthony F. Aveni, Origins of Mesoamerican Astronomy and Calendar: Evidence from the Olmec and Maya Regions. *Science Advances* 9(1); doi:10.1126/sciadv.abq7675, 2023.

Stuart, David, *The Order of Days: The Maya World and the Truth about 2012*. Harmony Books, New York, 2011.

Sugiyama, Saburo and Leonardo López Luján, Dedicatory Burial/Offering Complexes at the Moon Pyramid, Teotihuacan: A Preliminary Report of 1998–2004 Explorations. *Ancient Mesoamerica* 18(1):127-146, 2007.

Tsukamoto, Kenichiro and Takeshi Inomata (eds.), *Mesoamerican Plazas: Arenas of Community and Power*. The University of Arizona Press, Tucson, 2014.

第二章

井関睦美「アステカ王国拡大期におけるコヨルシャウキ女神の図像変化」『古代アメリカ』一三号、四一―五二頁、二〇一〇年
井関睦美「アステカ―自然災害を乗り越えた王国」青山和夫・米延仁志・坂井正人・高宮広土（編）『文明の盛衰と環境変動―マヤ・アステカ・ナスカ・琉球の新しい歴史像』、岩波書店、七三―八七頁、二〇一四年
井上幸孝「メシーカ人の旅物語―アステカ移住譚の形成と歴史」専修大学人文科学研究所（編）『移動と定住の文化誌―人はなぜ移動するのか』彩流社、一五―四二頁、二〇一一年
井上幸孝（編著）『メソアメリカを知るための58章』明石書店、二〇一四年
井上幸孝「サパタ・イ・メンドサ『高貴なるトラスカラ市の年代史』に関する一考察」専修大学人文科学研究所『人文科学年報』四八号、六三―八一頁、二〇一八年
井上幸孝「アステカ社会における神話・歴史の表象―絵文書・石彫モニュメント・神殿ピラミッド」土屋昌明（編）『異文化社会の理解と表象研究』専修大学出版局、七一―一一四頁、二〇二二年
岩崎賢『アステカ王国の生贄の祭祀―血・花・笑・戦』刀水書房、二〇一五年
グリュジンスキ，セルジュ『アステカ王国―文明の死と再生』落合一泰（監修）、齋藤晃訳、創元社（「知の再発見」双書19）、一九九二年
小池佑二『アステカ文明』青山社、二〇〇七年
コルテス，エルナン『コルテス報告書簡』伊藤昌輝訳、法政大学出版局、二〇一五年
スーステル，ジャック『アステカ文明』狩野千秋訳、白水社（文庫クセジュ491）、一九七一年
ソリタ／ランダ『ヌエバ・エスパニャ報告書／ユカタン事物記』小池佑二・林屋永吉訳、岩波書店（大航海時代叢書第Ⅱ期13）、一九八二年
タウンゼント，リチャード・F『図説　アステカ文明』増田義郎（監修）、武井摩利訳、創元社、二〇〇四年
高山智博『アステカ文明の謎―いけにえの祭り』講談社現代新書、一九七九年
ディーアス・デル・カスティーリョ，ベルナール『メキシコ征服記（一）～（三）』小林一宏訳、岩波書店（大航海時代叢書エクストラ・シリーズⅢ～Ⅴ）、一九八六～一九八七年
ボド，ジョルジュ、ツヴェタン・トドロフ（編）『アステカ帝国滅亡記―インディオによる物語』菊地良夫・大谷尚文訳、法政大学出版局、一九九四年
モトリニーア『ヌエバ・エスパーニャ布教史』小林一宏訳、岩波書店（大航海時代叢書第Ⅱ期14）、一九七九年
Alcina Franch, José, *Códices mexicanos*. Mapfre, Madrid, 1992.
Alva Ixtlilxóchitl, Fernando de, *Obras históricas*. UNAM, México, 1985 (2 tomos).
Alvarado Tezozómoc, Fernando, *Crónica mexicáyotl*. UNAM, México, 1992(2ª ed.).

Alvarado Tezozómoc, Hernando, *Crónica mexicana: Manuscrito Kraus 117*. UNAM, México, 2021.

Anders, Ferdinand y Maarten Jansen, *Códice Magliabechi. Libro de la vida*. FCE, México / Akademische Druck- und Verlagsanstalt, Graz, 1996.

Anders, Ferdinand, Maarten Jansen y Luis Reyes García, *Códice Borbónico. El libro del Ciuacoatl*. Akademische Druck- und Verlagsanstalt, Graz / FCE, México, 1991.

Brian, Amber, Bradley Benson and Pablo García Loaeza (eds.), *The Native Conquistador: Alva Ixtlilxochitl's Account of the Conquest of New Spain*. Pennsylvania State University Press, University Park, PA, 2015.

Brito Guadarrama, Baltazar, *El Códice Boturini o Tira de la Peregrinación*. FCE / INAH, México, 2023.

Castillo, Cristobal del, *Historia de la venida de los mexicanos y de otros pueblos e Historia de la conquista*. CONACULTA, México, 2001.

Codex Azcatitlan. Bibliothèque nationale de France / Société des Américanistes, Paris, 1995.

Códice Chimalpopoca. Anales de Cuauhtitlán y Leyenda de los Soles. UNAM, México, 1992.

Códice Osuna. Reproducción facsimilar de la obra del mismo título, editada en Madrid, 1878. Ediciones del Instituto Indigenista Interamericano, México, 1947.

Diel, Lori Boornazian, *The Codex Mexicanus: A Guide to Life in Late Sixteenth-Century New Spain*. University of Texas Press, Austin, 2018.

Doesburg, Geert Bastiaan van, *Códice Ixtlilxóchitl. Papeles y pinturas de un historiador*. FCE, México / Akademische Druck- und Verlagsanstalt, Graz, 1996.

Durán, Diego, *Historia de las Indias de Nueva España e islas de Tierra Firme*. CONACULTA, México, 1995 (2 tomos).

Escalante Gonzalbo, Pablo, *Los códices mesoamericanos antes y después de la conquista española*. FCE, México, 2010.

Hermann Lejarazu, Manuel A. y Michel R. Oudijk (eds.), *Códice de Yanhuitlán (1520-1544)*. Archivo General de la Nación / Biblioteca José María Lafragua de la Benemérita Universidad Autónoma de Puebla, México, 2015.

Inoue Okubo, Yukitaka, Los *tlatoque* en la *Decimatercia relación* de Fernando de Alva Ixtlilxóchitl, *Dimensión antropológica*, 76:12-27, 2019.

Kruell, Gabriel K., *Crónica mexicáyotl: Obra histórica de Hernando de Alvarado Tezozómoc editada por Domingo Francisco de San Antón Muñón Chimalpáin Cuauhtlehuanitzin con fragmentos de Alonso Franco*. UNAM, México, 2021.

León-Portilla, Miguel, *El destino de la palabra: De la oralidad y los glifos mesoamericanos a la escritura alfabética*, FCE, México, 1996.

Levin, Danna y Federico Navarrete Linares (coords.), *Indios, mestizos y españoles: Interculturalidad e historiografía en la Nueva España*. UAM-Azcapotzalco / UNAM, México, 2007.

López-Austin, Alfredo, *Tamoanchan y Tlalocan*. FCE, México, 1994.

López Austin, Alfredo y Leonardo López Luján, *Monte sagrado-Templo Mayor: El cerro y la pirámide en la tradición religiosa mesoamericana*. INAH / UNAM, México, 2009.

Muñoz Camargo, Diego, *Descripción de la ciudad y provincia de Tlaxcala*. UNAM, México, 1981.

Navarrete Linares, Federico, *Los orígenes de los pueblos indígenas del valle de México: Los altépetl y sus historias*. UNAM, México, 2011.
Noguez, Xavier (coord.), *Códices*. Secretaría de Cultura, México, 2017.
Quiñones Keber, Eloise, *Codex Telleriano-Remensis: Ritual, Divination, and History in a Pictorial Aztec Manuscript*. University of Texas Press, Austin, 1995.
Romero Galván, José Rubén (coord.), *Historiografía mexicana, volumen I: Historiografía novohispana de tradición indígena*. UNAM, México, 2003.
Romero Galván, José Rubén, *Historias recuperadas: Historiografía indígena en el Altiplano novohispano*. UNAM, México, 2022.
Sahagún, Bernardino de, *Códice florentino. Historia general de las cosas de Nueva España. Manuscrito 218-220 de la Colección Palatina de la Biblioteca Medicea Laurenziana*. Secretaría de Gobernación / AGN, México, 1979 (3 vols.).
Sahagún, Bernardino de, *Primeros Memoriales*. University of Oklahoma Press, Norman, 1993.
Vásquez Galicia, Sergio Ángel, *Cuatro obras históricas de Fernando de Alva Ixtlilxóchitl*. Edición basada en los manuscritos autógrafos del *Códice Chimalpahin*, UAM, México, 2021 (2 vols.).
Zapata y Mendoza, Juan Buenaventura, *Historia cronológica de la noble ciudad de Tlaxcala*. Universidad Autónoma de Tlaxcala / CIESAS, México, 1995.

第三章

阿子島功「ペルー，ナスカ台地とその周辺の耕地と水」『季刊地理学』六二(四)、二二三—二二八頁、二〇一〇年
阿子島功「ナスカ盆地周縁でカタツムリを探す——ペルー南海岸の古環境変化を求めて」『文明の盛衰と環境変動——マヤ・アステカ・ナスカ・琉球の新しい歴史像』青山和夫・米延仁志・坂井正人・高宮広土(編)、一四三—一五六頁、岩波書店、二〇一四年
伊藤晶文・阿子島功「地上絵の作成当時から現在までの変化と当時の人々の水利用を探る」『古代アメリカの比較文明論——メソアメリカとアンデスの過去から現代まで』青山和夫・米延仁志・坂井正人・鈴木紀(編)、京都大学学術出版会、一八八—二〇〇頁、二〇一九年
江田真毅「ナスカの地上絵の鳥類学」『古代アメリカの比較文明論——メソアメリカとアンデスの過去から現代まで』青山和夫・米延仁志・坂井正人・鈴木紀(編)、京都大学学術出版会、二二九—二四一頁、二〇一九年
オング，ウォルター・J『声の文化と文字の文化』桜井直文・林正寛・糟谷啓介訳、藤原書店、一九九一［一九八二］年
梶丸岳「リテラシーとオラリティを複数化する——声の文化と文字の文化の大分水嶺を越えて」『文化人類学』八三(三)、四六九—四八〇頁、二〇一八年
グディ，J『未開と文明』吉田禎吾訳、岩波現代選書、一九八六［一九七七］年
クルマス，フロリアン『文字の言語学——現代文字論入門』斎藤伸治訳、大修館書店、二〇一四年

坂井正人「古代ナスカの空間構造」『リトルワールド研究報告』一三号、三七―五五頁、一九九六年
坂井正人（編）『ナスカ地上絵の新展開――人工衛星画像と現地調査による』山形大学出版会、二〇〇八年
坂井正人「民族学と気候変化――ペルー南部海岸ナスカ台地付近の事例より」『第四紀研究』五一（四）、二三一―二三七頁、二〇一二年
坂井正人「古代アンデス文明における環境変化とナスカ地上絵」『マヤ・アンデス・琉球――環境考古学で読み解く「敗者の文明」』青山和夫・米延仁志・坂井正人・高宮広土、朝日選書、一二五―一七六頁、二〇一四年a
坂井正人「地上絵と共に生きた人々――ペルー南海岸ナスカ台地周辺における社会動態」『文明の盛衰と環境変動――マヤ・アステカ・ナスカ・琉球の新しい歴史像』青山和夫・米延仁志・坂井正人・高宮広土（編）、一二一―一三九頁、岩波書店、二〇一四年b
坂井正人「ナスカの地上絵と神殿――アンデス文明のイデオロギーと権力をめぐって」『古代文化』六九（一）、六三―七二頁、二〇一七年
坂井正人「ナスカ台地の地上絵――ナスカ早期からインカ期までの展開」『古代アメリカの比較文明論――メソアメリカとアンデスの過去から現代まで』青山和夫・米延仁志・坂井正人・鈴木紀（編）、京都大学学術出版会、一四〇―一五八頁、二〇一九年
坂井正人「文明と記憶」『ラテンアメリカ文化事典』ラテンアメリカ文化事典編集委員会（編）、丸善出版、四二―四三頁、二〇二一年
坂井正人「ナスカの地上絵をめぐる景観と土器の儀礼的破壊」『アンデス文明ハンドブック』関雄二（監修）、山本睦・松本雄一（編）、一八〇―一九五頁、臨川書店、二〇二二年a
坂井正人「ナスカの地上絵の学術調査と保護のあり方」『アンデス文明ハンドブック』関雄二（監修）、山本睦・松本雄一（編）、三二六―三三四頁、臨川書店、二〇二二年b
坂井正人『ナスカの地上絵――分布規則・制作目的・保護』在日ペルー共和国大使館、二〇二三年
坂井正人、ホルヘ・オラーノ「ナスカ台地の放射状直線の制作時期をめぐって」『季刊地理学』六二（四）、二三九―二四二頁、二〇一〇年
瀧上舞「アンデス文明における食性変化――ナスカ地域の事例より」『古代文化』六九（一）、七三―八三頁、二〇一七年
瀧上舞「食べ物から探るナスカ地域の資源流通」『古代アメリカの比較文明論――メソアメリカとアンデスの過去から現代まで』青山和夫・米延仁志・坂井正人・鈴木紀（編）、京都大学学術出版会、二〇四―二一七頁、二〇一九年
瀧上舞・米田穣「ナスカ砂漠に生きた人々と食性の変化」『文明の盛衰と環境変動――マヤ・アステカ・ナスカ・琉球の新しい歴史像』青山和夫・米延仁志・坂井正人・高宮広土（編）、岩波書店、一五七―一七一頁、二〇一四年
中村雄祐「リテラシー・スタディーズの展開――『リテラシーの心理学』に焦点を合わせて」『テクストと人文学――知の土台を解剖する』齋藤晃（編）、人文書院、八五―一〇〇頁、二〇〇九年
本多薫「ナスカ台地におけるラインセンター間のネットワーク」『季刊地理学』六二（四）、二三四―二三八頁、二〇一〇年
本多薫・門間政亮「ナスカ台地におけるラインセンター間の移動について（第3報）――最短路と経路選択からの検証」『山形大学大

学院社会文化システム研究科紀要』一二号、一一一四頁、二〇一五年
本多薫・門間政亮「ナスカ台地におけるラインセンター間の移動距離と負担との関係——歩行時の心拍数を指標として」『山形大学大学院社会文化システム研究科紀要』一三号、一三—二七頁、二〇一六年
本多薫・門間政亮「地上絵に関する情報科学的研究」『古代アメリカの比較文明論——メソアメリカとアンデスの過去から現代まで』青山和夫・米延仁志・坂井正人・鈴木紀（編）、京都大学学術出版会、二四一—二五一頁、二〇一九年a
本多薫・門間政亮「ナスカ台地におけるラインセンターの可視領域の範囲と配置について——可視領域解析による可視・不可視領域からの分析」『山形大学人文社会科学部研究年報』一六号、三一—四二頁、二〇一九年b
本多薫・門間政亮「可視領域解析を用いたナスカ台地におけるラインセンターの配置に関する検討」『山形大学人文社会科学部研究年報』一九号、一—一六頁、二〇二二年
松本雄一「インヘニオ谷の社会変動——形成期からイカ期までの展開」『古代アメリカの比較文明論——メソアメリカとアンデスの過去から現代まで』青山和夫・米延仁志・坂井正人・鈴木紀（編）、京都大学学術出版会、一七二—一八七頁、二〇一九年
松本雄一、ホルヘ・オラーノ、坂井正人「ペルー南海岸、エストゥディアンテ遺跡調査概報」『古代アメリカ』二三号、九一—一〇二頁、二〇二〇年
山本睦、ホルヘ・オラーノ「ベンティーヤ神殿——形成期とナスカ期」『古代アメリカの比較文明論——メソアメリカとアンデスの過去から現代まで』青山和夫・米延仁志・坂井正人・鈴木紀（編）、京都大学学術出版会、一五九—一六九頁、二〇一九年
山本睦、坂井正人、ホルヘ・オラーノ、松本雄一「ペルー南海岸、ラ・ベンティーヤ遺跡の発掘調査」『古代アメリカ』二〇号、九五—一〇六頁、二〇一七年
渡邊洋一「ナスカ台地の空間認知」『山形大学大学院社会文化システム研究科紀要』四号、一五一—一六三頁、二〇〇七年
渡邊洋一・本多明生「地上絵に関する認知心理学的研究」『古代アメリカの比較文明論——メソアメリカとアンデスの過去から現代まで』青山和夫・米延仁志・坂井正人・鈴木紀（編）、京都大学学術出版会、二一八—二二八頁、二〇一九年
渡邊洋一・本多薫「直線の地上絵は何を語るのか」『文明の盛衰と環境変動——マヤ・アステカ・ナスカ・琉球の新しい歴史像』一四〇—一四一頁、岩波書店、二〇一四年
渡邊洋一・本多薫・門間政亮「ナスカ台地の移動時における直線の地上絵とラインセンターの利用——ウェアラブルカメラを用いた分析」『山形大学紀要（人文科学）』一八（三）、一三九—一五四頁、二〇一六年
Akojima, Isao and Masato Sakai, Monitoring of "Quebrada", the Dry River Channels, on the Nasca Pampa, Peru. *Final Reports of the ALOS Research Announcement Programs* (DVD-ROM), 1&2 PI022-1-7, 2011.
Aveni, Anthony F., Order in the Nazca Lines. *The Lines of Nazca*, edited by Anthony F. Aveni, 41-113. American Philosophical Society, Philadelphia, 1990.
Baraybar, José Pablo, Cabezas trofeo Nasca: Nuevas evidencias. *Gaceta Arqueológica Andina* 4(15):6-10, 1987.

Benson, Elizabeth P., Why Sacrifice? *Ritual Sacrifice in Ancient Peru*, edited by Elizabeth P. Benson and Anita G. Cook, 1-20. University of Texas Press, 2001.

Boone, Elizabeth Hill, *Stories in Red and Black: Pictorial Histories of the Aztecs and Mixtecs*. University of Texas Press, Austin, 2000.

Boone, Elizabeth Hill and Walter D. Mignolo (eds.), *Writing without words: Alternative Literacies in Mesoamerica and the Andes*. Duke University Press, Durham, 1994.

Browne, David M. and José Pablo Baraybar, An Archaeological Reconnaissance in the Province of Palpa, Department of Ica, Peru. *Recent Studies in Pre-Columbian Archaeology*, edited by Nicholas J. Saunders and Olivier de Montmollin, 299-325. International Series 421 (ii), British Archaeological Reports, Oxford, 1988.

Browne, David M., Helaine Silverman and Rubén García, A Cache of 48 Nasca Trophy Heads from Cerro Carapo, Peru. *Latin American Antiquity* 4(3):274-294, 1993.

Carmichael, Patrick H., Nasca Mortuary Customs: Death and Ancient Society on the South Coast of Peru. Unpublished Ph.D. dissertation, Department of Anthropology, University of Calgary, 1988.

Clarkson, Persis B., The Archaeology of the Nazca Pampa: Environmental and Cultural Parameters. *The Lines of Nazca*, edited by Anthony F. Aveni, 115-172. American Philosophical Society, Philadelphia, 1990.

Collins, James, Literacy and Literacies. *Annual Review of Anthropology*, 24:75-93, 1995.

Collins, James, *Literacy and Literacies: Texts, Power, and Identity*. Cambridge University Press, Cambridge, 2003.

Conlee, Christina A., *Beyond the Nasca Lines: Ancient Life at La Tiza in the Peruvian Desert*. University Press of Florida, Gainesville, 2016.

Debenport, Erin and Anthony K. Webster, From Literacy / Literacies to Graphic Pluralism and Inscriptive Practices. *Annual Review of Anthropology*, 48:389-404, 2019.

DeLeonardis, Lisa, The Body Context: Interpreting Early Nasca Decapitated Burials. *Latin American Antiquity* 11(4):363-386, 2000.

Eda, Masaki, Takeshi Yamasaki and Masato Sakai, Identifying the Bird Figures of the Nasca Pampas: An Ornithological Perspective, *Journal of Archaeological Science: Reports* 26(101875), 2019.

Eitel, B., S. Hecht, B. Mächtle, G. Schukraft, A. Kadereit, G. A. Wagner, B. Kromer, I. Unkel and M. Reindel, Geoarchaeological Evidence from Desert Loess in the Nazca-Palpa Region, Southern Peru: Palaeoenvironmental Changes and Their Impact on Pre-Columbian Cultures. *Archaeometry* 47(1):137-158, 2005.

Fehren-Schmitz, Lars, Markus Reindel, Elsa Tomasto Cagigao, Susanne Hummel and Bernd Herrmann, Pre-Columbian Population Dynamics in Coastal Southern Peru: A Diachronic Investigation of mtDNA Patterns in the Palpa Region by Ancient DNA Analysis. *American Journal of Physical Anthropology* 141:208-221, 2010.

Forgey, Kathleen and Sloan R. Williams, Nasca Torophy Heads: Evidence of Warfare or Ancestor Cult? *Interacting with the Dead: Perspectives on Mortuary Archaeology for the New Millennium*, edited by Gordon F. M. Rakita, Jane E. Buikstra, Lane A. Beck and Sloan R. Williams, 251-276. University Press of Florida, Gainesville, 2005.

Goldstein, Paul S., Exotic goods and everyday chiefs: Long-distance exchange and indigenous sociopolitical development in the south central Andes. *Latin American Antiquity* 11(4):335-361, 2000.

Goody, Jack and Ian Watt, The Consequences of Literacy. *Comparative studies in society and history* 5(3):304-345, 1963.

Hyland, Sabine, Writing with Twisted Cords: The Inscriptive Capacity of Andean *Khipus*. *Current Anthropology* 58(3):412-419, 2017.

Isla Cuadrado, Johny, La ocupación Nasca en Usaca. *Gaceta Arqueológica Andina* 6(22):119-151, 1992.

Isla Cuadrado, Johny, From Hunters to Regional Lords: Funerary Practices in Palpa, Peru. *New Technologies for Archaeology: Multidisciplinary Investigations in Palpa and Nasca, Peru*, edited by Markus Reindel and Günther A. Wagner, 119-139. Springer-Verlag, Berlin, 2009.

Jackson, Margaret Ann, *Moche Art and Visual Culture in Ancient Peru*. University of New Mexico Press, Albuquerque, 2008.

Kellner, Corina M. and Margaret J. Schoeninger, Wari's Imperial Influence on Local Nasca Diet: The Stable Isotope Evidence. *Journal of Anthropological Archaeology* 27(2):226-243, 2008.

Knudson, Kelly J., Sloan R. Williams, Rebecca Osborn, Kathleen Forgey and Patrick Ryan Williams, The Geographic Origins of Nasca Trophy Heads Using Strontium, Oxygen, and Carbon Isotope Data. *Journal of Anthropological Archaeology* 28(2):244-257, 2009.

Kosok, Paul, *Life, Land and Water in Ancient Peru*. Long Island University Press, New York, 1965.

Lambers, Karsten, *The Geoglyphs of Palpa (Peru): Documentation, Analysis, and Interpretation*. Ph.D. thesis, University of Zurich, 2004.

Lambers, Karsten, *The Geoglyphs of Palpa, Peru: Documentation Analysis, and Interpretation*. Linden Soft, Bonn, 2006.

Lambers, Karsten, Walking and Marking the Desert: Geoglyphs in Arid South America. *A Human Environment: Studies in Honour of 20 Years Analecta Editorship by Prof. Dr. Corrie Bakels (Analecta Praehistorica Leidensia 50)*, edited by Victor Klinkenberg, Roos van Oosten and Carol van Driel-Murray. 89-106. Sidestone Press, Leiden, 2020.

Matsumoto, Yuichi, Jorge Olano and Masato Sakai, Tres Palos Revisited: Understanding the Middle Horizon in the Rio Grande de Nasca Drainage. *Latin American Antiquity* 33(2):425-431, 2022.

Mejía Xesspe, T., Acueductos y Caminos Antiguos de la Hoya del Río Grande de Nasca. *Actas y Trabajos Científicos del XXVII° Congreso Internacional de Americanistas (Lima, 1939)* 1: 559-569, 1942.

Morrison, Tony, *Pathways to the Gods: The Mystery of the Andes lines*. Harper & Row, New York, 1978.

Orefici, Giuseppe, *Cahuachi: Capital teocrática Nasca*. 2 vols. Universidad de San Martín de Porres, Fondo Editorial, Lima, 2012.

Orefici, Giuseppe and Andrea Drusini, *Nasca: Hipótesis y evidencias de su desarrollo cultural*. Centro Italiano Studi e Ricerche Archeologiche Precolombiane, Lima, 2003.

Reiche, María, *Contribuciones a la Geometría y Astronomía en el Antiguo Perú*. Asociación María Reiche para las Líneas de Nasca, Lima, 1993.

Reindel, Markus, Life at the Edge of the Desert—Archaeological Reconstruction of the Settlement History in the Valleys of Palpa, Peru. *New Technologies for Archaeology: Multidisciplinary Investigations in Palpa and Nasca, Peru*, edited by Markus Reindel and Günther A. Wagner, 439-461. Springer-Verlag, Berlin, 2009.

Reindel, Markus, Johny Isla and Karsten Lambers, Altares en el Desierto: Las Estructuras de Piedra sobre los Geoglifos Nasca en Palpa. *Arqueología y Sociedad* 17: 179-222, 2006.

Reinhard, Johan, The Nasca Lines, Water, and Mountains: An Ethnoarchaeological Study. *Recent Studies in Pre-Columbian Archaeology*, edited by Nicholas J. Saunders and Olivier de Montmollin, 363-414. International Series 421. British Archaeological Reports, Oxford, 1988.

Rumsey, Alan, The Dreaming, Human Agency and Inscriptive Practice. *Oceania* 65(2):116-130, 1994.

Sakai, Masato and Jorge Olano, Líneas y Figuras de la Pampa de Nazca/Lines and Figures of the Pampa de Nazca. *Nasca*, edited by Cecilia Pardo and Peter Fux (eds.), 124-131, 366-368. Asociación Museo de Arte de Lima, Lima, 2017.

Sakai, Masato, Jorge Olano, Yuichi Matsumoto and Hiraku Takahashi, *Centros de Líneas y Cerámica en las Pampas de Nasca, Perú, 2010*. Yamagata University Press, Yamagata, 2014.

Sakai, Masato, Jorge Olano and Hiraku Takahashi, *Centros de Líneas y Cerámica en las Pampas de Nasca, Perú, hasta el año 2018*. Yamagata University Press, Yamagata, 2019.

Sakai, Masato, Yiru Lai, Jorge Olano Canales, Masao Hayashi and Kohhei Nomura, Accelerating the discovery of new Nasca geoglyphs using deep learning. *Journal of Archaeological Science*, 105777, 2023.

Sakai, Masato, Jorge Olano and Hiraku Takahashi, *Líneas y Cerámica en las Pampas de Nasca, Perú, 2011-2013*. Yamagata University Press, Yamagata, 2021.

Salomon, Frank, How an Andean "Writing Without Words" Works. *Current Anthropology* 42(1):1-27, 2001.

Salomon, Frank, *The Cord Keepers: Khipus and Cultural Life in a Peruvian Village*. Duke University Press, Durham, 2004.

Salomon, Frank and Sabine Hyland Graphic Pluralism: Native American Systems of Inscription and the Colonial Situation. *Ethnohistory* 57(1):1~9, 2010.

Salomon, Frank and Mercedes Niño-Murcia, *The Lettered Mountain: a Peruvian Village's Way with Writing*. Duke University Press, Durham, 2011.

Scribner, Sylvia and Michael Cole, *The Psychology of Literacy*. Harvard University Press, Cambridge, Mass., 1981.

Schreiber, Katharina J., *Wari Imperialism in Middle Horizon Peru*. Anthropological Papers, No.87, Museum of Anthropology, University of Michigan, Ann Arbor, 1992.

Schreiber, Katharina J., Regional Approaches to the Study of Prehistoric Empires: Examples from Ayacucho and Nasca, Peru. *Settlement Pattern Studies in the Americas: Fifty Years since Virú*, edited by Brian R. Billman and Gary M. Feinman, 160-171. Smithsonian Institution.

Press, Washington, D.C., 1999.
Schreiber, Katharina J. and Josué Lancho Rojas, The Puquios of Nasca. *Latin American Antiquity* 6:229-254, 1995.
Schreiber, Katharina J. and Josué Lancho Rojas, *Irrigation and Society in the Peruvian Desert: The Puquios of Nasca*. Lexington Books, Lanham, 2003.
Silverman, Helaine, The Early Nasca Pilgrimage Center of Cahuachi: Archaeological and Anthropological Perspectives. *The Lines of Nazca*, edited by Anthony F. Aveni, 209-244. American Philosophical Society, Philadelphia, 1990.
Silverman, Helaine, *Cahuachi in the Ancient Nasca World*. University of Iowa Press, lowa City,1993.
Silverman, Helaine, Paracas in Nazca: New Data on the Early Horizon Occupation of the Río Grande de Nazca Drainage, Peru. *Latin American Antiquity* 5:359-382, 1994.
Silverman, Helaine, *Ancient Nasca Settlement and Society*. University of Iowa Press, Iowa City, 2002.
Street, Brian V., *Literacy in Theory and Practice*. Cambridge University Press, Cambridge, 1984.
Stuart, David, *King and Cosmos: An Interpretation of the Aztec Calendar Stone*, Precolumbia Mesoweb Press, San Francisco, 2021.
Tung, Tiffiny A., From Corporeality to Sanctity: Transforming Bodies into Trophy Heads in the Pre-Hispanic Andes. *The Taking and Displaying of Human Body Parts as Trophies by Amerindians*, edited by Richard J. Chacon and David H. Dye, 481-504. Springer, New York, 2007.
Urton, Gary, Andean Social Organization and the Maintenance of the Nazca Lines. *The Lines of Nazca*, edited by Anthony F. Aveni, 173-206. American Philosophical Society, Philadelphia, 1990.
Urton, Gary, *Signs of the Inka Khipu: Binary Coding in the Andean Knotted-String Records*. University of Texas Press, Austin, 2003.
Urton, Gary, Numeral Graphic Pluralism in the Colonial Andes. *Ethnohistory* 57(1):135-164, 2010.
Urton, Gary, *Inka History in Knots: Reading Khipus as Primary Sources*, First edition. University of Texas Press, Austin, TX: 2017a.
Urton, Gary, Writing the History of an Ancient Civilization without Writing: Reading the Inka Khipus as Primary Sources. *Journal of Anthropological Research* 73(1):1-21, 2017b.
Urton Gary, Aesthetics of a Line, Entangled in a Network: A Tribute to Esther Pasztory's Vision of Andean Art, *Visual Culture of the Ancient Americas: Contemporary Perspectives*, edited by Andrew Finegold and Ellen Hoobler, 17-30, University of Oklahoma Press, Norman, 2017c.
Valdez, Lidio M., Cahuachi: New Evidence for an Early Nasca Ceremonial Role. *Current Anthropology* 35(5):675-679, 1994.
Van Gijseghem, Hendrik, Migration, Agency, and Social Change on a Prehistoric Frontier: The Paracas-Nasca Transition in the Southern Nasca Drainage, Peru. Unpublished Ph.D. dissertation, Department of Anthropology, University of California, Santa Barbara, 2004.
Van Gijseghem, Hendrik, A Frontier Perspective on Paracas Society and Nasca Ethnogenesis. *Latin American Antiquity* 17(4):419-444, 2006.
Van Gijseghem, Hendrik and Kevin J. Vaughn, Regional Integration and the Built Environment in Middle-Range Societies: Paracas and Early

Nasca Houses and Communities. *Journal of Anthropological Archaeology* 27:111-130, 2008.
Vaughn, Kevin J., *The Ancient Andean Village: Marcaya in Prehispanic Nasca*. University of Arizona Press, Tucson, 2009.
Vaughn, Kevin J., Jelmer W. Eerkens, Carl Lipo, Sachiko Sakai and Katharina Schreiber, It's About Time? Testing the Dawson Ceramic Seriation Using Luminescence Dating, Southern Nasca Region, Peru. *Latin American Antiquity* 25(4):449-461, 2014.
Vaughn, Kevin J. and Moises Linares Grados, Moises, Three Thousand Years of Occupation in Upper Valley Nasca: Excavations at Upanca. *Latin American Antiquity* 17(4):595-612, 2006.
Vaughn, Kevin J. and Hector Neff, Tracing the Clay Source of Nasca Polychrome Pottery: Results from a Preliminary Raw Material Survey. *Journal of Archaeological Science* 31(11):1577-1586, 2004.
Vaughn, Kevin J. and Hendrik Van Gijseghem, A Compositional Perspective on the Origins of the "Nasca Cult" at Cahuachi. *Journal of Archaeological Science* 34(5):814-822, 2007.
Young, Michelle and Anita Cook, Just Scratching the Surface: Post-Fire Engravings as Semasiographic Writing in the Ancient Andes. *Journal of anthropological archaeology* 70:101510, 2023.

第四章

大平秀一「エクアドルにおける病因観念『アイレ』の歴史性――神々の両義性の崩壊」『文明』五、五三―六六頁、二〇〇四年
大平秀一「インカ国家における人間の犠牲――ポルボラ・バハ遺跡の墓をめぐって」『マヤとインカ――王権の成立と展開』貞末堯司(編)、二七九―二九八頁、同成社、二〇〇五年
大平秀一「アンデス先住民社会における変化と継承性」『古代アメリカ』二〇号、一―一四頁、二〇一七年
大平秀一「ペルー・『ワロチリ文書』にみられる山の神々――色彩と明暗をめぐる感性・イメージ」『アンデス・アマゾン研究』三号、一―五六頁、二〇一九年
ガルシラーソ・デ・ラ・ベーガ，インカ『インカ皇統記（一）～(四)』牛島信明訳、岩波文庫、二〇〇六年
関雄二・染田秀藤（編）『他者の帝国――インカはいかにして「帝国」となったか』世界思想社、二〇〇八年
友枝啓泰『雄牛とコンドル――アンデス社会の儀礼と民話』岩波書店、一九八六年
ロストウォロフスキ，マリア『インカ国家の形成と崩壊』増田義郎訳、東洋書林、二〇〇三年
ワシュテル，ナタン『敗者の想像力――インディオのみた新世界征服』小池佑二訳、岩波書店、一九八四年
Acosta, José de, Historia natural y moral de las Indias. *Biblioteca de Autores Españoles*, tomo 73, Obras del P. José de Acosta, de la Compañia de Jesús, 3-247, Ediciones Atlas, Madrid, 1954[1590].
Arguedas, José María, Puquio, una cultura en proceso de cambio. *Revista del Museo Nacional*, tomo XXV:184-232, 1956.

Arguedas, José María, Cuentos religioso-mágicos quechuas de Lucanamarca. *Folklore Americano*, Nos.8-9:142-216, 1960-61.
Arguedas, José María (trans.), *Dioses y hombres de Huarochirí: Narración quechua recogida por Francisco de Ávila [¿1598?]*. Universidad Antonio Ruiz de Montoya, Lima, 2007[1966].
Arriaga, Pablo José de, Extirpación de la Idolatria del Pirú. *Biblioteca de Autores Españoles*, tomo 209, Crónicas Peruanas de Interés Indígena, 191-277, Ediciones Atlas, Madrid, 1968[1621].
Betanzos, Juan de, *Suma y narración de los Incas*. Ediciones Atlas, Madrid, 1987[1551].
Burger, Richard L. and Lucy C. Salazar (eds.), *Machu Picchu: Unveiling the Mystery of the Incas*. Yale University Press, New Haven and London, 2004.
Cieza de León, Pedro, *Crónica del Perú*, Segunda Parte. Fondo Editorial de la Pontificia Universidad Católica del Perú, Lima, 1996[1553].
Durston, Alan, *Pastoral Quechua: The History of Christian Translation in Colonial Peru, 1550-1650*. University of Notre Dame Press, Indiana, 2007.
Duviols, Pierre, La Capacocha: Mecanismo y función del sacrificio humano, su proyección geométrica, su papel en la política integracionista y en la economía redistributiva del Tawantinsuyu. *Allpanchis*, vol.9:11-57, Instituto de Pastoral Andina, Cusco, 1976.
Flores Ochoa, Jorge A., Elizabeth Kuon Arce and Roberto Samanez Argumedo (eds.), *Qeros: Arte Inka en vasos ceremoniales*, Banco de Crédito del Perú, Lima, 1998.
Gasparini Graziano and Luise Margolies, *Inca Architecture*. Indiana University Press, Bloomington, 1980.
González Holguín, Diego, *Vocabulario de la lengua general de todo el Perú llamada lengua Qquichua o del Inca*. Universidad Nacional Mayor de San Marcos, Lima, 1989[1608].
Guamán Poma de Ayala, Felipe, *El Primer Nueva Crónica y Buen Gobierno* (3 vols). Siglo Veintiuno, Ciudad de México, 1988[c.1613].
Molina, Cristobal de, *Ritos y fábulas de Los Incas*. Editorial Futuro, S.R.L., Buenos Aires, 1959[1575].
Morris, Craig and Donald E. Thompson, *Huánuco Pampa: An Inca city and its Hinterland*, Thames and Hudson, London, 1985.
Murra. John V., The Mit'a Obligations of Ethnic Groups to the Inca State. *The Inca and Aztec States 1400-1800: Anthropology and History*. edited by George A. Collier, Renato I. Rosald and John D. Wirth, Academic Press, New York, 1982.
Pachacuti Yamqui Salcamaygua, Juan de Santa Cruz, *Relación de Antiguedades deste Reyno del Perú*, Instituto Français D'Études Andines, Lima / Centro de Estudios Regionales Andinos Bartolomé de Las Casas-Cusco, Cusco, 1993[1613?].
Polo de Ondegardo, Instrucción sobre las ceremonias y ritos que usan los indios conforme al tiempo de su gentilidad, *Colección de libros y Documentos Referentes a la Historia del Perú*, edited by Horacio H. Urteaga, ser.1, tomo III:189-203, Imprenta y Librería Sanmartí y Ca, Lima, 1916[1567].
Salomon, Frank and George L. Urioste (trasns.), *The Huarochirí Manuscript: A Testament of Ancient and Colonial Andean Religion*. University

of Texas Press, Austin, 1991.
Santo Tomás, Domingo de, *Lexicon, o vocabulario de la lengua general del Peru, cõpuesto por el Maestro P. Domingo de S. Thomas de la orden de S.Domingo*. Francisco Fernandez de Cordoua, Impressor de la M.R., Valladorid, 1560.
Taylor, Gerald (ed. and trans.), *Ritos y tradiciones de Huarochirí*. Instituto Francés de Estudios Andinos, Instituto de Estudios Peruanos, Fondo Editorial Universidad Nacional Mayor de San Marcos, Lima, 2008[1987].
Urton, Gary, *At the Crossroads of the Earth and the Sky: An Andean Cosmology*. University of Texas Press, Austin, 1981.
Wachtel, Nathan, The Mitimas of the Cochabamba Valley: The Colonization Policy of Huayna Capac. *The Inca and Aztec States 1400-1800: Anthropology and History*. edited by George A. Collier, Renato I. Rosald and John D. Wirth, Academic Press, New York, 1982.

終章

青山和夫『古代メソアメリカ文明――マヤ・テオティワカン・アステカ』講談社選書メチエ、二〇〇七年
青山和夫『マヤ文明――密林に栄えた石器文化』岩波新書、二〇一二年
青山和夫『古代マヤ　石器の都市文明　増補版』京都大学学術出版会、二〇一三年
青山和夫『マヤ文明を知る事典』東京堂出版、二〇一五年
青山和夫・井上幸孝・吉田晃章・渡部森哉・松本雄一「古代アメリカに関する中学・高校教科書問題――中学歴史と高校歴史総合・世界史探究の検討」『古代アメリカ』二六号、九三―一〇八頁、二〇二三年
青山和夫・嘉幡茂・市川彰・長谷川悦夫・福原弘識・塚本憲一郎「メソアメリカ文明の通時的比較研究序論」『古代アメリカ』二〇号、七九―九四頁、二〇一七年
青山和夫・嘉幡茂・塚本憲一郎・市川彰・福原弘識・長谷川悦夫「メソアメリカの複雑社会の起源・形成・衰退に関する比較文明論研究」『古代アメリカ』二二号、三―三二頁、二〇一九年
青山和夫・坂井正人・井上幸孝・井関睦美・長谷川悦夫・嘉幡茂・松本雄一「先コロンブス期アメリカ大陸史に関する世界史教科書の記述はどう変わったのか――新学習指導要領に沿って改訂された高等学校世界史教科書の検証」『古代アメリカ』一六号、八五―一〇〇頁、二〇一三年
青山和夫・米延仁志・坂井正人・鈴木紀（編）『古代アメリカの比較文明論――メソアメリカとアンデスの過去から現代まで』京都大学学術出版会、二〇一九年
青山和夫・米延仁志・坂井正人・高宮広土『マヤ・アンデス・琉球――環境考古学で読み解く「敗者の文明」』朝日選書、二〇一四年
青山和夫・米延仁志・坂井正人・高宮広土（編）『文明の盛衰と環境変動――マヤ・アステカ・ナスカ・琉球の新しい歴史像』岩波書店、二〇一四年
泉靖一「初めに神殿ありき　無土器時代に農業も」『朝日新聞』九月二一日夕刊、一九六六年

井上幸孝（編著）『メソアメリカを知るための58章』明石書店、二〇一四年
大城道則・青山和夫・関雄二『世界のピラミッド大事典』柊風舎、二〇一八年
大貫良夫・加藤泰建・関雄二（編）『古代アンデス――神殿から始まる文明』朝日選書、二〇一〇年
長田俊樹『インダス文明の謎――古代文明神話を見直す』京都大学学術出版会、二〇一三年
長田俊樹・杉山三郎・陣内秀信『文明の基層――古代文明から持続的な都市社会を考える』東京大学出版会、二〇一五年
加藤泰建・関雄二（編）『文明の創造力――古代アンデスの神殿と社会』角川書店、一九九八年
関雄二『古代アンデス　権力の考古学』京都大学学術出版会、二〇〇六年
関雄二（編）『古代文明アンデスと西アジア――神殿と権力の生成』朝日選書、二〇一五年
関雄二（編）『アンデス文明――神殿から読み取る権力の世界』臨川書店、二〇一七年
関雄二『アンデスの考古学　新版』同成社、二〇二一年
関雄二・青山和夫（編著）『岩波　アメリカ大陸古代文明事典』岩波書店、二〇〇五年
関雄二（監修）、山本睦・松本雄一（編）『アンデス文明ハンドブック』臨川書店、二〇二二年
日髙真吾・関雄二・橋本沙知・椎野博「アンデス文明形成期の金属製品の製作に関する一考察――クントゥル・ワシ遺跡およびパコパンパ遺跡出土の金属製品の蛍光X線分析の結果から」『国立民族学博物館研究報告』三八（二）、一二五―一八五頁、二〇一四年
増田義郎・青山和夫『世界歴史の旅　古代アメリカ文明――アステカ・マヤ・インカ』山川出版社、二〇一〇年
安田喜憲『稲作漁撈文明――長江文明から弥生文化へ』雄山閣、二〇〇九年
Adams, Richard E. W., *Prehistoric Mesoamerica*. Third edition. University of Oklahoma Press, Norman, 2005.
Aoyama, Kazuo, *Elite Craft Producers, Artists, and Warriors at Aguateca: Lithic Analysis*. Monographs of the Aguateca Archaeological Project First Phase Volume 2. The University of Utah Press, Salt Lake City, 2009.
Aoyama, Kazuo and Rodrigo Liendo Stuardo (eds.), *Mesoamérica: El Estudio de Sus Procesos de Transformación Social desde una Perspectiva de Larga Duración*. UNAM, México, 2022.
Aveni, Anthony F. (ed.), *The Measure and Meaning of Time in Mesoamerica and the Andes*. Dumbarton Oaks Research Library and Collection, Washington, D.C., 2015.
Blanton, Richard, Stephen A. Kowalewski, Gary M. Feinman and Laura M. Finsten, *Ancient Mesoamerica: A Comparison of Change in Three Regions*. Second edition. Cambridge University Press, Cambridge, 1993.
Carmack, Robert M., Janine L. Gasco and Gary H. Gossen (eds.), *The Legacy of Mesoamerica: History and Culture of a Native American Civilization*. Second edition. Pearson / Prentice Hall, Upper Saddle River, NJ, 2007.
Hendon, Julia A., Lisa Overholtzer and Rosemary A. Joyce (eds.), *Mesoamerican Archaeology: Theory and Practice*. Second edition. Wiley-Blackwell, Hoboken, NJ, 2021.

Hirth, Kenneth (ed.), *Mesoamerican Lithic Technology: Experimentation and Interpretation*. The University of Utah Press, Salt Lake City, 2003.

Hosler, Dorothy, *The Sounds and Colors of Power: The Sacred Metallurgical Technology of Ancient West Mexico*. The MIT Press, Cambridge, MA, 1995.

Houston, Stephen D. and Takeshi Inomata, *The Classic Maya*. Cambridge University Press, Cambridge, 2009.

Kolata, Alan L., *Ancient Inca*. Cambridge University Press, Cambridge, 2013.

Lamberg-Karlovsky, C. C. and Jeremy A. Sabloff, *Ancient Civilizations: The Near East and Mesoamerica*. Second edition. Waveland Press, Prospect Heights, IL, 1995.

Maldonado, Blanca, Mesoamerican Metallurgical Technology and Production. *The Oxford Handbook of Mesoamerican Archaeology*, edited by Deborah L. Nichols and Christopher A. Pool, 617-627. Oxford University Press, Oxford, 2012.

Martin, Simon and Nikolai Grube, *Chronicle of the Maya Kings and Queens: Deciphering the Dynasties of the Ancient Maya*. Second edition. Thames and Hudson, London, 2008.（初版の邦訳は『古代マヤ王歴代誌』長谷川悦夫他訳、創元社、二〇〇二年）

Miller, Mary and Karl Taube, *The Gods and Symbols of Ancient Mexico and the Maya: An Illustrated Dictionary of Mesoamerican Religion*. Thames and Hudson, London, 1993.（メアリ・ミラー／カール・タウベ編『図説マヤ・アステカ神話宗教事典』増田義郎［監修］、武井摩利訳、東洋書林、二〇〇〇年）

Moore, Jerry D., *A Prehistory of South America: Ancient Cultural Diversity on the Least Known Continent*. University Press of Colorado, Boulder, 2014.

Morris, Craig and Adriana Von Hagen, *The Incas: Lords of the Four Quarters*. Thames and Hudson, London, 2011.

Moseley, Michael E., *The Incas and Their Ancestors: The Archaeology of Peru*. Revised edition. Thames and Hudson, London, 2001.

Quilter, Jeffrey, *The Ancient Central Andes*. Routledge, New York, 2014.

Sabloff, Jeremy A., *The Cities of Ancient Mexico: Reconstructing a Lost World*. Revised edition. Thames and Hudson, London, 1997.

Shady Solís, Ruth, *La Ciudad Sagrada de Caral-Supe: Símbolo Cultural del Perú*. Instituto Nacional de Cultura, Proyecto Especial Arqueológico Caral-Supe, Lima, 2006.

Smalley, John and Michael Blake, Sweet Beginnings: Stalk Sugar and the Domestication of Maize. *Current Anthropology* 44(5):675-703, 2003.

あとがき

日本人研究者が古代アメリカ文明の研究に参入したのは、じつは第二次世界大戦後であり、比較的最近である。それ以前は、欧米の研究者及びメキシコやペルーなど現地の研究者が、メソアメリカとアンデスの考古学調査を進めていた。

敗戦後の日本では、江上波夫を団長とする東京大学イラク・イラン遺跡調査団が一九五六年に結成された。それは、復興間もない窮乏生活のなかで国内に埋没していた国民の関心を海外に向ける原動力となった。この流れから東京大学は、石田英一郎《いしだえいいちろう》を団長とするアンデス文明の調査を一九五八年に開始した。新旧両大陸における文明起源の比較研究という、壮大な研究プロジェクトが始まったのである。

大部分の日本人研究者は、ペルー北部高地において形成期（前三〇〇〇年頃～紀元前後）と呼ばれる、公共祭祀建築（神殿）の更新を中心に文明が形成される時期を調査してきた。最大の成果の一つが、土器が出現する前の先土器時代に公共祭祀建築が建造されたと示されたことである。その後も、数多くの日本人研究者がアンデス中に散らばり調査を展開している。

坂井正人（山形大学）は、一九八九年以来ペルーで現地調査に従事しており、一九九四年からペルー南海岸にある世界遺産ナスカを調査している（第三章）。山形大学の調査団は、現在ペルー政府からナスカの地上絵の立ち入り調査を認められた唯一の研究チームである。大平秀一（東海大学）は、一九八九年にペルーで現地調査を開始した。大平は、一九九四年からインカ国家の拡大をめぐる問題、とりわけ王都クスコ（インカ）と地方社会の関係に焦点を当ててエクアドル南部高地で発掘調査を行い、民族史や民族誌を含めた学術調査を実施している（第四章）。

日本人によるメソアメリカの研究伝統はさらに浅い。大学調査団が調査を開始したアンデスとは大きく状況が異なる。例えば杉浦洋（エル・コレヒオ・メヒケンセ）は、一九六五年にメキシコに留学し、メキシコ中央高原のトルーカ盆地などを調査してきた。杉山三郎《すぎやまさぶろう》（岡山大学特任教授）は、一九八〇年からメキシコの世界遺産テオティワカン遺跡の調査に参加し、「太陽のピラミッド」や「月のピラミッド」などを発掘している。

今日の日本におけるメソアメリカ考古学に大きな流れを生み出したのは、ホンジュラスのラ・エントラーダ考古学プロジェクト（一九八四〜一九九三年）であった。それはＪＩＣＡ青年海外協力隊とホンジュラス国立人類学歴史学研究所の国際協力として実施された。日本人が中心になって組織的に行った、最初のマヤ考古学調査である。

青山和夫（茨城大学）は、一九八六年から同プロジェクトに参加した。青山は一九九二年にピッツバーグ大学大学院に留学して博士号を取得し、青年海外協力隊（ホンジュラス、一九八三〜一九八五年）ＯＢの猪俣健（アリゾナ大学）とグアテマラのアグアテカ遺跡（一九九六〜二〇〇五年）、セイバル遺跡（二〇〇五年〜）やメキシコのアグアダ・フェニックス遺跡（二〇一七年〜）で多国籍チームを編成し、マヤ文明を調査している（第一章）。

最近では、メキシコ、グアテマラ、ホンジュラス、ベリーズ、エルサルバドルといったメソアメリカだけでなく、ニカラグア、コスタリカやパナマなどの中央アメリカ南部においても、日本人研究者が考古学調査に従事している。また日本とメキシコの間には両国政府交換留学制度があり、数多くのメソアメリカ研究者を輩出してきた。井上幸孝（専修大学）もその一人である。井上は一九九五年にメキシコ国立自治大学に留学し、アステカ王国や植民地時代の歴史学研究を推進している（第二章）。

このように、中南米の考古学・歴史学の研究成果は、第二次世界大戦後に日本でも着々と蓄積されていった。しかし、メソアメリカとアンデスの両文明の研究は個々ばらばらに行われていた。地域ごとに細分化・専門化され、両文明に関する体系的な共同研究はなかった。

そうした流れのなかで、古代アメリカ学会が二〇〇三年に誕生した。その目的は、南北アメリカ大陸考古学及び関連分野の研究の深化と知見の拡大を図り、当該研究の発展に寄与することである。東京大学によるアンデス文明の調査から四五年ほど経過していた。古代アメリカ学会の総会・研究大会は毎年開催され、メソアメリカとアンデスの研究者の交流が深まり、両文明の共同研究を実施する土壌が醸成されていった。

本書は、メソアメリカのマヤとアステカ、アンデスのナスカとインカを一緒に解説して、実像に迫る日本初の新書である。本書一冊で、これら四つの実像を知ることができる。それぞれを専門とする研究者が執筆したが、私たち四人は研究仲間である。同時に古代アメリカ学会の会員であり、長年にわたり交流してきた。

古代アメリカ学会の研究大会・総会は、二〇二〇年からコロナ禍でオンライン開催を強いられていたが、二〇二二年一二月に三年ぶりに対面で開催された。またコロナ禍で中断していたメソアメリカとアンデスの現地調査も、二〇二二年から再開されはじめた。なお青山は、二〇二三年一月から古代アメリカ学会の会長、井上は代表幹事、大平は会誌『古代アメリカ』の編集委員（主任）であり、坂井とともに歴代の役員を務めてきた。

私たちは、本書で言及する古代アメリカの教科書問題に積極的に関与してきた。二〇〇八年の古代アメリカ学会総会において、青山を座長とする学術情報の普及に関わる戦略ワーキンググループが役員会のもとに発足し、坂井と井上もメンバーとして活動した。私たちは、高等学校世界史教科書の古代アメリカの記述を改善するために、教科書と世界史用語集を精査して改善案を練り上げ、二〇一〇年に教科書会社に送付した。その結果、時代遅れの「世界四大文明」という用語が使われなくなるなど、古代アメリカに関する記述が改善された。

次にアンデス考古学の渡部《わたなべ》森哉《しんや》（南山大学）を座長とする高校教育検討ワーキンググループが、高校世界史授業案を作成し、井上もメンバーとして参加した。さらに二〇一八年度の中学歴史教科書の古代アメリカに関する記述を検討し、改善案を教科書会社に送った。

直近では青山を座長、井上らをメンバーとする中学歴史・高校世界史教科書の改善案作成ワーキンググループが、二〇二三年度の中学歴史と高校歴史総合・世界史探究の教科書改善案を作成して、教科書会社に送付した。私たちは、日本全国の教員が古代アメリカをきちんと教育する学習指導要領が策定されるように、文部科学大臣と文部科学省に要望書を提出した。

一方で青山と坂井は、文部科学省の科研費新学術領域研究の助成による「環太平洋の環境文明史」プロジェクト（平成二一～二五年度、領域代表者：青山和夫）と「古代アメリカの比較文明論」プロジェクト（平成二六～三〇年度、領域代表者：青山和夫）を推し進め、一〇年間つづけて共同研究を展開した。

「古代アメリカの比較文明論」プロジェクトでは、「環太平洋の環境文明史」プロジェクトの諸成果を踏まえて、従来の世界史研究で軽視されてきたメソアメリカとアンデスの二大一次文明について新たな視点や手法による共同研究を推進し、比較文明論の新展開をめざした。私たちは、考古学、歴史学、文化人類学等の異なる分野の人文科学と自然科学の多様な研究者が集う文理融合の共同研究を行った。

青山と坂井は、それぞれメソアメリカ文明班とアンデス文明班の研究代表者を務めた。井上は研究分担者として、大平は公募研究の研究代表者としてプロジェクトに参加した。私たちは、両文明の特性と社会変化の過程を実証的かつ多面的に比較研究した。その成果の一部は、本書にちりばめてある。

青山、坂井と大平は、じつは同学年である。青山は、坂井の勤務校の山形大学でマヤ文明の集中講義を行った。坂井と大平は、青山の勤務校の茨城大学でアンデス文明の集中講義を実施した。青山は、井上の勤務校の専修大学で三回ほどマヤ文明の出前授業を行う機会を得た。

こうした共同研究や教育活動をつづけていくなかで、青山はメソアメリカ文明とアンデス文明の実像に迫る新書の企画を考えるに至った。講談社の所澤淳さんと茨城大学研究室で打ち合わせをしたのが二〇一八年六月、四人の執筆者が所澤さんと東京で意見交換したのが二〇一八年一〇月であった。

それからコロナ禍や諸般の事情で出版が大幅に遅れてしまった。五年余の月日のなかで、例えば、メキシコのアグアダ・フェニックス遺跡でのマヤ文明最古・最大の公共祭祀建築に関する研究成果を二〇二〇年にイギリスの学術誌『ネイチャー』に発表した。またペルーでは、坂井らがナスカの地上絵をさらに発見するなど、研究に大きな進展があった。そうした最新の研究成果を本書に盛り込むことができたので、結果的によかったとポジティブに考えることにしたい。

青山にとって、所澤さんと一緒に本を作るのは、二〇〇七年に刊行した青山『古代メソアメリカ文明——マヤ・テオティワカン・アステカ』(講談社選書メチエ)以来の二回目である。前回と同様に、所澤さんにきわめて丁寧に原稿に目を通していただき、本書の編集担当として敏腕を振るっていただいた。ここに記して感謝したい。

二〇二三年九月　スペインのマドリード市にて

青山和夫

執筆者紹介

青山和夫（あおやま　かずお）

一九六二年、京都市生まれ。東北大学文学部史学科考古学専攻卒業。ピッツバーグ大学人類学部大学院博士課程修了。人類学博士（Ph．D．）。専攻はマヤ文明学、文化人類学。現在、茨城大学人文社会科学部教授、古代アメリカ学会会長。一九八六年以来、ホンジュラスのコパン遺跡、グアテマラのアグアテカ遺跡、セイバル遺跡、メキシコのアグアダ・フェニックス遺跡などでマヤ文明の調査に従事している。「古典期マヤ人の日常生活と政治経済組織の研究」で日本学術振興会賞、日本学士院学術奨励賞を受賞。主な著書に、『古代メソアメリカ文明——マヤ・テオティワカン・アステカ』（講談社選書メチエ）、『マヤ文明——密林に栄えた石器文化』（岩波新書）、『マヤ文明の戦争——神聖な争いから大虐殺へ』（京都大学学術出版会）、『カラー版　マヤと古代メキシコ文明のすべて』（監修、宝島社新書）など多数。

井上幸孝（いのうえ　ゆきたか）

一九七一年、大阪市生まれ。大阪外国語大学、同大学院（修士）、メキシコ国立自治大学留学を経て、神戸市外国語大学大学院博士（文学）。専門は歴史学（メキシコ史、メソアメリカ史）。現在、専修大学国際コミュニケーション学部教授。スペイン語やナワトル語の史料に基づきメキシコ先住民の歴史を研究している。著書に『メソアメリカを知るための58章』（編著、明石書店）、『聖ヤコブ崇敬とサンティアゴ巡礼——中世スペインから植民地期メキシコへの歴史的つながりを求めて』（共著、春風社）、『人間と自然環境の世界誌——知の融合への試み』（共編著、専修大学出版局）、『ビジュアル図解　マヤ・アステカ文化事典』（日本語版監修、柊風舎）、『メソアメリカ文明ゼミナール』（共著、勉誠出版）などがある。

坂井正人（さかい　まさと）

一九六三年、千葉市生まれ。東京大学大学院総合文化研究科博士課程単位取得満期退学。現在、山形大学人文社会科学部教授。同学部附属ナスカ研究所副所長。専門は文化人類学、アンデス考古学。一九八九年以来、ペルーで現地調査を実施し、景観考古学の立場から、古代アンデスの神殿、王都、地上絵について研究してきた。著書に*Reyes, estrellas y cerros en Chimor* (editorial horizonte)、『ナスカ地上絵の新展開――人工衛星画像と現地調査による』（編著、山形大学出版会）、『古代アメリカの比較文明論――メソアメリカとアンデスの過去から現代まで』（共編著、京都大学学術出版会）、『マヤ・アンデス・琉球――環境考古学で読み解く「敗者の文明」』（共著、朝日選書）などがある。

大平秀一（おおだいら　しゅういち）

一九六二年、岩手県生まれ。早稲田大学大学院文学研究科後期課程単位取得満期退学。現在、東海大学文学部教授、アンデス・アマゾン学会会長。専門はアンデス先住民史、インカ考古学、文化人類学。一九八九年以来、エクアドル、ペルーにて遺跡調査、文書調査、民族誌的調査などに従事。主な著書に『ラテンアメリカ文化事典』（事項執筆、丸善出版）、「アンデスにおける『遺跡』利用の継承」『古代アメリカの比較文明論――メソアメリカとアンデスの過去から現代まで』、『他者の帝国――インカはいかにして「帝国」となったか』（共著、世界思想社）、『エクアドルを知るための60章』（共著、明石書店）、『キッズペディア世界遺産』（監修、小学館）などがある。

講談社現代新書　2729

古代《こだい》アメリカ文明《ぶんめい》　マヤ・アステカ・ナスカ・インカの実像《じつぞう》

二〇二三年一二月二〇日第一刷発行

編　者　青山和夫《あおやまかずお》　©Kazuo Aoyama 2023
著　者　井上幸孝《いのうえゆきたか》・坂井正人《さかいまさと》・大平秀一《おおだいらしゅういち》
©Yukitaka Inoue, Masato Sakai, Shuichi Odaira 2023

発行者　髙橋明男
発行所　株式会社講談社
東京都文京区音羽二丁目一二―二一　郵便番号一一二―八〇〇一
電　話　〇三―五三九五―三五二一　編集（現代新書）
〇三―五三九五―四四一五　販売
〇三―五三九五―三六一五　業務
装幀者　中島英樹／中島デザイン
印刷所　株式会社ＫＰＳプロダクツ
製本所　株式会社国宝社

定価はカバーに表示してあります　Printed in Japan

N.D.C. 250　317p　18cm
ISBN978-4-06-534280-0

「講談社現代新書」の刊行にあたって

教養は万人が身をもって養い創造すべきものであって、一部の専門家の占有物として、ただ一方的に人々の手もとに配布され伝達されうるものではありません。

しかし、不幸にしてわが国の現状では、教養の重要な養いとなるべき書物は、ほとんど講壇からの天下りや単なる解説に終始し、知識技術を真剣に希求する青少年・学生・一般民衆の根本的な疑問や興味は、けっして十分に答えられ、解きほぐされ、手引きされることがありません。万人の内奥から発した真正の教養への芽ばえが、こうして放置され、むなしく滅びさる運命にゆだねられているのです。

このことは、中・高校だけで教育をおわる人々の成長をはばんでいるだけでなく、大学に進んだり、インテリと目されたりする人々の精神力の健康さえもむしばみ、わが国の文化の実質をまことに脆弱なものにしています。単なる博識以上の根強い思索力・判断力、および確かな技術にささえられた教養を必要とする日本の将来にとって、これは真剣に憂慮されなければならない事態であるといわなければなりません。

わたしたちの「講談社現代新書」は、この事態の克服を意図して計画されたものです。これによってわたしたちは、講壇からの天下りでもなく、単なる解説書でもない、もっぱら万人の魂に生ずる初発的かつ根本的な問題をとらえ、掘り起こし、手引きし、しかも最新の知識への展望を万人に確立させる書物を、新しく世の中に送り出したいと念願しています。

わたしたちは、創業以来民衆を対象とする啓蒙の仕事に専心してきた講談社にとって、これこそもっともふさわしい課題であり、伝統ある出版社としての義務でもあると考えているのです。

一九六四年四月　野間省一